建筑施工企业全流程财税处理

（会计核算＋政策解析＋税务处理）

会计真账实操训练营◎编著

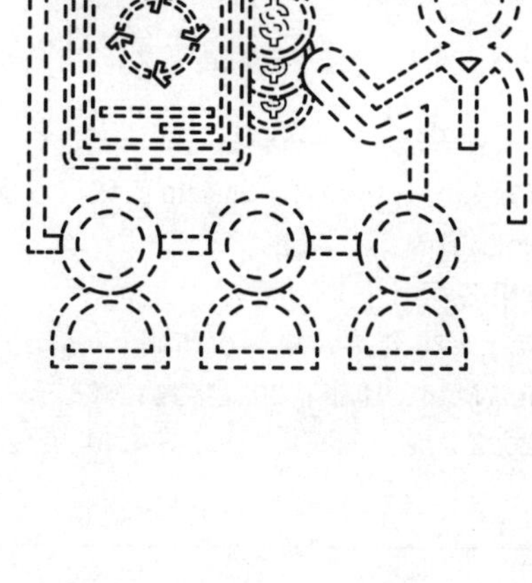

中国铁道出版社有限公司
CHINA RAILWAY PUBLISHING HOUSE CO., LTD.

图书在版编目(CIP)数据

建筑施工企业全流程财税处理 ：会计核算＋政策解析＋税务处理 / 会计真账实操训练营编著. -- 北京 ：中国铁道出版社有限公司，2025. 9. -- ISBN 978-7-113-32022-5

Ⅰ. F407.967.2；F810.423

中国国家版本馆 CIP 数据核字第 2025B3R247 号

书　　名：建筑施工企业全流程财税处理（会计核算＋政策解析＋税务处理）
JIANZHU SHIGONG QIYE QUAN LIUCHENG CAISHUI CHULI(KUAIJI HESUAN＋ZHENGCE JIEXI＋SHUIWU CHULI)

作　　者：会计真账实操训练营

责任编辑：王淑艳　　**编辑部电话**：(010)51873022　　**电子邮箱**：554890432@qq.com

封面设计：赵　兆

责任校对：安海燕

责任印制：赵星辰

出版发行：中国铁道出版社有限公司（100054，北京市西城区右安门西街 8 号）

网　　址：https://www.tdpress.com

印　　刷：三河市国英印务有限公司

版　　次：2025 年 9 月第 1 版　2025 年 9 月第 1 次印刷

开　　本：710 mm×1 000 mm 1/16　**印张**：20　**字数**：328 千

书　　号：ISBN 978-7-113-32022-5

定　　价：88.00 元

前　言

建筑施工企业的经营特性决定了其会计工作的复杂性、工程项目的单件性、生产周期长、资金密集等特点，要求会计工作必须适应“分级核算、分点管理”的特殊模式。本书系统介绍了从工程项目投标，到施工阶段材料、设备采购、人工费的成本核算，再到竣工结算全流程财税处理，结合建筑施工企业涉及的政策文件与实务案例，目的是为从业者编写一本兼具理论深度与操作指南的实用性图书。

章节介绍

第 1 章建筑施工企业业务模式与组织架构，主要介绍施工资质分类、发包与承包、招标与投标，以及企业组织框架与经营模式；第 2 章建筑施工企业投标（报价）阶段会计核算，主要介绍投标、中标、分包阶段的会计核算；第 3 章资金核算与资金集中管理模式，主要介绍货币资金分类、确认与核算，以及资金集中管理模式；第 4 章采购阶段核算与管理，主要介绍材料、临时设施、设备采购的税务与会计处理；第 5 章内部资产的核算与管理，主要介绍内部设备调拨、固定资产后续处理、租赁资产、无形资产账务处理等；第 6 章施工阶段建筑安装工程费用的核算，主要介绍人工费、材料费、机械使用费、固定资产折旧费、生产安全费用计提，以及间接费用分摊等；第 7 章建筑工程结算阶段会计核算，涉及建造合同收入与成本、工程预付款结算、工程进度款结算、工程竣工价款结算等；第 8 章增值税的会计核算，主要介绍《中华人民共和国增值税法》（以下简称《增值税法》）及相关增值税文件关于税额计算、异地预缴、项目部汇总纳税、差额征税、留抵退税等会计处理；第9章所得税的相关规定与核算，主要介绍企业所得税与个人所得税的相关法律法规，以及核算方法；第10章其他税种的相关规定，主要介绍城市维护建设税、车辆购置税、印花税、契税、环境保护税、土地增值税、耕地占用税、城镇土地使用税、房产税等；第11章财务报表，主要介绍资产负债表、利润表、现金流量表、所有者权益变动表的编制原则。

本书案例中公司名称、人员名称均为虚构，请勿对号入座。

政策解读

本书涉及近百个法律法规，结合采购、施工、结算三大阶段的典型场景，剖析增值税、企业所得税、个人所得税等核心税种的实务操作要点。建筑施工企业涉税情形比较复杂，主要体现在三个方面：一是涉税税种较多，涉及增值税、企业所得税、印花税等十余个税种；二是流程跨度长，采购阶段的进项税额抵扣、施工阶段的成本分摊、竣工阶段的结算，均需要符合税法要求；三是政策联动性强，“以票控税”等均要求企业建立系统化的税务管理体系。

目标读者

本书既可作为会计初学者的入门图书，也可作为高职高专财税专业教材，以及财务从业人员的岗位培训教材。虽然我们力求完美，但由于时间有限，编写过程中难免存在着一些不足和遗憾，希望广大读者多提宝贵意见。邮箱wcj19761010@126.com，欢迎交流。

编　　者

目　录

第 5 章 内部资产的核算与管理

第 6 章 施工阶段建筑安装工程费用的核算

第8章 增值税的会计核算

第9章 所得税的相关规定与核算

第10章 其他税种的相关规定

第 11 章 财务报表

参考文献

第1章 建筑施工企业业务模式与组织架构

建筑施工企业是指从事土木工程、建筑工程、线路管道设备安装工程的新建、扩建、改建等施工活动的企业。建筑施工企业从事生产经营活动，应当依照《中华人民共和国建筑法》相关规定依法从事建筑施工业务。建筑施工企业由于跨地区施工，为了便于管理与经营，通常会成立若干子公司（分公司）、项目指挥部进行分级管理。建筑施工企业采用发包或承包的方式完成建筑工程任务项目。本章主要介绍施工资质分类、发包与承包、招标与投标，以及企业组织框架与经营模式。

1.1 建筑施工企业资质管理

建筑施工企业只有取得相应的施工资质，才能从事房屋建筑、工程施工等业务。

1.1.1 施工资质具体规定

施工资质分为综合资质、施工总承包资质、专业承包资质和专业作业资质。《住房和城乡建设部关于印发建设工程企业资质管理制度改革方案的通知（建市〔2020〕94号）》第二条第一款第3项规定："施工资质。将10类施工总承包企业特级资质调整为施工综合资质，可承担各行业、各等级施工总承包业务；保留12类施工总承包资质，将民航工程的专业承包资质整合为施工总承包资质；将36类专业承包资质整合为18类；将施工劳务企业资质改为专业作业资质，由审批制改为备案制。综合资质和专业作业资质不分等级；施工总承包资质、专业承包资质等级原则上压减为甲、乙两级（部分专业承包资质不分等级），其中，施工总承包甲级资质在本行业内承揽业务规模不受限制。"

施工资质全国通用，严禁各行业、各地区设置限制性措施，严厉查处变相设置市场准入壁垒，违规限制企业跨地区、跨行业承揽业务等行为，维护统一规范的建筑市场。

《住房城乡建设部关于进一步加强建设工程企业资质审批管理工作的通知》（建市规〔2023〕3号）第六条规定："强化建筑业企业资质注册人员考核要求。申请施工总承包一级资质、专业承包一级资质的企业，应当满足《建筑业企业资质标准》（建市〔2014〕159号）要求的注册建造师人数等指标要求。"

施工资质改革前后具体规定见表1-1。

表1-1　施工资质改革前后具体规定

资质类别	序号	施工资质类型	不分等级
综合资质	1	综合资质	
施工总承包资质	1	施工总承包企业特级资质	调整为施工综合资质，不分行业，不分等级
	2	建筑工程施工总承包	保留，设甲、乙两级
	3	公路工程施工总承包	保留，设甲、乙两级
	4	铁路工程施工总承包	保留，设甲、乙两级
	5	港口与航道工程施工总承包	保留，设甲、乙两级
	6	水利水电工程施工总承包	保留，设甲、乙两级
	7	市政公用工程施工总承包	保留，设甲、乙两级
	8	电力工程施工总承包	保留，设甲、乙两级
	9	矿山工程施工总承包	保留，设甲、乙两级
	10	冶金工程施工总承包	保留，设甲、乙两级
	11	石油化工工程施工总承包	保留，设甲、乙两级
	12	通信工程施工总承包	保留，设甲、乙两级
	13	机电工程施工总承包	保留，设甲、乙两级
专业承包资质	1	地基基础工程专业承包	保留，设甲、乙两级
	2	起重设备安装工程专业承包	保留，设甲、乙两级
	3	预拌混凝土专业承包	保留，不分等级
	4	模板脚手架专业承包	保留，不分等级
	5	桥梁工程专业承包	保留，设甲、乙两级
	6	隧道工程专业承包	保留，设甲、乙两级
	7	钢结构工程专业承包	并入建筑工程施工总承包
	8	环保工程专业承包	合并为通用专业承包，不分等级
	9	特种专业工程专业承包	
	10	建筑装修装饰工程专业承包	合并为建筑装修装饰工程专业承包，设甲、乙两级
	11	建筑幕墙工程专业承包	
	12	防水防腐保温工程专业承包	保留，设甲、乙两级

续上表

资质类别	序号	施工资质类型	不分等级
专业承包资质	13	电子与智能化工程专业承包	合并为建筑机电工程专业承包，设甲、乙两级
	14	建筑机电安装工程专业承包	
	15	城市及道路照明工程专业承包	
	16	消防设施工程专业承包	保留，设甲、乙两级
	17	古建筑工程专业承包	保留，设甲、乙两级
	18	公路路面工程专业承包	合并为公路工程类专业承包或公路工程施工总承包，设甲、乙两级
	19	公路路基工程专业承包	
	20	公路交通工程专业承包	
	21	铁路铺轨架梁工程专业承包	并入铁路工程施工总承包
	22	铁路电务工程专业承包	合并为铁路电务电气化工程专业承包，设甲、乙两级
	23	铁路电气化工程专业承包	
	24	机场场道工程专业承包	合并为民航工程施工总承包，设甲、乙两级
	25	民航空管工程及机场弱电系统工程专业承包	
	26	机场目视助航工程专业承包	
	27	港口与海岸工程专业承包	合并为港口与航道工程类专业承包，设甲、乙两级
	28	航道工程专业承包	
	29	通航建筑物工程专业承包	
	30	港航设备安装及水上交管工程专业承包	
	31	水工金属结构制作与安装工程专业承包	合并为水利水电工程类专业承包，设甲、乙两级
	32	水利水电机电安装工程专业承包	
	33	河湖整治工程专业承包	并入水利水电工程施工总承包
	34	输变电工程专业承包	保留，设甲、乙两级
	35	核工程专业承包	保留，设甲、乙两级
	36	海洋石油工程专业承包	并入石油化工工程施工总承包

续上表

资质类别	序号	施工资质类型	不分等级
施工劳务企业资质	1	不分等级	调整为专业作业资质，由审批制改为备案制，不分等级

建筑施工企业资质由中华人民共和国住房和城乡建设部（以下简称住房城乡建设部）负责审批。办理住房城乡建设部资质审批事项所需企业业绩应由申请企业向项目在所在地省级住房城乡建设主管部门提出确认申请，个人业绩应由专业技术人员所在企业向项目所在地市级及以上住房城乡建设主管部门提出确认申请。自 2024 年 1 月 1 日起，申请资质企业的业绩应当录入全国建筑市场平台。申请由住房城乡建设部负责审批的企业资质，其企业业绩应当是在全国建筑市场监管公共服务平台上满足资质标准要求的 A 级工程项目，专业技术人员个人业绩应当是在全国建筑市场平台上满足资质标准要求的 A 级或 B 级工程项目。

住房城乡建设主管部门要加强对全国建筑市场平台数据的监管，落实平台数据录入审核人员责任，加强对项目和人员业绩信息的核实。全国建筑市场平台项目信息数据不得擅自变更、删除，数据变化记录永久保存。住房城乡建设部将以实地核查、遥感卫星监测等方式抽查复核项目信息，加大对虚假信息的处理力度，并按有关规定追究责任。

1.1.2 纳税信用等级

纳税信用等级的评定内容为纳税人遵守税收法律、行政法规，以及接受税务机关依据税收法律、行政法规的规定进行管理的情况，具体指标为：税务登记情况，纳税申报情况，账簿、凭证管理情况，税款缴纳情况，违反税收法律、行政法规行为处理情况。

1. 纳税信用等级

纳税信用等级由高到低分为 A、B、M、C、D 五类。各等级的判定标准见表 1-2。

表 1-2　纳税信息等级的判定标准

等级	分值标准	具体内容
A级	年度评价指标得分90分以上	纳税人须连续两年（指税务机关受理纳税人申请之日起向前推算两年）的税务登记、纳税申报、税款征收、税务检查、发票管理、账簿管理等方面表现良好 开业经营两年以上，且能及时办理变更登记、报告银行账号、及时办理年检和换证。征期申报率达100%，准确率达95%以上，应纳税入库率100%。连续两年无偷税，抗税记录，且无发票违规记录
B级	考评分70分以上不满90分	纳税人须按照税务机关规定进行纳税申报、税款缴纳等，但评分未达到A级标准
M级	新企业年度内无收入且70分以上	适用于新设立的企业，在首个评价年度内无生产经营业务收入且年度评价指标得分70分以上的企业
C级	考评分40分以上不满70分	纳税人在税务登记、纳税申报、税款征收等方面存在一般性问题，但未构成严重违法违规行为
D级	考评分40分以下或直接判级确定	纳税人在税务登记、纳税申报、税款征收等方面存在严重违法违规行为，信用状况较差

2. 纳税信息修复范围及标准

评定为M级、C级、D级的企业，能否进行修正。根据相关规定，符合下列条件之一的纳税人，可向主管税务机关申请纳税信用修复。纳税信用修复范围及标准见表1-3。

表 1-3　纳税信用修复范围及标准

序号	指标名称	指标代码	失信扣分分值	修复加分分值和修复标准		
				30日内纠正	30日后本年纠正	30日后次年纠正
1	未按规定期限纳税申报	010101	5分	涉及税款1 000元以下的加5分，其他的加4分	2分	1分
2	未按规定期限代扣代缴	010102	5分	涉及税款1 000元以下的加5分，其他的加4分	2分	1分
3	未按规定期限填报财务报表	010103	3分	2.4分	1.2分	0.6分

续上表

序号	指标名称	指标代码	失信扣分分值	修复加分分值和修复标准		
				30日内纠正	30日后本年纠正	30日后次年纠正
4	从事进料加工业务的生产企业，未按规定期限办理进料加工登记、申报、核销手续的	010304	3分	2.4分	1.2分	0.6分
5	未按规定时限报送财务会计制度或财务处理办法	0105013	2.4分	1.2分	0.6分	—
6	使用计算机记账，未在使用前将会计电算化系统的会计核算软件、使用说明书及有关资料报送主管税务机关备案的	010502	3分	2.4分	1.2分	0.6分
7	纳税人与其关联企业之间的业务往来应向税务机关提供有关价格、费用标准信息而未提供的	010503	3分	2.4分	1.2分	0.6分
8	未按规定（期限）提供其他涉税资料的	010504	3分	2.4分	1.2分	0.6分
9	未在规定时限内向主管税务机关报告开立（变更）账号的	010505	5分	4分	2分	1分
10	未按规定期限缴纳已申报或批准延期申报的应纳税（费）款	020101	5分	涉及税款1 000元以下的加5分，其他的加4分	2分	1分
11	至评定期末，已办理纳税申报后纳税人未在税款缴纳期限内缴纳税款或经批准延期缴纳的税款期限已满，纳税人未在税款缴纳期限内缴纳的税款在5万元以上（含5万元）的	020201	11分	8.8分	4.4分	2.2分

续上表

序号	指标名称	指标代码	失信扣分分值	修复加分分值和修复标准		
				30日内纠正	30日后本年纠正	30日后次年纠正
12	至评定期末，已办理纳税申报后纳税人未在税款缴纳期限内缴纳税款或经批准延期缴纳的税款期限已满，纳税人未在税款缴纳期限内缴纳的税款在5万元以下的	020202	3分	涉及税款1 000元以下的加3分，其他的加2.4分	1.2分	0.6分
13	已代扣代收税款，未按规定解缴的	020301	11分	涉及税款1 000元以下的加11分，其他的加8.8分	4.4分	2.2分
14	未履行扣缴义务，应扣未扣，应收不收税款	020302	3分	涉及税款1 000元以下的加3分，其他的加2.4分	1.2分	0.6分
15	银行账户设置数大于纳税人向税务机关提供数	——	11分	8.8分	4.4分	2.2分
16	有非正常户记录的纳税人	040103	直接判D	履行相应法律义务并由税务机关依法解除非正常户状态的，税务机关依据纳税人申请重新评价纳税信用级别，但不得评价为A级		
17	在规定期限内未补缴或足额补缴税款、滞纳金和罚款	050107	直接判D	在税务机关处理结论明确的期限期满后60日内足额补缴的（构成犯罪的除外），税务机关依据纳税人申请重新评价纳税信用级别，但不得评价为A级		
18	非正常户直接责任人员注册登记或负责经营的其他纳税户	040104	直接判D	非正常户纳税人纳税信用修复后纳税信用级别不为D级的，税务机关依据纳税人申请重新评价纳税信用级别		

续上表

序号	指标名称	指标代码	失信扣分分值	修复加分分值和修复标准		
				30日内纠正	30日后本年纠正	30日后次年纠正
19	D级纳税人的直接责任人员注册登记或负责经营的其他纳税户	040105	直接判D	D级纳税人纳税信用修复后纳税信用级别不为D级的，税务机关依据纳税人申请重新评价纳税信用级别		

3. 申请纳税信用修复条件

纳入纳税信用管理的企业纳税人，符合下列条件之一的，可在规定期限内向主管税务机关申请纳税信用修复。

（1）纳税人发生未按法定期限办理纳税申报、税款缴纳、资料备案等事项且已补办的。

（2）未按税务机关处理结论缴纳或者足额缴纳税款、滞纳金和罚款，未构成犯罪，纳税信用级别被直接判为D级的纳税人，在税务机关处理结论明确的期限期满后60日内足额缴纳、补缴的。

（3）纳税人履行相应法律义务并由税务机关依法解除非正常户状态的。

（4）破产企业或其管理人在重整或和解程序中，已依法缴纳税款、滞纳金、罚款，并纠正相关纳税信用失信行为的。

（5）因确定为重大税收违法失信主体，纳税信用直接判为D级的纳税人，失信主体信息已按照国家税务总局相关规定不予公布或停止公布，申请前连续12个月没有新增纳税信用失信行为记录的。

（6）由纳税信用D级纳税人的直接责任人员注册登记或者负责经营，纳税信用关联评价为D级的纳税人，申请前连续6个月没有新增纳税信用失信行为记录的。

（7）因其他失信行为纳税信用直接判为D级的纳税人，已纠正纳税信用失信行为、履行税收法律责任，申请前连续12个月没有新增纳税信用失信行为记录的。

（8）因上一年度纳税信用直接判为D级，本年度纳税信用保留为D级的纳税人，已纠正纳税信用失信行为、履行税收法律责任或失信主体信息已按照国家税务总局相关规定不予公布或停止公布，申请前连续12个月没有新增纳税信用失信行为记录的。

1.1.3 项目施工前应具备的条件

《中华人民共和国建筑法》第七条第一款规定："建筑工程开工前，建设单位应当按照国家有关规定向工程所在地县级以上人民政府建设行政主管部门申请领取施工许可证；但是，国务院建设行政主管部门确定的限额以下的小型工程除外。"

施工许可证是建筑施工单位符合各种施工条件，允许开工的批准文件，是建设单位进行工程施工的法律凭证，也是房屋权属登记的主要依据之一。没有施工许可证的建设项目均属违章建筑，不受法律保护。当各种施工条件完备时，建设单位应当按照计划批准的开工项目向工程所在地县级以上人民政府建设行政主管部门办理施工许可证手续，领取施工许可证。未取得施工许可证的不得擅自开工。

申请领取施工许可证，应当具备下列条件。

（1）已经办理该建筑工程用地批准手续。办理用地批准手续是建筑工程依法取得的土地使用权的必经程序，只有依法取得土地使用权，建筑工程才能开工。

（2）依法应当办理建设工程规划许可证且已经取得建设工程规划许可证。按照有关规定，在城市规划区内的建筑工程，建设单位在依法办理用地批准手续之前，还必须先取得该工程的建设工程规划许可证。

（3）需要拆迁的，其拆迁进度符合施工要求。拆迁分为成片大面积拆迁，整栋房屋拆迁和一栋房屋的局部拆迁。需要先期进行拆迁的建筑工程，其拆迁工作状况直接影响到整个建筑工程能否顺利进行。在建筑工程开始施工时，拆迁的进度必须符合工程开工的要求，这是保证该建筑工程正常施工的基本条件。

（4）在工程开工前，建设单位必须已依法通过招标发包或直接发包的方式确定具备同该工程建设规模和技术要求等相适应的资质条件的建筑施工企业。

（5）有满足施工需要的资金安排、施工图纸及技术资料。按照基建程序，施工图纸包括土建工程和设备安装两部分。技术资料包括工程说明书、结构计算书和施工图预算等。

（6）有保证工程质量和安全的具体措施。建筑工程的质量状况往往直接关系到人身和财产安全，是至关重要的大问题，在工程施工作业中必须把保证工程质量放在首位。同时，由于建筑施工多为露天、高处作业，施工环境和条件比较差等原因，工程施工中危及安全的因素较多，对施工安全也必须高度重视。

1.2 建筑工程发包与承包

建筑工程的发包，是指建筑工程的建设单位（或总承包单位）将建筑工程任务（勘察、设计、施工等）的全部或一部分通过招标或其他方式，交付给具有从事建筑活动的法定从业资格的单位完成，并按约定支付报酬的行为。

建筑工程的承包，即建筑工程发包的对称，是指具有从事建筑活动的法定从业资格的单位，通过投标或其他方式，承揽建筑工程任务，并按约定取得报酬的行为。

1.2.1 发包

《中华人民共和国建筑法》第十九条规定："建筑工程依法实行招标发包，对不适宜招标发包的可以直接发包。"建设工程的发包方式有两种，即直接发包和招标发包。

1. 直接发包

直接发包是指发包方与承包方直接进行协商，以约定工程建设的价格、工期和其他条件的交易方式。

依法必须进行施工招标的工程建设项目有下列情形的，可以不进行施工招标：

（1）涉及国家安全、国家秘密、抢险救灾或者属于利用扶贫资金实行以工代赈需要使用农民工等特殊情况，不适宜进行招标；

（2）施工主要技术采用不可替代的专利或者专有技术；

（3）已通过招标方式选定的特许经营项目投资人依法能够自行建设；

（4）采购人依法能够自行建设；

(5) 在建工程追加的附属小型工程或者主体加层工程，原中标人仍具备承包能力，并且其他人承担将影响施工或者功能配套要求；

(6) 国家规定的其他情形。

2. 招标发包

招标发包是指建设单位通过招标确定承包单位的一种发包方式。各类工程建设项目达到下列标准之一的，必须进行招标。《必须招标的工程项目规定》(中华人民共和国国家发展和改革委员会令第 16 号) 第五条规定："……(一) 施工单项合同估算价在 400 万元人民币以上；(二) 重要设备、材料等货物的采购，单项合同估算价在 200 万元人民币以上；(三) 勘察、设计、监理等服务的采购，单项合同估算价在 100 万元人民币以上。同一项目中可以合并进行的勘察、设计、施工、监理以及与工程建设有关的重要设备、材料等的采购，合同估算价合计达到前款规定标准的，必须招标。"

1.2.2 承包

我国建筑工程承包方式有以下几种。

1. 总承包

总承包是指从事工程总承包的企业受建设单位委托，按照合同约定对工程项目的勘察、设计、采购、施工、试运行、竣工验收等全部工程或若干工程的承包。工程总承包的具体方式、工作内容和责任等，由业主与工程总承包企业在合同中约定。

建筑施工企业一般是通过招投标或议标等方式取得工程项目承包合同，总承包合同包括发包方和承包方，发包方在工程上又称为业主或甲方，承包方指负责承建施工工程项目的乙方，即建筑施工企业。由于建筑施工企业须凭资质等级承接工程，所以大部分建筑施工企业均会设置总分支机构，以总机构的名义投标，中标后在提供建筑服务所在地设立分公司或项目部，负责当地项目的建设。建筑施工企业的分支机构数量众多，且地点分散。

建设合同的执行周期长，较大工程的工期常以年计，投资金额大，需要分期、分部位来确认合同完成情况，进行工程款支付。从项目开工建设开始，历经项目正常施工、完工验收、交付使用，直到质保期满、质保金支付完毕，在生产中往往要长期占用大量的人力、物力和资金。

2. 独立承包

独立承包方式是指发包人（业主）并不将建设工程的全部建设工作发包给某一承包人，而是分别与勘察人、设计人、施工人签订勘察、设计、施工合同，勘察人、设计人、施工人负责的勘察、设计、施工任务各自独立对发包人负责。对于一些工程较大的项目，发包人可能分别与几个勘察人、设计人、施工人分别签订若干份独立的勘察合同、设计合同、施工合同，承包人各自独立完成承包工作。

建筑工程的发包单位与承包单位应当依法订立书面合同，明确双方的权利和义务。发包单位和承包单位应当全面履行合同约定的义务。不按照合同约定履行义务的，依法承担违约责任。

3. 分包

《中华人民共和国民法典》《中华人民共和国建筑法》《建设工程质量管理条例》等法律规定，分包是承包人承包工程后，将其承包范围内的部分工程交由第三人完成的行为。分包是法律允许的行为，但违法分包是不为法律所保护的。违法分包是指建设单位将工程发包给个人或不具有相应资质的单位、肢解发包、违反法定程序发包及其他违反法律法规规定发包的行为。

分包从内容上分为工程分包和劳务分包。工程分包和劳务分包都需要具有相应资质且必须在资质等级许可范围内从事活动。

1.3 招标与投标

建筑工程发包与承包的招标、投标活动，应当遵循公开、公正、平等竞争的原则，择优选择承包单位。

1.3.1 招标

招标是指招标人（买方）事先发出招标通告或招标单，品种、数量、技术要求和有关的交易条件提出在规定的时间、地点，邀请投标人（卖方）参加投标的行为。

《中华人民共和国招标投标法》第三条规定："在中华人民共和国境内进行下列工程建设项目包括项目的勘察、设计、施工、监理以及与工程建设有关的重要设备、材料等的采购，必须进行招标：（一）大型基础设施、公用事业等关系社会公共利益、公众安全的项目；（二）全部或者部分使用国有资金投资或者国家融资的项目；（三）使用国际组织或者外国政府贷款、援助资金的项目。"

1. 招标方式

招标分为公开招标和邀请招标两种方式。

（1）公开招标又称无限竞争性竞争招标，是指招标人以招标公告的方式邀请不特定的法人或者其他组织投标。

凡国有资金（含企事业单位）投资或国有资金投资占控股或者占主导地位的建设项目必须公开招标。招标人在指定的报刊、网络或其他媒介上发布招标公告，吸引众多的投标人参加投标竞争，招标人从中择优选择中标单位的招标方式。适用范围：全部使用国有资金投资以及国有资金投资占控股或者主导地位的建设项目，原则上应当实行公开招标，特殊情况如抢险救灾、自然资源或环境限制、涉及国家安全或国家秘密、只有少数潜在投标人等符合法律规定的情形，经过核准方可实行邀请招标或不招标。

建筑工程实行公开招标的，发包单位应当依照法定程序和方式，发布招标公告，提供载有招标工程的主要技术要求，主要的合同条款，评标的标准和方法以及开标、评标、定标的程序等内容的招标文件。

（2）邀请招标是指招标人以投标邀请书的方式邀请特定的法人或其他组织投标。由招标人根据供应商或承包商的业绩，选择一定数目的法人或其他组织（不能少于3家），向其发出投标邀请书，邀请他们参加投标竞争。

非国有资金（含民营、私营、外商投资）投资或非国有资金投资占控股或占主导地位且关系社会公共利益、公众安全的建设项目可以邀请招标，但招标人要求公开招标的可以公开招标。

2. 招标条件与程序

（1）招标条件。招标条件包括建设项目已审批、核准或备案；建设项目的招标事项已核准；有相应资金或资金来源已落实；有满足需要的技术资料。

（2）基本程序。基本程序如图1-1所示。

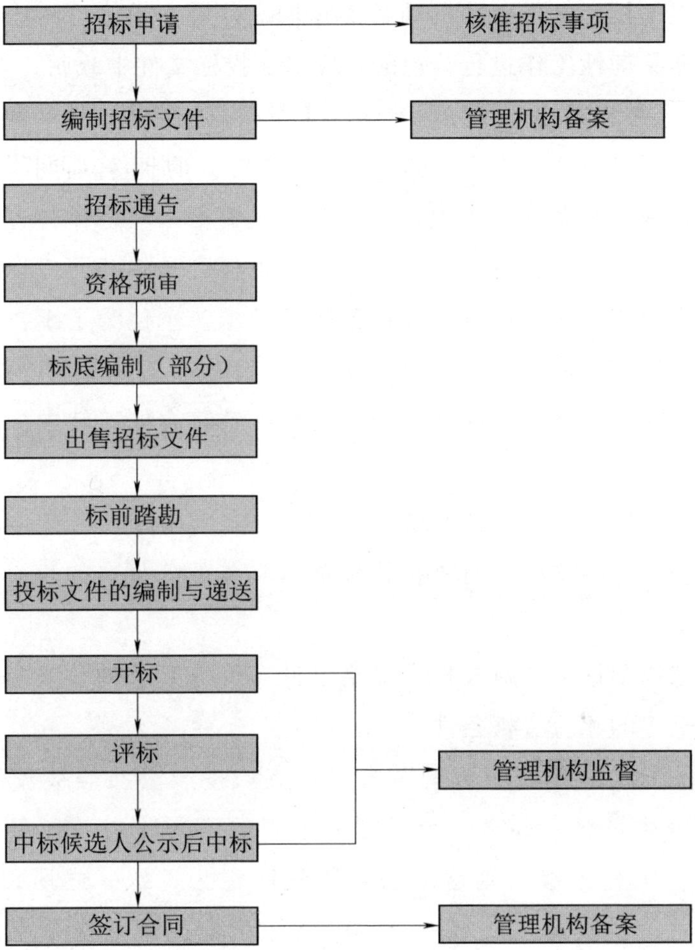

图 1-1　基本程序（仅供参考）

1.3.2　投标

投标是指经资格审查合格的投标人，按招标文件的规定编制投标文件，在招标限定的时间内送达招标人。相关规定如下。

（1）投标人应当具备国家对投标人的资格条件规定和招标文件对投标人资格条件的规定。

（2）招标人收到投标文件后，应当签收保存，不得开启。

（3）在招标文件规定的截止时间后送达的投标文件，招标人应当拒收。

（4）投标人少于 3 个的，招标人应当重新招标。

投标人根据招标文件载明的项目实际情况，拟在中标后将中标项目的部分非主体、非关键性工作进行分包的，应当在投标文件中载明。

《中华人民共和国招标投标法》第三十一条第一款规定："两个以上法人或者其他组织可以组成一个联合体，以一个投标人的身份共同投标。"

联合体是一个临时性的组织，不具有法人资格。联合体各方应当签订共同投标协议，明确约定各方拟承担的工作和责任，并将共同投标协议连同投标文件一并提交招标人。联合体投标指的是某承包单位为了承揽不适于自己单独承包的工程项目而与其他单位联合，以一个投标人的身份去投标的行为。联合体中标的，联合体各方应当共同与招标人签订合同，就中标项目向招标人承担连带责任。

对投标联合体资质条件的要求。

（1）联合体各方均应具有承担招标项目必备的条件，如相应的人力、物力、资金等。

（2）国家或招标文件对投标人资格条件有特殊要求的，联合体各个成员都应当具备规定的相应资格条件。

（3）同一专业的单位组成的联合体，应当按照资质等级较低的单位确定联合体的资质等级。如在三个投标人组成的联合体中，有两个是甲级资质等级，有一个是乙级，则这个联合体只能定为乙级。之所以这样规定，是促使资质优等的投标人组成联合体，防止货商或承包商来完成，保证招标质量。

1.4 建筑施工企业的组织框架与经营模式

建筑施工企业由于部分项目跨地区施工，为了经营管理，成立许多分公司（子公司）、项目指挥部等派出机构分级管理。

1.4.1 组织架构类型

建筑企业的组织架构类型主要有五种，下面分别进行介绍。

第一种：总公司—工程项目部。组织结构如图 1-2 所示。

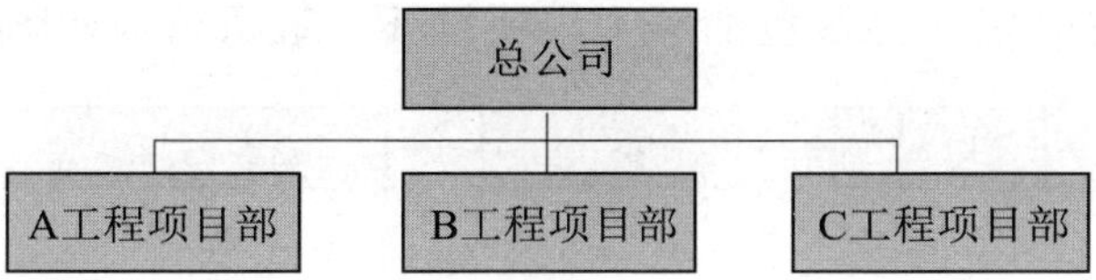

图 1-2　总公司—工程项目部

第二种：总公司—子公司—工程项目部。组织结构如图 1-3 所示。

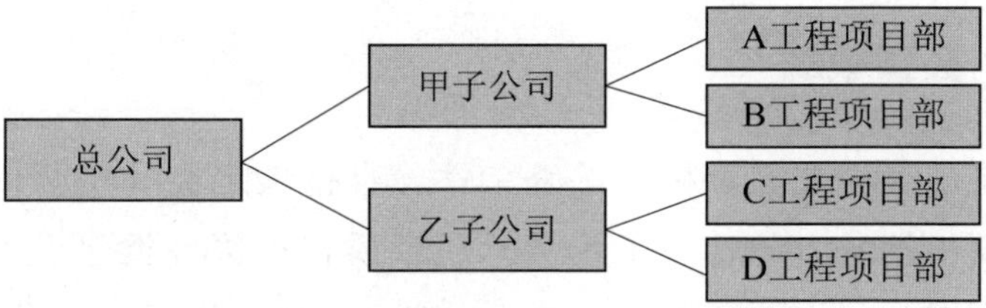

图 1-3　总公司—子公司—工程项目部

第三种：总公司—分公司—工程项目部。组织结构如图 1-4 所示。

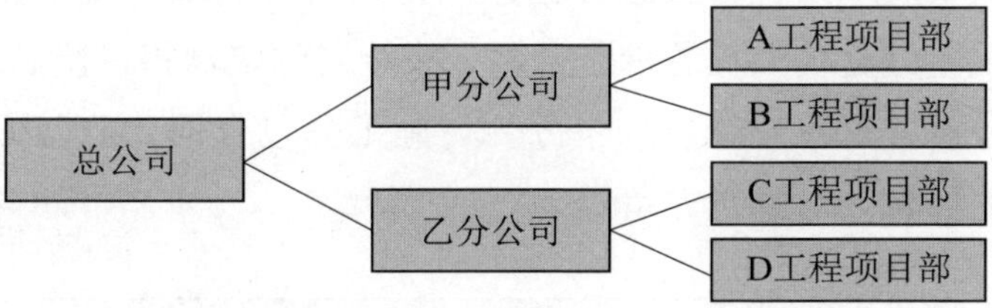

图 1-4　总公司—分公司—工程项目部

总公司对分公司采用经理负责制管理模式，即分公司经理为分公司最高管理者，独立向总公司负责，分公司经理对分公司所有成员具有管理权，全权负责分公司各项经营活动。分公司对项目部采用项目经理负责制管理模式，即指分公司将工程项目承包给项目经理，项目经理与分公司签订承包协议，明确双方权利和义务。

第四种：总公司—工程项目部，子公司—工程项目部。组织结构如图 1-5 所示。

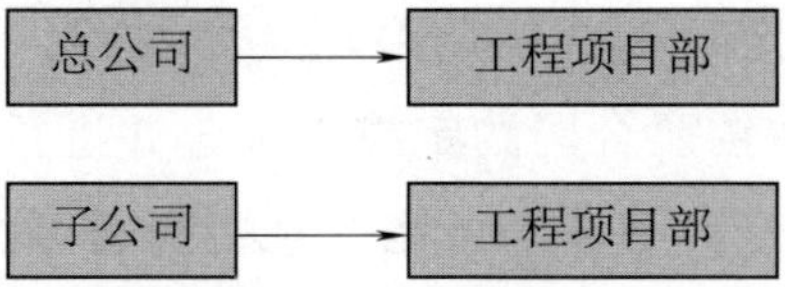

图 1-5　第四种组织形式

第五种：总公司—总承包部—工程项目部，组织结构如图 1-6 所示。

图 1-6　第五种组织形式

项目指挥部、总承包部、工程项目部等，没有建筑施工资质，以总公司的名义承揽工程项目、签订承包合同、负责项目施工、工程结算等。

1.4.2　经营模式

由于建筑施工企业经营模式的复杂性，直接决定会计核算的复杂性。建筑施工企业要根据各自的建筑工程总承包资质，承接各类建设项目。一般业务运营模式主要包括自营及总分包模式、联合体模式及特殊经营模式。

1. 自营及总分包模式

建筑施工企业采用自营及总分包模式，应以企业或下属单位的名义独立或联合与业主签订建筑工程总承包合同，按合同约定承担风险，对业主负责；如进行内部分包，总包方须与分包方签订施工分包合同，分包方根据分包合同承担相应的风险，对总包方负责。

小贴士

自营及总分包模式业务流程如下。

（1）项目前期准备流程：投标→中标并与业主订立合同→与分包单位订立合同→临时设施购买与搭建→物资采购→设备采购→收取业主预付款。

（2）项目实施与项目终结流程：总包方自营部分成本核算→分包成本核算→季末总分包核对及收入成本等确认、月末预缴税金→定期工程结算→竣工决算。

2. 联合体模式

企业或其下属单位同公司内部其他单位或外部单位与业主共同签订工程施工合同，依据合同约定比例共担风险，共享收益。合作方成立联合体（或虚拟联合体），对联合体按照合同约定投入资金并进行工程施工，业主对联合体进行验工计价，后续工程结算和可能的索赔沟通等。

《中华人民共和国建筑法》第二十七条第一款规定：“大型建筑工程或者结构复杂的建筑工程，可以由两个以上的承包单位联合共同承包，共同承包的各方对承包合同的履行承担连带责任。”联合体如果中标，各成员将会共同与招标人签订合同，就中标项目向招标人承担连带责任。

小贴士

联合体模式业务流程如下。

总包方自营部分成本核算→分包成本核算→季末总分包核对及收入成本确认、月末预缴税金→定期工程结算→竣工结算

3. 特殊经营模式

（1）建设—移交（BT）。

BT是基础设施项目建设领域中采用的一种投资建设模式，根据项目发起人通过与投资者签订合同，由投资者负责项目的融资、建设，并在规定时限内将竣工后的项目移交项目发起人，项目发起人根据事先签订的回购协议分期向投资者支付项目总投资及确定的回报。BT项目投资建设模式如图1-7所示。

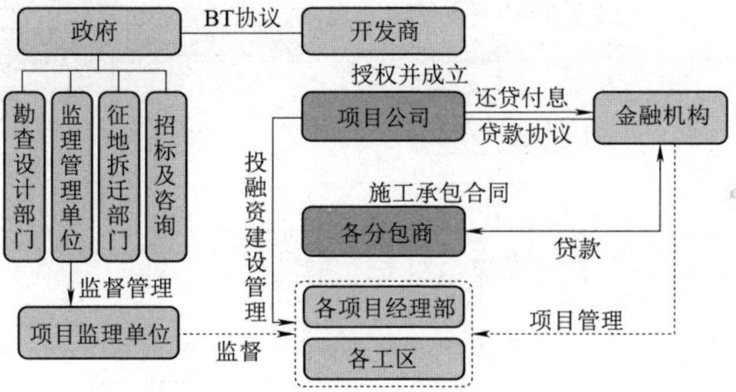

图1-7 BT项目投资建设模式（仅供参考）

（2）建设—经营—移交（BOT）。

BOT是指政府或其授权的单位经过一定程序并签订特许协议将专属特定的基础设施、公用事业项目的投资、筹资、建设、营运、管理和使用的权利在一定时期内赋予企业，政府保留该项目、设施及其相关的自然资源永久所有权。

BOT实质上是基础设施投资、建设和经营的一种方式，以政府和社会机构之间达成协议为前提，由政府向社会机构颁布特许，允许其在一定时期内筹集资金建设某一基础设施并管理和经营该设施及其相应的产品与服务。BOT融资模式如图1-8所示。

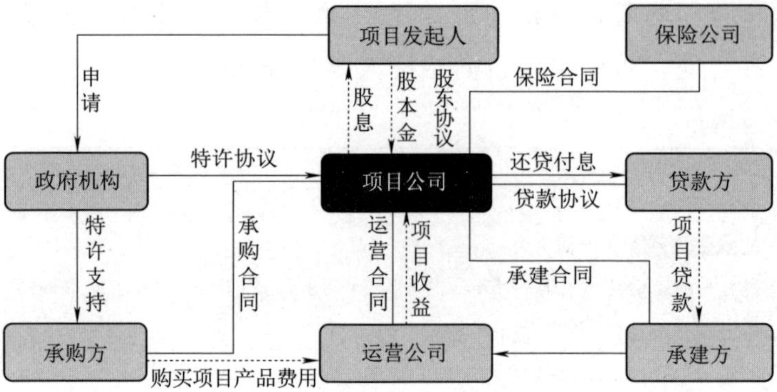

图 1-8　BOT 融资模式（仅供参考）

（3）设计—采购—施工（EPC）。

EPC 模式是指一个总承包商或者承包商联营体与业主签订承揽合同，并按合同约定对整个工程项目的设计、采购、施工、试运行等工作进行承包，工程验收合格后向业主移交。通常公司在总价合同条件下，对其所承包工程的质量、安全、造价和工期等向建设方全面负责。EPC 运营模式如图 1-9 所示。

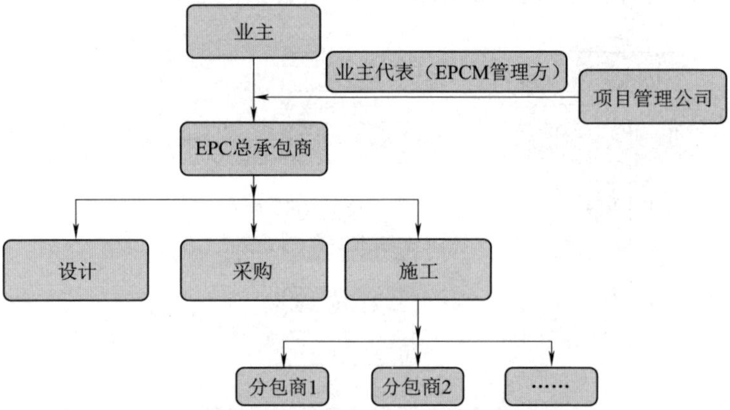

图 1-9　EPC 运营模式（仅供参考）

EPC 模式主要适用于那些专业性强、技术含量高、工艺及技术较为复杂、一次性投资金额较大的项目。

（4）政府和社会资本合作（PPP）。

PPP 经营模式是指政府与社会及私人组织之间，为了合作建设城市基础设施项目，或是为了提供某种公共物品和服务，以特许权协议为基础，彼此之间形成一种伙伴式的合作关系，并通过签署合同来明确双方的权利和义务，以确保合作的顺利完成，最终合作各方达到比预期单独行动更为有利的结果。

1.4.3 会计科目的设置

会计科目的设置和维护应符合国家相关法律法规的要求，以及《企业会计准则》和业务核算的需要，根据资产、负债、成本、所有者权益、费用、收入等要素选择适合本企业的会计科目，会计科目应在不同会计期间内保持一致。在一个会计年度内，对已经存在发生额的科目，一般情况下不允许再增加明细科目。一级科目（总账科目、总分类科目）一般由财政部统一制定，二级科目（明细科目、明细分类科目），以及明细科目的设置应当符合企业适用的会计准则规定。会计信息系统中的会计科目编码位数设置为 12 位。比如，一级科目“2202 应付账款”，二级科目“2202-01 应付账款—工程款”，三级科目“2202-01-01 应付账款—工程款—质量保证金”，四级科目“2202-01-01-01 应付账款—工程款—质量保证金—原值”。其中，二级科目可以设置到 99，如“2202-99 应付账款—其他”。

通常情况下，建筑企业总公司本级的账套采用辅助核算比较合适；而工程项目账套，直接在会计科目下设置明细科目更便于查账。

执行《企业会计准则》的建筑企业，可参考表 1-4 设置会计科目。

表 1-4 建筑施工企业会计科目明细账户设置

科目代码	一级科目	二级科目	三级科目	四级科目	明细科目设置原则
1001	库存现金	—	—	—	涉及外币核算的，在“科目设置”中选择“外币核算”选项
1002	银行存款	银行名称	—	—	涉及外币核算的，在“科目设置”中选择“外币核算”选项
1012	其他货币资金	—	—	—	—
1012-01	其他货币资金	外埠存款	—	—	—
1012-02	其他货币资金	银行汇票	—	—	—
1012-03	其他货币资金	银行本票	—	—	—
1012-04	其他货币资金	信用卡	—	—	—
1012-05	其他货币资金	存出投资款	—	—	—

续上表

科目代码	一级科目	二级科目	三级科目	四级科目	明细科目设置原则
1012-06	其他货币资金	保证金	—	—	—
1101	交易性金融资产	—	—	—	按“成本”“公允价值变动”设置明细科目
1101-01	交易性金融资产	成本	—	—	—
1101-02	交易性金融资产	公允价值变动	—	—	—
1121	应收票据	—	—	—	按票据类型设置明细科目
1121-01	应收票据	银行承兑汇票	—	—	—
1121-01-01	应收票据	银行承兑汇票	已背书未到期票据	—	—
1121-01-02	应收票据	银行承兑汇票	已贴现未到期票据	—	—
1121-02	应收票据	商业承兑汇票	—	—	—
1121-02-01	应收票据	商业承兑汇票	已背书未到期票据	—	—
1121-02-02	应收票据	商业承兑汇票	已贴现未到期票据	—	—
1122	应收账款	—	—	—	按应收账款性质设置二级明细科目，按不同项目类型的工程款项设置三级明细科目
1122-01	应收账款	工程款	—	—	—
1122-01-01	应收账款	工程款	铁路	—	—
1122-01-02	应收账款	工程款	公路	—	—
1122-01-03	应收账款	工程款	市政	—	—
1122-01-04	应收账款	工程款	房屋建筑	—	—
1122-02	应收账款	质量保证金	—	—	—
1122-02-01	应收账款	质量保证金	原值	—	—

续上表

科目代码	一级科目	二级科目	三级科目	四级科目	明细科目设置原则
1122-02-01-01	应收账款	质量保证金	原值	铁路	—
1122-02-01-02	应收账款	质量保证金	原值	公路	—
1122-02-01-03	应收账款	质量保证金	原值	房屋建筑	—
1122-02-01-04	应收账款	质量保证金	原值	其他基建	—
1122-03	应收账款	劳务款	—	—	—
**** ①	合同资产	—	—	—	—
****-01	合同资产	工程款	—	—	—
****-02	合同资产	材料款	—	—	—
****-02-01	合同资产	材料款	工程施工原材料款	—	—
****-02-02	合同资产	材料款	物资采购款	—	—
****-03	合同资产	劳务费	—	—	—
1123	预付账款	—	—	—	—
1131	应收股利	—	—	—	—
1132	应收利息	—	—	—	根据金融工具的类别设置二级明细科目
1221	其他应收款	—	—	—	按往来款的性质设置二级明细科目
1221-01	其他应收款	备用金	—	—	—
1221-02	其他应收款	保证金	—	—	—
1221-02-01	其他应收款	保证金	履约保证金	—	—
1221-02-02	其他应收款	保证金	投标保证金	—	—
1221-02-03	其他应收款	保证金	民工工资保证金	—	—
1221-02-04	其他应收款	保证金	其他	—	—
1221-03	其他应收款	预付款项转入	—	—	—
1221-04	其他应收款	应收租金	—	—	—

① 因财政部未给出具体科目代码，企业应按实际需要暂设科目代码。

续上表

科目代码	一级科目	二级科目	三级科目	四级科目	明细科目设置原则
1221-05	其他应收款	应收押金	—	—	—
1221-06	其他应收款	应收代缴税金	—	—	—
1221-07	其他应收款	其他	—	—	—
1231	坏账准备	—	—	—	—
1231-01	坏账准备	应收账款	—	—	—
1231-02	坏账准备	其他应收款	—	—	—
1231-03	坏账准备	预付款项	—	—	—
1231-04	坏账准备	长期应收款	—	—	—
1231-05	坏账准备	应收股利	—	—	—
1231-06	坏账准备	应收利息	—	—	—
1401	材料采购	—	—	—	可按材料类别设置二级明细科目
1402	在途物资	—	—	—	可按材料类别设置二级明细科目
1403	原材料	—	—	—	可按材料类别设置二级明细科目
1403-01	原材料	主要材料	—	—	—
1403-02	原材料	辅助材料	—	—	—
1403-03	原材料	外购半成品	—	—	—
1403-04	原材料	修理用备件	—	—	—
1403-05	原材料	包装材料	—	—	—
1403-06	原材料	其他	—	—	—
1404	材料成本差异	—	—	—	可按材料、产品的类别或品种设置二级明细科目
1411	周转材料	—	—	—	按“在库”“在用”“摊销”设置二级明细科目
1411-01	周转材料	在库	—	—	—
1411-02	周转材料	在用	—	—	—

续上表

科目代码	一级科目	二级科目	三级科目	四级科目	明细科目设置原则
1411-03	周转材料	摊销	—	—	—
1471	存货跌价准备	—	—	—	根据存货性质设置二级明细科目
1471-01	存货跌价准备	原材料	—	—	—
1471-01-01	存货跌价准备	原材料	主要材料	—	—
1471-01-02	存货跌价准备	原材料	辅助材料	—	—
1471-01-03	存货跌价准备	原材料	外购半成品	—	—
1471-01-04	存货跌价准备	原材料	包装材料	—	—
1471-01-05	存货跌价准备	原材料	燃料	—	—
1471-01-06	存货跌价准备	原材料	其他	—	—
1484	合同资产减值准备	—	—	—	—
1506	临时设施	—	—	—	可按临时设施各类和使用部门设置二级明细
1507	临时设施摊销	—	—	—	可按临时设施各类和使用部门设置二级明细科目
1508	临时设施减值准备	—	—	—	—
1509	临时设施清理	—	—	—	—
1511	长期股权投资	—	—	—	按单位设置二级明细科目
1511-01	长期股权投资	对子公司投资	—	—	—
1511-02	长期股权投资	对联营企业投资	—	—	—
1511-02-01	长期股权投资	对联营企业投资	成本	—	—
1511-02-02	长期股权投资	对联营企业投资	损益调整	—	—

续上表

科目代码	一级科目	二级科目	三级科目	四级科目	明细科目设置原则
1511-02-03	长期股权投资	对联营企业投资	其他权益变动	—	—
1511-03	长期股权投资	对合营企业投资	—	—	—
1511-03-01	长期股权投资	对合营企业投资	成本	—	—
1511-03-02	长期股权投资	对合营企业投资	损益调整	—	—
1511-03-03	长期股权投资	对合营企业投资	其他权益变动	—	—
1512	长期股权投资减值准备	—	—	—	—
1512-01	长期股权投资减值准备	子公司	—	—	—
1512-02	长期股权投资减值准备	联营企业	—	—	—
1512-03	长期股权投资减值准备	合营企业	—	—	—
1531	长期应收款	—	—	—	按应收款性质设置二级明细科目
1532	未实现融资收益	—	—	—	按不同性质设置二级明细科目
1601	固定资产	—	—	—	按固定资产类别设置二级明细科目
1601-01	固定资产	房屋及建筑物	—	—	—
1601-02	固定资产	施工设备	—	—	—
1601-03	固定资产	运输设备	—	—	—
1601-04	固定资产	办公设备	—	—	—
1601-05	固定资产	其他	—	—	—

续上表

科目代码	一级科目	二级科目	三级科目	四级科目	明细科目设置原则
1602	累计折旧	—	—	—	按固定资产类别设置二级明细科目
1602-01	累计折旧	房屋及建筑物	—	—	—
1602-02	累计折旧	施工设备	—	—	—
1602-03	累计折旧	运输设备	—	—	—
1602-04	累计折旧	办公设备	—	—	—
1602-05	累计折旧	其他	—	—	—
1603	固定资产减值准备	—	—	—	按固定资产类别设置二级明细科目
1603-01	固定资产减值准备	房屋及建筑物	—	—	—
1603-02	固定资产减值准备	施工设备	—	—	—
1603-03	固定资产减值准备	运输设备	—	—	—
1603-04	固定资产减值准备	办公设备	—	—	—
1603-05	固定资产减值准备	其他	—	—	—
1604	在建工程	—	—	—	根据在建工程性质设置二级明细科目
1604-01	在建工程	建筑工程	—	—	—
1604-02	在建工程	安装工程	—	—	—
1604-03	在建工程	待摊支出	—	—	—
1604-03-01	在建工程	待摊支出	土地征用及迁移补偿费	—	—
1604-03-02	在建工程	待摊支出	“三通一平”费用	—	—
1604-03-03	在建工程	待摊支出	临时设施费	—	—

续上表

科目代码	一级科目	二级科目	三级科目	四级科目	明细科目设置原则
1604-03-04	在建工程	待摊支出	招投标费	—	—
1604-03-05	在建工程	待摊支出	税金	—	—
1604-03-06	在建工程	待摊支出	其他	—	—
1605	工程物资	—	—	—	按工程物资性质设置二级明细科目
1605-01	工程物资	专用材料	—	—	—
1605-02	工程物资	专用设备	—	—	—
1605-03	工程物资	工器具	—	—	—
1605-04	工程物资	其他	—	—	—
1606	固定资产清理	—	—	—	—
1607	在建工程减值准备	—	—	—	—
1701	无形资产	—	—	—	按无形资产性质设置二级明细科目
1701-01	无形资产	专利权	—	—	—
1701-02	无形资产	土地使用权	—	—	—
1701-03	无形资产	其他	—	—	—
1702	累计摊销	—	—	—	—
1702-01	累计摊销	专利权	—	—	—
1702-02	累计摊销	土地使用权	—	—	—
1702-03	累计摊销	其他	—	—	—
1703	无形资产减值准备	—	—	—	—
1711	商誉	—	—	—	可按被合并单位设置二级明细科目
1712	商誉减值准备	—	—	—	可被合并单位设置二级明细科目
1801	长期待摊费用	—	—	—	按“原值”“摊销”设置二级明细科目

续上表

科目代码	一级科目	二级科目	三级科目	四级科目	明细科目设置原则
1801-01	长期待摊费用	原值	—	—	按性质设置三级明细科目
1801-01-01	长期待摊费用	原值	经营租入改良支出	—	—
1801-01-02	长期待摊费用	原值	其他	—	—
1811	递延所得税资产	—	—	—	按递延所得税资产性质设置二级明细科目
1811-01	递延所得税资产	可抵扣亏损	—	—	—
1811-02	递延所得税资产	固定资产折旧	—	—	—
1811-03	递延所得税资产	应收质保金折现	—	—	—
1811-04	递延所得税资产	子公司投资收益	—	—	—
1811-05	递延所得税资产	其他	—	—	—
1901	待处理财产损溢	—	—	—	按待处理财产损益性质设置二级明细科目
1901-01	待处理财产损溢	待处理流动资产损溢	—	—	—
1901-02	待处理财产损溢	待处理非流动资产损溢	—	—	—
2001	短期借款	—	—	—	按短期借款性质设置二级明细科目
2001-01	短期借款	信用借款	—	—	—
2001-02	短期借款	抵押贷款	—	—	—

续上表

科目代码	一级科目	二级科目	三级科目	四级科目	明细科目设置原则
2001-03	短期借款	质押贷款	—	—	—
2001-03-01	短期借款	质押贷款	票据贴现	—	—
2001-03-02	短期借款	质押贷款	应收账款保理	—	—
2001-03-03	短期借款	质押贷款	其他	—	—
2101	交易性金融负债	—	—	—	按“本金”“公允价值变动”设置二级明细科目
2201	应付票据	—	—	—	按应付票据设置二级明细科目
2201-01	应付票据	银行承兑汇票	—	—	—
2201-02	应付票据	商业承兑汇票	—	—	—
2202	应付账款	—	—	—	按应付账款性质设置二级明细科目
2202-01	应付账款	应付工程款	—	—	—
2202-02	应付账款	应付质量保证金	—	—	—
2202-02-01	应付账款	应付质量保证金	原值	—	—
2202-02-02	应付账款	应付质量保证金	折现	—	—
2202-03	应付账款	内部结算	—	—	—
2202-04	应付账款	应付材料款	—	—	—
2202-05	应付账款	应付设备款	—	—	—
2202-06	应付账款	应付劳务款	—	—	—
2202-07	应付账款	应付租赁费	—	—	—
2202-08	应付账款	其他	—	—	—

续上表

科目代码	一级科目	二级科目	三级科目	四级科目	明细科目设置原则
∗∗∗∗	合同负债	—	—	—	—
∗∗∗∗-01	合同负债	工程款	—	—	—
∗∗∗∗02	合同负债	劳务款	—	—	—
∗∗∗∗03	合同负债	材料款	—	—	—
∗∗∗∗03-01	合同负债	材料款	工程施工原材料款	—	—
∗∗∗∗-03-02	合同负债	材料款	物资采购款	—	—
2204	预收账款	—	—	—	—
2211	应付职工薪酬	—	—	—	—
2211-01	应付职工薪酬	工资、奖金、津贴和补贴	—	—	—
2211-02	应付职工薪酬	福利费用	—	—	—
2211-02-01	应付职工薪酬	福利费用	货币性福利	—	—
2211-02-02	应付职工薪酬	福利费用	非货币性福利	—	—
2211-03	应付职工薪酬	社会保险	—	—	—
2211-03-01	应付职工薪酬	社会保险	基本养老保险	—	—
2211-03-02	应付职工薪酬	社会保险	补充养老保险	—	—
2211-03-03	应付职工薪酬	社会保险	基本医疗保险	—	—
2211-03-04	应付职工薪酬	社会保险	补充医疗保险	—	—
2211-03-05	应付职工薪酬	社会保险	失业保险	—	—
2211-03-06	应付职工薪酬	社会保险	工伤保险	—	—
2211-03-07	应付职工薪酬	社会保险	生育保险	—	—

续上表

科目代码	一级科目	二级科目	三级科目	四级科目	明细科目设置原则
2211-04	应付职工薪酬	商业保险	—	—	—
2211-05	应付职工薪酬	住房公积金	—	—	—
2211-06	应付职工薪酬	工会经费	—	—	—
2211-07	应付职工薪酬	职工教育经费	—	—	—
2211-08	应付职工薪酬	劳务派遣费	—	—	—
2211-9	应付职工薪酬	其他	—	—	—
2221	应交税费	—	—	—	按应交增值税性质设置二级明细科目
2221-01	应交税费	应交增值税	—	—	按应交增值税性质设置三级明细科目
2221-01-01	应交税费	应交增值税	进项税额	—	—
2221-01-02	应交税费	应交增值税	已交税金	—	—
2221-01-03	应交税费	应交增值税	转出未交增值税	—	—
2221-01-04	应交税费	应交增值税	转出多交增值税	—	—
2221-01-05	应交税费	应交增值税	销项税额抵减	—	—
2221-01-06	应交税费	应交增值税	减免税款	—	—
2221-01-07	应交税费	应交增值税	销项税额	—	—
2221-01-08	应交税费	应交增值税	出口退税	—	—
2221-01-09	应交税费	应交增值税	进项税额转出	—	—
2221-10	应交税费	未交增值税	—	—	—
2221-11	应交税费	预交增值税	—	—	—
2221-12	应交税费	待抵扣进项税额	—	—	—
2221-13	应交税费	待认证进项税额	—	—	—

续上表

科目代码	一级科目	二级科目	三级科目	四级科目	明细科目设置原则
2221-14	应交税费	待转销项税额	—	—	—
2221-15	应交税费	增值税留抵税额	—	—	—
2221-16	应交税费	简易计税	—	—	—
2221-16-01	应交税费	简易计税	计税抵减	—	—
2221-16-02	应交税费	简易计税	预交简易计税	—	—
2221-16-03	应交税费	简易计税	计提	—	—
2221-16-04	应交税费	简易计税	未交简易计税	—	—
2221-16-05	应交税费	简易计税	待转简易计税	—	—
2221-17	应交税费	转让金融商品应交增值税	—	—	—
2221-18	应交税费	代扣代交增值税	—	—	—
2221-19	应交税费	应交消费税	—	—	—
2221-20	应交税费	应交出口关税	—	—	—
2221-21	应交税费	应交进口关税	—	—	—
2221-22	应交税费	应交资源税	—	—	—
2221-23	应交税费	应交企业所得税	—	—	—
2221-24	应交税费	应交个人所得税	—	—	—
2221-25	应交税费	应交土地增值税	—	—	—
2221-26	应交税费	应交房产税	—	—	—
2221-27	应交税费	应交土地使用税	—	—	—
2221-28	应交税费	应交车船使用税	—	—	—

续上表

科目代码	一级科目	二级科目	三级科目	四级科目	明细科目设置原则
2221-29	应交税费	应交城市维护建设税	—	—	—
2221-30	应交税费	应交教育费附加	—	—	—
2221-31	应交税费	应交地方教育附加	—	—	—
2221-32	应交税费	应交地方各项基金	—	—	—
2221-33	应交税费	印花税	—	—	—
2231	应付利息	—	—	—	—
2232	应付股利	—	—	—	可按支付股利的对象或类型设置二级明细科目
2241	其他应付款	—	—	—	按应付款性质设置二级明细科目
2241-01	其他应付款	保证金	—	—	—
2241-01-01	其他应付款	保证金	履约保证金	—	—
2241-01-02	其他应付款	保证金	投标保证金	—	—
2241-01-03	其他应付款	保证金	民工工资保证金	—	—
2241-01-04	其他应付款	保证金	项目安全保证金	—	—
2241-02	其他应付款	应付租金	—	—	—
2241-03	其他应付款	代扣个人社保费	—	—	—
2241-03-01	其他应付款	代扣个人社保费	基本养老保险	—	—
2241-03-02	其他应付款	代扣个人社保费	补充养老保险	—	—
2241-03-03	其他应付款	代扣个人社保费	补充医疗保险	—	—

续上表

科目代码	一级科目	二级科目	三级科目	四级科目	明细科目设置原则
2241-03-04	其他应付款	代扣个人社保费	失业保险	—	—
2241-04	其他应付款	代扣个人住房公积金	—	—	—
2241-05	其他应付款	应付押金	—	—	—
2241-06	其他应付款	应付赔款	—	—	—
2241-07	其他应付款	诚意金	—	—	—
2241-08	其他应付款	应付暂收款	—	—	—
2241-09	其他应付款	暂收单位负担社保金	—	—	按社保金性质设置三级明细
2241-09-01	其他应付款	暂收单位负担社保金	基本养老保险	—	—
2241-09-02	其他应付款	暂收单位负担社保金	补充养老保险	—	—
2241-09-03	其他应付款	暂收单位负担社保金	基本医疗保险	—	—
2241-09-04	其他应付款	暂收单位负担社保金	补充医疗保险	—	—
2241-09-05	其他应付款	暂收单位负担社保金	失业保险	—	—
2241-09-06	其他应付款	暂收单位负担社保金	工伤保险	—	—
2241-09-07	其他应付款	暂收单位负担社保金	生育保险	—	—
2241-10	其他应付款	暂收单位负担公积金	—	—	—
2401	递延收益	—	—	—	—
2401-01	递延收益	国家拨入专门用途款项	—	—	—
2401-01-01	递延收益	国家拨入专门用途款项	搬迁补偿	—	—

续上表

科目代码	一级科目	二级科目	三级科目	四级科目	明细科目设置原则
2401-01-02	递延收益	国家拨入专门用途款项	其他	—	—
2501	长期借款	—	—	—	按"本金""利息调整"设置二级明细科目
2501-01	长期借款	本金	—	—	—
2501-02	长期借款	利息调整	—	—	—
2502	应付债券	—	—	—	按"面值""利息调整"设置二级明细科目
2701	长期应付款	—	—	—	按应付款性质设置二级明细科目
2702	未确认融资费用	—	—	—	—
2711	专项应付款	—	—	—	按款项用途设置二级明细科目
2801	预计负债	—	—	—	按预计负债事项设置二级明细科目
2801-01	预计负债	对外提供担保	—	—	—
2801-02	预计负债	未决诉讼	—	—	—
2801-03	预计负债	亏损合同	—	—	—
2801-04	预计负债	产品质量保证金	—	—	—
2801-05	预计负债	弃置费用	—	—	—
2901	递延所得税负债	—	—	—	—
2901-01	递延所得税负债	固定资产折旧	—	—	—
2901-02	递延所得税负债	资产评估增值	—	—	—
2901-03	递延所得税负债	应付质保金折现	—	—	—

续上表

科目代码	一级科目	二级科目	三级科目	四级科目	明细科目设置原则
2901-04	递延所得税负债	公允价值调整	—	—	—
2901-05	递延所得税负债	其他	—	—	—
3001	内部往来	—	—	—	按上下级和内部单位间往来设置二级明细科目
4001	实收资本（股本）	—	—	—	按实收资本或股本来源设置二级明细科目
4002	资本公积	—	—	—	—
4002-01	资本公积	资本（或股本）溢价	—	—	—
4002-02	资本公积	其他资本公积	—	—	—
4004	其他综合收益	—	—	—	根据性质设置二级明细科目
4101	盈余公积	—	—	—	按盈余公积设置二级明细科目
4101-01	盈余公积	法定盈余公积	—	—	—
4101-02	盈余公积	任意盈余公积	—	—	—
4103	本年利润	—	—	—	—
4104	利润分配	—	—	—	按利润分配性质设置二级明细科目
4104-01	利润分配	提取法定盈余公积	—	—	—
4104-02	利润分配	提取任意盈余公积	—	—	—
4104-03	利润分配	应付利润或股利	—	—	—
4104-04	利润分配	提取储备金	—	—	—

续上表

科目代码	一级科目	二级科目	三级科目	四级科目	明细科目设置原则
4104-05	利润分配	其他	—	—	—
5301	研发支出	—	—	—	按研发支出性质设置二级明细科目
5401	合同履约成本	—	—	—	—
5401-01	合同履约成本	合同成本	—	—	—
5401-01-01	合同履约成本	合同成本	人工费	—	—
5401-01-02	合同履约成本	合同成本	材料费	—	—
5401-01-03	合同履约成本	合同成本	机械使用费	—	—
5401-01-03-01	合同履约成本	合同成本	机械使用费	人工费	—
5401-01-03-02	合同履约成本	合同成本	机械使用费	折旧费	—
5401-01-03-03	合同履约成本	合同成本	机械使用费	修理费	—
5401-01-03-04	合同履约成本	合同成本	机械使用费	其他	—
5401-01-04	合同履约成本	合同成本	劳务成本	—	—
5401-01-05	合同履约成本	合同成本	专业分包费	—	—
5401-01-06	合同履约成本	合同成本	其他直接费	—	—
5401-01-06-01	合同履约成本	合同成本	其他直接费	折旧费	—
5401-01-06-02	合同履约成本	合同成本	其他直接费	临时设施	—
5401-01-06-03	合同履约成本	合同成本	其他直接费	安全测试费	—
5401-01-06-04	合同履约成本	合同成本	其他直接费	青苗补偿费	—
5401-01-06-05	合同履约成本	合同成本	其他直接费	其他	—
5401-01-07	合同履约成本	合同成本	间接费用	—	—
5401-01-08	合同履约成本	合同成本	合同毛利	—	—
5401-01-09	合同履约成本	合同成本	工程结算	—	—
5402	合同结算	—	—	—	—
5403	机械作业	—	—	—	按机械化施工、运输作业设置二级明细科目
5403-01	机械作业	机械化施工	—	—	—

续上表

科目代码	一级科目	二级科目	三级科目	四级科目	明细科目设置原则
5403-01-01	机械作业	机械化施工	人工费	—	—
5403-01-02	机械作业	机械化施工	折旧费用	—	—
5403-01-03	机械作业	机械化施工	修理费	—	—
5403-01-04	机械作业	机械化施工	机械租赁费	—	—
5403-01-05	机械作业	机械化施工	其他	—	—
5403-02	机械作业	运输作业	—	—	—
5403-02-01	机械作业	运输作业	人工费	—	—
5403-02-02	机械作业	运输作业	折旧费用	—	—
5403-02-03	机械作业	运输作业	修理费	—	—
5403-02-04	机械作业	运输作业	机械租赁费	—	—
5403-02-05	机械作业	运输作业	其他	—	—
5405②	合同取得成本	—	—	—	—
5406③	合同结算	—	—	—	—
5406-01	合同结算	合同结算——价款结算	—	—	—
5406-02	合同结算	合同结算——收入结转	—	—	—
6001	主营业务收入	—	—	—	—
6051	其他业务收入	—	—	—	—
6101	公允价值变动损益	—	—	—	—
6111	投资收益	—	—	—	按投资收益性质设置二级科目
6211	其他收益	—	—	—	—
6301	营业外收入	—	—	—	按收入项目设置二级明细科目

②③《企业会计准则第 14 号——收入（应用指南）》中未指定科目代码，企业可根据需要，自行设置。

续上表

科目代码	一级科目	二级科目	三级科目	四级科目	明细科目设置原则
6401	主营业务成本	—	—	—	—
6402	其他业务成本	—	—	—	—
6403	税金及附加	—	—	—	—
6403-01	税金及附加	消费税	—	—	—
6403-02	税金及附加	城市维护建设税	—	—	—
6403-03	税金及附加	资源税	—	—	—
6403-04	税金及附加	教育附加费	—	—	—
6403-05	税金及附加	房产税	—	—	—
6403-06	税金及附加	城镇土地使用税	—	—	—
6403-07	税金及附加	车船使用税	—	—	—
6403-08	税金及附加	印花税	—	—	—
6601	销售费用	—	—	—	按费用性质设置二级明细科目
6602	管理费用	—	—	—	按费用性质设置二级明细科目
6603	财务费用	—	—	—	按费用性质设置二级明细科目
6501	资产处置损益	—	—	—	—
6701	资产减值损失	—	—	—	—
6711	营业外支出	—	—	—	按费用项目设置二级明细科目
6801	所得税费用	—	—	—	按损益类项目设置二级科目
6901	以前年度损益调整	—	—	—	按损益类项目设置二级科目

1.5 建筑施工流程与税务管理

建筑施工流程可以分为六个阶段：投标（报价）阶段、合同签订阶段、施工准备阶段、项目实施阶段、项目竣工验收与结算阶段、工程维修保养阶段。本节主要介绍六个阶段涉及流程与税务处理的内容。

1. 投标（报价）阶段

投标（报价）阶段相关内容见表1-5。

表1-5 投标（报价）阶段流程与管理（仅供参考）

投标（报价）阶段	税务管理环节
获取招标文件，购买标书、支付图纸押金	取得增值税进项税额抵扣凭证
投标保证金（投标保函缴退）	无
项目现场勘查	无
组织技术、经济、商务标书编制及装订	取得增值税进项税额抵扣凭证
参加议标（答辩会议）	无
根据要求进行多轮回标	无

2. 合同签订阶段

合同签订阶段相关内容见表1-6。

表1-6 合同签订阶段流程与管理（仅供参考）

合同签订阶段	税务管理环节
缴纳中标服务费，领取中标通知书	相关服务费可取得增值税进项税额抵扣凭证
业务洽谈、评审、合同签订、提交标底等	合同签订后在总机构主管地税务局申报缴纳印花税
提交履约保函（履约保证金）	相关服务费可取得增值税进项税额抵扣凭证

在合同的签订阶段，涉及的税务事项主要包括以下方面。

一般纳税人以清包工方式、为甲供工程提供的建筑服务和建筑工程老项目，可以选择适用简易计税方法计税；增值税小规模纳税人则一律采取简易计税方法计税，按3%的征收率计算缴纳增值税。计税方法的选择会影响合同价款与发票的开具，合同双方有必要在合同内进行约定和明确。

同时，计税方法的选择，也会影响到工程造价。采用一般计税方法计税的，应执行“营改增”后的计价依据；选择简易计税方法计税的，税金改为增值税征收率。

3. 施工准备阶段

施工准备阶段是确保工程项目顺利实施的关键环节，其流程通常包括以下步骤：

（1）成立项目部。由项目经理、技术负责人、施工员、安全员、质检员、材料员等组建，同时制定项目部管理制度

（2）合同交底。对施工合同进行详细交底，明确合同条款、双方权利义务、工程范围、工期、质量标准、付款方式等关键内容。

（3）制定施工组织设计和方案。根据工程项目特点、施工条件、合同要求等，编制施工组织设计，包括工程概况、施工部署、施工方案、施工进度计划、资源需求计划、施工现场平面布置等。针对危险性较大的分部分项工程，制订专项施工方案。

（4）规划施工现场。根据施工组织设计，合理规划施工现场，包括施工区域、办公区域、生活区域、材料堆放区域、加工区域等，确保施工现场整洁、有序。

（5）准备材料和设备。根据施工进度计划，编制材料采购计划，明确材料品种、规格、数量、质量要求等，选择合格的供应商进行采购。租赁或购置施工设备，如塔吊、施工电梯、混凝土搅拌机、钢筋加工机械等。

（6）进行技术交底。组织项目部成员和施工班组进行技术交底会议，传达施工图纸、施工组织设计、专项施工方案等内容，明确施工要求、技术标准、安全措施等。

在工程项目施工准备阶段，可能涉及的税费主要包括增值税、城市维护建设税、教育费附加、地方教育附加、印花税、代扣代缴个人所得税等。

（1）增值税。在施工准备阶段，建筑施工企业可能涉及材料采购、设备租赁等费用，尽量取得增值税专用发票进行抵扣。根据服务类型不同税率有所差异，如建筑服务增值税税率为9％，其他现代服务增值税税率为6％。

（2）城市维护建设税、教育费附加、地方教育附加以实际缴纳的增值税为计税依据。根据地区和政策不同而有所差异，如城市维护建设税税率分为7％、5％、1％；教育费附加税率为3％；地方教育附加税率为2％。

（3）印花税。建设工程合同印花税税率明确列举在《中华人民共和国印花税法》附件《印花税税目税率表》中，因此需要缴纳印花税。根据合同类型不同税率有所差异，如承揽合同税率为报酬的万分之三，购销合同税率为价款万分之三，租赁合同税率为租金的千分之一等。

（4）代扣代缴个人所得税。工资、薪金所得，适用3％至45％的超额累进税率；劳务报酬所得适用比例税率，税率为20％。每次收入不超过4 000

元的，减除费用800元；4 000元以上的，减除20%的费用。

4. 项目实施阶段

项目实施阶段是工程项目从开工到竣工的全过程，主要包括以下步骤：建筑施工企业按照施工组织设计进行施工，包括基础工程施工、主体结构施工、装修施工、设备安装调试等。施工过程中需严格按照设计文件、施工合同和国家现行施工及验收规范进行，确保工程质量、施工安全和现场文明施工。

建筑施工项目实施阶段涉及的税费主要包括增值税、城市维护建设税、教育费附加、地方教育附加、印花税、环境保护税、资源税、代扣代缴个人所得税等。

(1) 增值税。增值税一般纳税人执行一般计税法的税率为9%，一般纳税人执行简易计税法和小规模纳税人的征收率为3%。

《国家税务总局关于发布〈纳税人跨县（市、区）提供建筑服务增值税征收管理暂行办法〉的公告》（国家税务总局公告2016年第17号）第四条规定："纳税人跨县（市、区）提供建筑服务，按照以下规定预缴税款：(一)一般纳税人跨县（市、区）提供建筑服务，适用一般计税方法计税的，以取得的全部价款和价外费用扣除支付的分包款后的余额，按照2%的预征率计算应预缴税款。(二) 一般纳税人跨县（市、区）提供建筑服务，选择适用简易计税方法计税的，以取得的全部价款和价外费用扣除支付的分包款后的余额，按照3%的征收率计算应预缴税款。(三) 小规模纳税人跨县（市、区）提供建筑服务，以取得的全部价款和价外费用扣除支付的分包款后的余额，按照3%的征收率计算应预缴税款。"

(2) 城市维护建设税、教育费附加、地方教育附加，以实际缴纳的增值税为计税依据。根据地区和政策不同而有所差异，如城市维护建设税税率分为7%、5%、1%；教育费附加税率为3%；地方教育附加税率为2%。

(3) 印花税。根据《印花税税目税率表》列举项目缴纳。

(4) 环境保护税。建筑施工现场燃烧产生废气中的颗粒物，按照烟尘征收环境保护税。排放的扬尘、工业粉尘等颗粒物，除可以确定为烟尘、石棉尘、玻璃棉尘、炭黑尘的外，按照一般性粉尘征收环境保护税。

(5) 资源税。采砂、石等矿产资源需缴纳资源税，税率因地而异。具体可参照《中华人民共和国资源税法》相关规定执行。

在实务中，部分地区的税务局要求建筑施工企业按照相关规定向施工工地所在地主管税务机关缴纳环境保护税。

(6) 代扣代缴个人所得税。

5. 项目竣工验收与结算阶段

《中华人民共和国建筑法》第六十一条规定："交付竣工验收的建筑工程，

必须符合规定的建筑工程质量标准，有完整的工程技术经济资料和经签署的工程保修书，并具备国家规定的其他竣工条件。建筑工程竣工经验收合格后，方可交付使用；未经验收或者验收不合格的，不得交付使用。”

建设工程竣工验收应当具备下列条件：

（1）完成建设工程设计和合同约定的各项内容；

（2）有完整的技术档案和施工管理资料；

（3）有工程使用的主要建筑材料、建筑构配件和设备的进场试验报告；

（4）由勘察、设计、施工、工程监理等单位分别签署的质量合格文件；

（5）由建筑施工企业签署的工程保修书。

项目竣工验收阶段产生的主要税费如下。

（1）增值税及附加税费。一般纳税人提供建筑服务适用的税率为9%，小规模纳税人则为3%（2023年1月1日至2027年12月31日期间，小规模纳税人减按1%征收）[①]。纳税义务发生时间根据合同约定或实际收款时间确定，若合同明确约定付款日期，则按约定比例计算销售额；若无约定，则在竣工验收时全额纳税。

（2）附加税费包括城市维护建设税、教育费附加和地方教育附加。城市维护建设税以增值税为计税依据，税率根据纳税人所在地不同有所差异：市区7%，县城（镇）5%，其他地区1%。

教育费附加税率为3%，地方教育附加税率为2%。

（3）企业所得税。税率为25%，预缴管理方面，按季度预缴，跨省项目需在项目地预缴0.2%（以实际收入为基数）。成本扣除需凭合规票据列支人工费、材料费、机械费等。

（4）印花税。根据《印花税税目税率表》列举项目缴纳。

（5）资源税。采砂、石等矿产资源需缴纳资源税，税率因地而异。具体可参照《中华人民共和国资源税法》相关规定执行。

（6）城镇土地使用税与房产税。按土地面积及地段等级缴纳。

（7）代扣代缴个人所得税。

（8）环境保护税。施工扬尘按排放量折算。

应纳税额＝扬尘排放量×具体税额（地方标准）

6. 工程维修保养阶段

工程项目维修保养是确保工程设施长期稳定运行、延长使用寿命、降低

① 《财政部 税务总局关于增值税小规模纳税人减免增值税政策的公告》（财政部 税务总局公告2023年第19号）第二条规定：“增值税小规模纳税人适用3%征收率的应税销售收入，减按1%征收率征收增值税；适用3%预征率的预缴增值税项目，减按1%预征率预缴增值税。”第三条规定：“本公告执行至2027年12月31日。”

维护成本的关键环节。其流程通常包括以下步骤：

（1）成立维护小组，收集工程图纸、施工记录、验收报告、设备清单、维修保养记录等相关资料，为维护工作提供依据。

（2）采购备品备件。根据设备清单和维修保养记录，采购必要的备品备件，确保维护工作顺利进行。

（3）故障维修。对损坏的设备部件进行更换、修复，确保设备恢复正常运行。维修过程中需严格遵守安全操作规程，确保人员安全。

（4）检测与调试。维修后对设备进行检测与调试，确保设备性能达到设计要求，填写检测记录并归档。

在工程项目维修保养过程中，可能涉及以下税费：

（1）增值税及附加税费。对项目提供维护保养服务，按“其他现代服务”缴纳增值税，税率为6%。小规模纳税人征收率为3%（2023年1月1日至2027年12月31日期间，小规模纳税人减按1%征收）。附加税费包括城市维护建设税、教育费附加和地方教育附加。

（2）印花税修理合同按“承揽合同”税目缴纳印花税，税率为万分之三。修缮服务合同按“建设工程合同”税目缴纳印花税，税率为万分之三。

（3）代扣代缴个人所得税。

（4）环境保护税。若维修保养过程中产生的污染物直接向环境排放，则须缴纳环境保护税。若污染物排入依法设立的污水集中处理、生活垃圾集中处理场所等，则无须缴纳环境保护税。环境保护税税目与税率可参考《中华人民共和国环境保护税法》的规定执行。

第2章 建筑施工企业投标（报价）阶段会计核算

投标（报价）阶段会计核算包括为取得建筑施工项目发生的投标费用、投标保证金、投标函并进行备案登记、保证金及保函收回等。

2.1　投标单位发生投标费用

投标活动会产生一定的交易成本。对投标人而言包括购买招标文件、制作投标文件、组织现场踏勘、缴纳投标保证金、参加投标等；另外，还将发生交通费、住宿费、人员工资、印刷费、咨询费等费用，上述费用统称为投标费用。

2.1.1　投标费用账务处理

投标费用会计处理如图 2-1 所示。

发生投标费用时

借：管理费用

　　应交税费——待认证进项税额（未认证时）

　　应交税费——应交增值税（进项税额）（已认证时）

　　贷：银行存款

图 2-1　投标费用会计处理

【例 2-1】绿地建筑工程有限公司投标位于深圳市凤栖路 112 号理想大厦建设项目，制作标书和相关人员的费用共计 16 000 元，以银行存款支付。根据招标公告、付款申请单、项目投标审批文件、银行付款单据、发票等证明文件或银行单据进行会计处理。投标文件（部分）、付款申请单如图 2-2、图 2-3所示。

理想大厦工程施工招标

投标文件（部分）

招标编号：TIX322

投标文件内容：理想大厦工程投标

投标人：绿地建筑工程有限公司

法定代表人或其委托代理人：彭福林

日期：2025 年 3 月 2 日

图 2-2 招标文件（部分）

付款申请单

2025 年 3 月 2 日

项目名称	理想大厦		合同编号	HT452264
付款申请人	项目部		联系方式	021-98646
收款单位	绿地咨询有限公司			
收款单位开户行及账号	中国工商银行深圳凤栖路支行 622685737822			
付款金额	⊗壹万陆仟元整			￥16 000.00
付款方式	□现金	□支票	□电汇	☑网银
项目经理意见	申请人：张琴琴 日 期：2025 年 3 月 2 日			
公司领导意见	签名：彭福林 2025 年 3 月 2 日			
财务部意见	签名：王梓旭 2025 年 3 月 2 日			

图 2-3 付款申请单

借：管理费用——办公费（投标费用）　　16 000

　　贷：银行存款　　16 000

2.1.2 投标保证金

投标保证金是指在招投标活动中，投标人随投标文件一同递交给招标人的一定形式、一定金额的投标责任担保。旨在保证投标人在递交投标文件后不得撤销，中标后不得无正当理由不与招标人订立合同。在签订合同时不得向招标人提出附加条件，或者不按照招标文件要求提交履约保证金。否则，招标人有权不予返还其递交的投标保证金。投标保函是指在招标、投标过程中，招标人为保证投标人不得撤销投标文件，中标后不得无正当理由不与招标人订立合同等，要求投标人在提交投标文件时一并提交由银行出具的书面担保。投标保证金会计处理如图 2-4 所示。

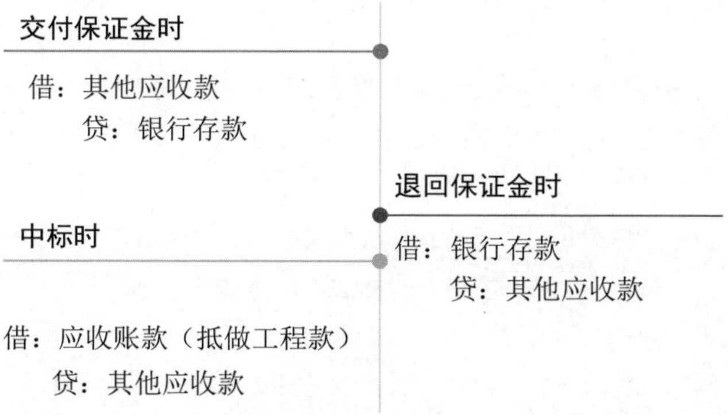

图 2-4　投标保证金会计处理

为了便于携带与保管，投标保证金一般不使用现金，最好用票据结算。常用的票据有银行本票、支票、银行汇票等。

（1）银行本票。对于用作投标保证金的银行本票由银行开出，交由投标人递交给招标人，招标人再凭银行本票到银行兑取资金。

（2）支票。对于用作投标保证金的支票由投标人开出，并由投标人交给招标人，招标人再凭支票在自己的开户银行支取资金。

（3）银行汇票。对于用作投标保证金的银行汇票由银行开出，交由投标人递交给招标人，招标人再凭银行汇票在自己的开户银行兑取。

小贴士

银行本票是见票即付，支票自出票日起提示付款期限一般是 10 天，银行汇票的提示付款期限自出票日起 1 个月。

【例 2-2】凤栖路 112 号理想大厦建设项目需要绿地建筑工程有限公司支付保证金 200 000 元，财务人员根据招标公告、投标保证金、银行保函、付款申请单、项目投标审批文件、银行付款单据等进行会计处理，主要单据如图 2-5 所示。

借：其他应收款——保证金（投标保证金）　　　　200 000

　　贷：银行存款　　　　　　　　　　　　　　　　200 000

投标保证金银行保函

致：招标代理机构

本保函作为绿地建筑工程有限公司对招标代理机构关于理想大厦的投标邀请而提供的投标保函。

我们中国工商银行深圳凤栖路支行无条件地、不可撤销地具结保证本行、其继承人和受让人，一旦在收到贵方提出的就下述任何一种事实的书面通知，立即无追索地向贵方支付金额为人民币 200 000 元的保证金：

（1）在提交投标文件截止时间后，投标人撤销其投标文件的；

（2）中标人拒绝按招标文件的规定和投标文件的承诺签订合同的；

（3）中标人未按招标文件规定提交履约保证金的；

（4）在提交投标文件截止时间后主动对投标文件提出实质性修改的；

（5）投标人串通投标或有其他违法行为的；

同时，我行无条件地、不可撤销地具结保证本行、其继承人和受让人，一旦在收到贵方提出的投标人未按照招标文件规定缴纳招标代理服务费的书面通知，立即无追索地、按实际应支付的招标代理服务费金额向贵方支付保证金，该保证金最多不超过本保函第二段承诺的金额。

本保函自签发之日起生效，直至投标有效期满后止。如果贵方和投标人一致书面同意延长投标有效期的，则本保函有效期相应延长。

如果投标人中标，本保函将在上述期满后继续生效，直至投标人提供符合合同规定的履约保证金为止。

出函银行名称：中国工商银行深圳凤栖路支行

负责人签字：艾建东

签发日期：2025 年 3 月 3 日

图 2-5　银行保函（仅供参考）

2.1.3　办理投标保函并进行备案登记

招标人为保证投标人不得撤销投标文件，中标后不得无正当理由不与招标人订立合同等，而要求投标人提供银行保函，即投标保函，以保证投标人履行招标文件所规定的义务。投标人向招标人递交投标书时，必须随附由银行出具的书面担保。开标后，中标的投标人的银行投标保函立即生效。招标人对投标人还有以下限制：

（1）在标书规定的期限内，投标人投标后，不得修改原报价、不得中途撤标。

（2）投标人中标后，必须与招标人签订合同并在规定的时间内提供银行履约保函。若投标人未履行上述义务，则担保银行在受益人提出索赔时，要按照保函规定履行赔款义务。

投标人办理投标保函程序参考如下：申请人填写保函申请书并提交有关资料；银行对申请人的资格、申请手续和项目可行性进行审查；签订协议，落实保证金或反担保；为申请人开立投标保函。

投标保函办理的金额一般为投标报价的1%～5%；投标保函有效期一般在6个月以内，从开出之日起生效。

企业办理银行保函收到银行回单时，根据招标公告、项目投标审批文件、银行付款单据、保函相关单据等，会计处理如图2-6所示。

核算时点	账务处理
收到银行回单时 **核算依据** 招标公告、项目投标审批文件、银行付款单据、保函相关单据等	借：其他货币资金——保证金（银行保函） 其他应收款——保证金——投标保证金(现金保函) 财务费用——手续费支出（银行业务手续） 应交税费——待认证进项税额（发票未认证时） 应交税费——应交增值税（进项税额）（发票已认证时） 贷：银行存款

图2-6 办理银行保函会计处理

【例2-3】凤栖路112号理想大厦建设项目总标的额32 000 000元，绿地建筑工程有限公司向开户行中国工商银行凤栖路支行申请开具投标保函960 000元，并提供企业营业执照、财务报表、公司决议等文件办理投标保函，手续费为960元。不考虑相关税费，账务处理如下。

借：其他货币资金——银行保函　　960 000

　　财务费用——手续费支出　　960

　　贷：银行存款　　960 960

2.1.4　保证金及保函收回

项目结算后，招标人应退还履约保证金或保函时，应由中标单位提交退还履约保证金或保函的申请：退还履约保证金按汇款审批程序执行；退还保函，则是由项目经办人与中标单位收回保函的人在保函复印件上签名确认保函原件退回后，财务人员将保函原件退还中标单位。会计处理如图 2-7 所示。

核算时点

收到银行回单时

核算依据

银行收款回单

账务处理

借：银行存款

　　贷：其他货币资金——保证金

　　　　——应收押金

　　　　——保证金——投标保证金(现金保函)

　　财务费用——手续费支出（银行业务手续）

图 2-7　保证金及保函收回会计处理

【例 2-4】 绿地建筑工程有限公司中标凤栖路 112 号理想大厦建设项目，招标人退还保证金及银行保函共计 1 160 000 元，保证金及银行保函滋生利息 2 900 元。绿地建筑工程有限公司财务人员根据银行回单，进行账务处理。

借：银行存款　　1 162 900

　　贷：其他应收款——投标保证金　　200 000

　　　　其他货币资金——投标保函　　960 000

　　　　财务费用——利息收入　　2 900

2.2　中标阶段会计处理

中标是指招标人向经评选的投标人发出中标通知书，并在规定的时间内与之签订书面合同的行为。中标项目虽然不能转让，但可以分包。实际上，中标人应该独立地履行中标人义务。但是，由于有的招标项目比较庞大、复杂，为使中标项目能够更好地完成，允许中标人在一定的条件下，将中标项目分包给他人。但需要满足下列条件：

（1）合同中有允许分包的约定或者分包已经招标人同意。

（2）分包给他人完成的是中标项目非主体、非关键性工作。

（3）分包人应具备相应的资格条件，并不得再次分包。

2.2.1 履约担保

履约担保是工程发包人为防止承包人在合同期间违约，并弥补给发包人造成经济方面的损失，其形式有履约担保金、银行履约保函、履约担保书三种形式。

1. 履约保证金

履约保证金是工程发包人为防止承包人在合同执行过程中违反合同规定违约而要求提供的保证金。《中华人民共和国招标投标法》第四十六条规定："招标人和中标人应当自中标通知书发出之日起三十日内，按照招标文件和中标人的投标文件订立书面合同。招标人和中标人不得再行订立背离合同实质性内容的其他协议。招标文件要求中标人提交履约保证金的，中标人应当提交。"

履约保证金，可用保兑支票、银行汇票或者现金支票。

收取履约保证金应该遵循的原则：

（1）必须是履约保证金的金额等于合同预付款，这体现了《中华人民共和国民法典》的公平原则。

（2）履约保证金和投标保证金无关。按规定，投标保证金一般不超过投标报价的2%且不能高于80万元；履约保证金一般是合同金额的5%～10%。《中华人民共和国招标投标法实施条例》第五十八条规定："……履约保证金不得超过中标合同金额的10%。"

（3）履约保证金应在签订正式施工合同前提交，于工程经验收合格之日或合同约定时间返回。

2. 银行履约保函

银行履约保函是承包商通过银行向业主提供的保证认真履行合同的一种经济担保。世界银行贷款项目一般规定：银行履约保函金额为合同总价的10%。

银行履约保函分为两种形式：一种是无条件银行保函；另外一种是有条件银行保函。

（1）无条件银行保函。银行见票即付，不需要发包方提供任何证据。发包方可以在任意时间提出声明，认为承包主违约，索赔日期和金额应在保函有效期内，银行即无条件履行保证，进行支付，承包方不得强求银行止付。

（2）有条件银行保函。银行在支付之前，发包方必须提出正当理由，指出承包方执行合同失败，不能履行其业务或违约，并要出示相关证据等。

例如，绿地建筑工程有限公司中标理想大厦项目，中国工商银行深圳凤栖路支行出具的履约保函如图 2-8 所示。

银行履约保函（不可撤销保函）

银行编号：YY94386342－86

致：江鑫商贸有限公司（下称“受益人”）

鉴于绿地建筑有限公司（地址：深圳福田区七号路 113 号），已保证按理想大厦工程名称（招标编号：IYW4351）中规定的义务履行合同。

根据上述合同（采购文件）规定，承包人应向受益人提供一份金额为合同总价 8%，即人民币贰佰伍拾陆万元（RMB 2 560 000）的不可撤销银行履约保函，作为承包人履行上述合同的担保。

我方中国工商银行深圳凤栖路支行，受承包人的委托，作为连带责任保证人，无条件和不可撤销地同意在受益人出具本保函原件且提出因承包人没有履行上述合同规定，而要求扣划保证金的书面要求后，为受益人扣划金额不超过人民币贰佰伍拾陆万元（RMB 2 560 000）的保证金。

我方还同意，任何受益人与承包人之间可能对合同条款的修改、规范或其他合同文件的变动补充，都不能免除我方按本保函所承担的责任。因此，有关上述变动、补充和修改无须通知我方。

本保函的期限应从合同签订到项目服务期满后并经甲方验收合格，结算完毕后 28 天内保持有效。

保证人：（公章）肖雅

负责人：张媛媛

联系电话：0751－85436352

地址：深圳市福田区凤栖路 45 号

日期：2025 年 4 月 10 日

图 2-8　银行履约保函（仅供参考）

3. 履约担保书

履约担保书是由保险公司、信托公司、证券公司、实体公司或者担保公司出具的担保书，担保额度是合同的30%。

例如，绿地建筑工程有限公司承包理想大厦合同标的额为3 200万元，由中泰保险有限公司出具履约担保书，具体格式如图2-9所示。

履约担保书

根据本担保书，绿地建筑工程有限公司作为委托人（以下称“承包人”）和中泰保险有限公司作为担保人共同向债权人江鑫商贸有限公司（以下称为“发包方”）承担支付人民币玖佰陆拾万元（RMB 9 600 000）的责任，承包人和担保人均受本担保书的约束。

鉴于承包人已于2024年3月2日同发包方签署理想大厦工程承包合同，如果承包人履行上述合同，本担保书的责任失效；否则将保持有效。

本担保人不承担大于本担保书限额的责任。任何有关本担保的诉讼，必须是在缺陷责任证书发出后一年内提出的为有效。除了雇主以外，任何人都无权对本担保书的责任提出履行要求。承包人和担保人的法人代表在此签字盖公章，以资证明。

担保人（公章）：中泰保险有限公司　　承包人（公章）：绿地建筑工程有限公司

签名：刘立　　签名：王旭

2025年4月10日　　2025年4月10日

图2-9　履约担保书（仅供参考）

在会计核算中，与招标人签订合同后，中标单位应向税务局申报缴纳印花税，并向招标人缴纳履约保证金。履约保证包括支付履约保证金或将投标保证金转为履约保证金，并办理履约保函且进行备案登记。

中标阶段会计处理如图2-10所示。

核算时点

收到银行回单时

核算依据

中标通知书、相关合同文件、银行付款单据、付款申请书等

账务处理

借：其他应收款——保证金——履约保证金

内部往来（二级单位代下级单位支付时）

贷：银行存款

图2-10　中标阶段会计处理

【例2-5】绿地建筑工程有限公司中标凤栖路112号理想大厦工程项目，按标的额的5%支付履约保证金1 600 000元。绿地建筑工程有限公司财务

人员根据中标通知书、银行回单进行账务处理。相关单据如图 2-11、图 2-12所示。

借：其他应收款——保证金——履约保证金　　　　1 600 000

　　贷：银行存款　　　　　　　　　　　　　　　　　　1 600 000

理想大厦工程项目中标通知书

绿地建筑工程有限公司：

我单位的理想大厦，经评标委员会评定及中标公示，现确定贵单位中标。请收到本通知书后 3 天内，到我单位签订建设工程合同。

特此通知。

代理单位：（盖章）　　　　　　　　招 标 人（盖章）：江鑫商贸有限公司

日期：2025 年 4 月 10 日　　　　日期：2025 年 4 月 10 日

图 2-11　中标通知书

付款申请单

申请部门：销售部门　　　　申请日期：2025 年 4 月 10 日

收款单位	江鑫商贸有限公司		支付方式	电汇☑转账□承兑□现金□	
开户银行	工商银行		银行账号	7402365925	
付款金额	⊗壹佰陆拾万零仟零佰零拾零元零角零分（¥1 600 000）				
合同或订单	合同☑订单□		单据	送货单□发票□收据☑	
总经理	张彤	部门主管	李梓萌	财务主管	杨尘
会计	王晶晶		经办人	陈岩岩	

付款日期：　　　　出纳签名：　　　　附件：

图 2-12　付款申请单

（1）将投标保证金转为履约保证金，会计处理如图 2-13 所示。

核算时点

收到银行回单时

核算依据

中标通知书、相关合同文件、银行付款单据、付款申请书等

会计分录

借：其他应收款——保证金——履约保证金

　　内部往来（代下级单位支付时）

　贷：其他应收款——保证金——投标保证金

　　　银行存款

图 2-13　将投标保证金转为履约保证金账务处理

（2）办理履约保函并进行备案登记，会计处理如图 2-14 所示。

核算时点

收到银行回单时

核算依据

中标通知书、付款申请单、银行付款单据、保函相关单据等

会计分录

借：其他货币资金——保证金
　　财务费用——手续费支出（银行业务手续费）
　　内部往来（代下级单位办理时）
　　应交税费——待认证进项税额（发票未认证时）
　　　　　　——应交增值税（进项税额）（发票已认证时）
　贷：银行存款

图 2-14　办理履约保函账务处理

2.2.2　如何缴纳印花税

中标单位与招标人签订合同后，应向税务局申报缴纳印花税的会计处理如图 2-15 所示。

核算时点

收到银行回单时

核算依据

印花税票、付款申请单、银行收款回单等

会计分录

借：税金及附加
　　合同履约成本——间接费用——印花税（施工项目管理签订的合同及设置账簿产生的印花税）
　　　　　　　　——合同成本——其他直接费——其他（印花税）（项目施工总合同和与此相关的分包及采购合同发生印花税）
　贷：应交税费——应交印花税

图 2-15　缴纳印花税的会计处理

【例 2-6】绿地建筑工程有限公司与理想大厦建设项目招标人签署工程施工合同，按照 0.3‰税率缴纳印花税。绿地建筑工程有限公司财务人员根据相关凭证进行账务处理，付款申请单如图 2-16 所示。

应缴纳印花税额＝3 2000 000×0.3‰＝9 600（元）

借：合同履约成本——合同成本——其他直接费——其他（印花税）

　　　　　　　　　　　　　　　　　　　　　　9 600

贷：应交税费——应交印花税　　　　9 600

实际支付时。

借：应交税费——印花税　　　　9 600

　　贷：银行存款　　　　9 600

付款申请单

我公司与理想大厦签署工程施工合同，合同编号 HT2010，合同标的额 3 200 万元，需要印花税贴花 9 600 元，申请现金支票。

销售部：陈岩

2025 年 4 月 15 日

图 2-16　付款申请单

通过招标、拍卖、挂牌方式取得的建设用地，不属于新征用的耕地，纳税人应按照《财政部 国家税务总局关于房产税、城镇土地使用税有关政策的通知》（财税〔2006〕186 号）第二条规定："……从合同约定交付土地时间的次月起缴纳城镇土地使用税；合同未约定交付土地时间的，由受让方从合同签订的次月起缴纳城镇土地使用税……"

2.3　建筑施工分包业务会计处理

《房屋建筑和市政基础设施工程施工分包管理办法》第四条规定："本办法所称施工分包，是指建筑业企业将其所承包的房屋建筑和市政基础设施工程中的专业工程或者劳务作业发包给其他建筑业企业完成的活动。"分包工程承包人必须具有相应的资质，并在其资质等级许可的范围内承揽业务。但个人严禁承揽分包工程业务。

2.3.1　专业工程分包和劳务作业分包

分包工程发包人和分包工程承包人应当依法签订分包合同，并按照合同履行约定的义务。分包合同必须明确约定支付工程款和劳务工资的时间、结算方式，以及保证按期支付的相应措施，确保工程款和劳务工资的支付。转包合同的转包款不得在增值税前扣除。

房屋建筑和市政基础设施工程施工分包分为专业工程分包和劳务作业分包。

1. 专业工程分包

专业工程分包，是指施工总承包企业将其所承包工程中的专业工程发包给具有相应资质的其他建筑业企业完成的业务。

专业分包合同的有效条件如下：①总承包合同中有约定或征得总发包人许可；②分包工程属于非主体结构工程；③分承包企业具有相应资质条件，在其资质等级许可的范围内承揽业务。专业分包合同效力涉及总发包人、总承包人（分包发包人）、分包承包人三方当事人。

首先，建筑工程主体结构的施工必须由总承包人自行完成；其次，总承包人对专业分包工程的工程质量和安全生产进行管理，发现事故隐患，应当及时作出处理；再次，分承包人按照分包合同的约定对总承包人负责，服从总承包人对质量和施工现场安全生产管理；最后，分承包人成为并存债务人和总承包人就分包工程对建设单位承担连带责任。

2. 劳务作业分包

劳务作业分包，是指施工总承包企业或者专业承包企业将其承包工程中的劳务作业发包给劳务分包企业完成的活动。根据《建筑业劳务分包企业资质标准》的规定，劳务分包企业分为 13 个资质类别：①木工作业分包企业；②砌筑作业分包企业；③抹灰作业分包企业；④石制作业分包企业；⑤油漆作业分包企业；⑥钢筋作业分包企业；⑦混凝土作业分包企业；⑧脚手架搭设作业分包企业；⑨模板作业分包企业；⑩焊接作业分包企业；⑪水暖电安装作业分包企业；⑫钣金工程作业分包企业；⑬架线工程作业分包企业。每种劳务作业的分承包人均有相应的资质等级及作业范围。其中木工作业、砌筑作业、钢筋作业、脚手架搭设作业、模板作业和焊接作业六类企业分为两个等级，其他七类企业因作业过于简单不分等级。

小贴士

专业工程分包与劳务分包的区别如下。

（1）专业分包是分步分项工程，计取的是工程款，表现为“包工包料”；劳务分包指是工程中的劳务，赚取的是人工费，表现为“包工不包料”，俗称“清包”。

（2）专业分包的分发包人只能是总承包人，涉及三方当事人；劳务分包的分发包人可以是总承包人，也可以是专业工程承包人，可能涉及四方当事人。

（3）分包专业工程，除施工总承包合同中有约定外，必须经建设单位认可；分包劳务作业无须总承包人同意。

（4）专业分承包人不能再次分包，但可以将劳务作业分包，劳务分承包人不能将劳务作业再次分包。

（5）专业分承包人和分发包人就专业工程对总发包人承担连带责任，劳务分承包人就劳务作业对分发包人负责，对总发包人不直接承担责任。

2.3.2 分包业务会计处理

总包方与分包方签订分包合同，将建筑安装工程整体发包，并按照合同核算收取分包方的履约保证金。会计处理如图 2-17 所示。

核算时点	会计分录
收到分包方缴纳的履约保证金时	借：银行存款 贷：其他应付款——保证金——履约保证金
核算依据 相关合同文件、银行收款单据等	

图 2-17 收取履约保证金的账务处理

【例 2-7】绿地建筑工程有限公司中标凤栖路 112 号理想大厦建设项目，将水暖工程分包给景秀建筑工程有限公司，工程总价为 280 万元，收到该公司履约保证金 28 万元。绿地建筑工程有限公司财务人员根据相关合同文件、银行收款单据等进行账务处理。建筑工程分包协议合同（部分）如图 2-18，银行回单如图 2-19 所示。

借：银行存款　　　　　　　　　　　　　　　　280 000

　　贷：其他应付款——保证金——履约保证金　　　　280 000

建筑工程分包协议合同

甲方（以下简称“甲方”）：绿地建筑工程有限公司

乙方（以下简称“乙方”）：景秀建筑工程有限公司

依照《中华人民共和国民法典》、《建设工程质量管理条例》及其他有关法律、行政法规，遵循平等、自愿、公平和诚实信用的原则，双方就房屋水暖工程协商一致，订立本协议。

一、工程概况

1. 工程名称：房屋水暖工程。

2. 工程地点：凤栖路 112 号理想大厦。

3. 工程范围：本工程涵盖 1-22 层水暖工程。

4. 协议工期：开工日 2025 年 3 月 1 日，竣工日 2025 年 12 月 31 日，该工期包括法定节假日、交叉施工、配合施工的等待时间。因天气或其他因素影响施工，经甲方确认同意后，乙方可以适当延长工期。

二、工程服务形式

包工、包料、包工期、包质量。

三、结算方式

甲、乙双方及监理人员就需要维修部位及工程量，进行技术联系单形式会签，工程量以甲、乙双方及监理人员签字确认后的技术联系单内容为基准，甲、乙双方依据深圳市 2020 年定额进行结算，确定工程总造价。

甲、乙双方将双方签字盖章的结算书和甲、乙双方及监理人员共同签字的工程量技术联系单，作为协议附件附后。

四、工程总价

暂定为人民币贰佰捌拾万元整（2 800 000 元）（最终以甲、乙双方确认的结算值为准）。

甲方：绿地建筑工程有限公司　　乙方：景秀建筑工程有限公司

签字：（略）　　签字：（略）

2025 年 2 月 1 日　　2025 年 2 月 1 日

图 2-18　建筑工程分包协议合同

中国工商银行进账单

2025 年 3 月 1 日

收款人	全称	绿地建筑工程有限公司	付款人	全称	景秀建筑工程有限公司
	账号	52335465		账号	87536435
	开户银行	中国工商银行深圳凤栖路支行		开户银行	中国工商银行康庄支行

人民币（大写）：⊗贰拾捌万元整	千	百	十	万	千	百	十	元	角	分
		¥	2	8	0	0	0	0	0	0

票据种类	转账支票	收款人开户银行盖章（略）
票据张数	1	
主管会计×× 复核 记账××		

此联给收款人的收账通知

图 2-19　中国工商银行进账单

第3章
资金核算与资金集中管理模式

本章主要介绍货币资金分类、确认与核算，以及资金集中管理模式。

3.1 货币资金分类与确认原则

企业货币资金包括库存现金、银行存款和其他货币资金。

3.1.1 库存现金

库存现金是建筑施工企业中流动性最强的一种货币性资产，可以随时用其购买所需的物资，支付相关费用，也可以存入银行。企业为保证生产经营活动的正常进行，必须拥有一定数额的现金。由出纳人员经管的现金，包括人民币现金和外币现金，即与会计核算中“库存现金”科目所包括的内容一致。

1. 现金结算的范围

以下业务可以用现金结算：

（1）职工工资、津贴；

（2）个人劳务报酬；

（3）根据国家规定颁发给个人的科学技术、文化艺术、体育等各种奖金；

（4）各种劳保，福利费用以及国家规定的对个人的其他支出；

（5）向个人收购农副产品和其他物资的价款；

（6）出差人员必须随身携带的差旅费；

（7）结算起点以下的零星支出；

（8）中国人民银行确定需要支付现金的其他支出。

2. 库存现金核算

库存现金的核算，包括总分类核算和明细分类核算。

（1）库存现金的总分类核算是通过设置“库存现金”账户进行的。“库存现金”账户是资产类账户，借方反映库存现金的收入，贷方反映库存现金的支出，余额在借方，表示库存现金的余额。表 3-1 为总分类账格式。

表 3-1　总分类账

科目________　　编码________　　年度________

年		记账凭证号数	摘要	对方科目	借方										贷方										借或贷	余额									
月	日				千	百	十	万	千	百	十	元	角	分	千	百	十	万	千	百	十	元	角	分		千	百	十	万	千	百	十	元	角	分

（2）明细分类核算是通过设置现金日记账进行的。现金日记账必须采用订本式账簿，并为每一账页顺序编号，防止账页丢失或随意抽换，也便于查阅。现金日记账一般采取借、贷、余三栏式，由出纳人员根据审核后的原始凭证或现金收款凭证、付款凭证逐日逐笔序时登记。每日终了，应计算当天现金收入、支出的合计数和结存数，并同实存现金进行核对，做到日清月结，保证账款相符。

总分类账户中现金账户余额应与现金日记账的余额相等。表 3-2 为现金日记账格式。

表 3-2 现金日记账

2025年		凭证科目代码	摘要	对方科目	借方										贷方										余额									
月	日				千	百	十	万	千	百	十	元	角	分	千	百	十	万	千	百	十	元	角	分	千	百	十	万	千	百	十	元	角	分
1	1		上年结转																										3	3	0	0	0	0
1	5	收一001	提现支票0022号	银行存款			1	5	4	0	0	0	0	0													1	5	7	3	0	0	0	0
11	5	付一003	支付职工工资	应付职工薪酬													1	4	4	0	0	0	0	0				1	3	3	0	0	0	0
			本日合计				1	5	4	0	0	0	0	0			1	4	4	0	0	0	0	0				1	3	3	0	0	0	0

3. 企业日常提取现金账务处理

企业日常提取现金会计处理如图 3-1 所示。

核算时点
从银行提取时
核算依据
根据现金支票存根所记载的提取金额
会计分录
借：库存现金
　　贷：银行存款

核算时点
将现金存入银行
核算依据
根据银行退回的进账单第一联
会计分录
借：银行存款
　　贷：库存现金

图 3-1 现金会计处理

【例 3-1】 2025 年 1 月 16 日，汕头建筑有限公司签发支票从银行提取 3 000 元。现金支票存根如图 3-2 所示，账务处理如下。

借：库存现金　　3 000
　　贷：银行存款　　3 000

中国工商银行
现金支票存根（深）
IV V0003341
科　　目：
对方科目：
出票日期：2025 年 1 月 16 日
收款人：本公司
金　额：3 000 元
用　途：备用金
单位主管　××　　会计　××

图 3-2 现金支票存根

3.1.2　银行存款

银行存款是指企业存放在银行和其他金融机构的货币资金。按照国家现金管理和结算制度的规定，每个企业都要在银行开立账户，称为结算户存款，用来办理存款、取款和转账结算。《人民币银行结算账户管理办法》将企业、事业单位的存款账户分为四类，即基本存款账户、一般存款账户、临时存款账户和专用存款账户。

同库存现金一样，企业应当设置银行存款总账和银行存款日记账，分别进行银行存款的总分类核算和明细分类核算。企业可按开户银行和其他金融机构存款种类等设置“银行存款日记账”，根据收付款凭证，按照业务的发生顺序逐笔登记。每日终了，应结出余额，并对银行存款收支业务及时进行账务处理。为了反映和监督企业银行存款的收入、支出和结存情况，企业应当设置“银行存款”科目，借方登记企业银行存款的增加，贷方登记企业银行存款的减少，期末借方余额反映企业实际持有的银行存款的金额。

【例 3-2】致同设备厂取得短期借款 1 200 000 元，年利率 5%，借款期限 6 个月。利息数额较少，不进行计提，一直到期还本付息。银行回单如图 3-3 所示。

6 个月的利息＝1 200 000×5%÷12×6＝30 000（元）

2025 年 1 月 1 日，取得借款时，编制会计分录如下。

借：银行存款　　　　　　　　　　　　1 200 000

　　贷：短期借款　　　　　　　　　　　　1 200 000

中国工商银行流动资金借款收据（回单）

2025 年 1 月 1 日

<table>
<tr><td>借款单位全称</td><td colspan="2">致同设备厂</td><td colspan="4">存款账号</td><td colspan="6">645768554</td></tr>
<tr><td>贷款种类</td><td>短期借款</td><td>年利率 5%</td><td colspan="4">贷款户账号</td><td colspan="6">13213232</td></tr>
<tr><td rowspan="2">贷款金额</td><td colspan="2" rowspan="2">人民币（大写）壹佰贰拾万元整</td><td>千</td><td>百</td><td>十</td><td>万</td><td>千</td><td>百</td><td>十</td><td>元</td><td>角</td><td>分</td></tr>
<tr><td>¥</td><td>1</td><td>2</td><td>0</td><td>0</td><td>0</td><td>0</td><td>0</td><td>0</td><td>0</td></tr>
<tr><td colspan="3">借款原因或用途：流动资金</td><td colspan="4">约定还款期限</td><td colspan="6">2025 年 6 月 30 日</td></tr>
<tr><td colspan="3">备注：</td><td colspan="10">上列贷款已转入你单位存款户</td></tr>
</table>

工行深圳龙岗支行
2025-01-01
付讫

图 3-3　银行回单

3.1.3 其他货币资金

其他货币资金主要包括银行汇票存款、银行本票存款、信用卡存款、信用证保证金存款、存出投资款和外埠存款，微信支付、支付宝收付业务通常也在此科目核算。

（1）银行本票存款是指企业为取得银行本票按规定存入银行的款项。企业办理银行本票，需将款项存入开户银行。本票存款实行全额结算，本票存款额与结算金额的差额一般采用支票或其他方式结清。

（2）银行汇票存款是指企业为取得银行汇票按规定存入银行的款项。其实还有另外一种说法，叫作银行汇票保证金。因为如果是汇票的话，不一定要提前存入全款的，企业申请签发银行承兑汇票时，可以要求只存一部分资金在银行作为签发汇票的保证，所以叫作银行汇票保证金。同理，信用证保证金就是企业为了开具信用证而在银行存入的一部分资金。

（3）信用卡存款是指企业信用卡里面的款项。

（4）外埠存款是指企业到外地进行临时零星采购时，汇往采购地银行开立采购专户的款项。比如一家公司总部在北京，但是在上海设立了一个分公司。如果上海分公司需要钱用来采购或者日常运营，北京总公司就从自己的银行账户转钱到上海分公司的银行账户，这笔款项就是北京总公司的外埠存款。

需要注意的是，用 POS 机刷进来的钱，其实是暂时存放在银联商务公司的，而银联商务公司属于其他金融机构，所以先计入其他货币资金核算，等 POS 机里的钱转到公司银行账户之后 ，再记入“银行存款”科目核算。如果在转账过程中产生手续费，就记入“财务费用”科目。

3.1.4 受限资金

受限资金是指企业拥有所有权，但由于受到法律规定或合同约定的限制，不能随时不受限制地用于对外支付用途的银行存款，主要包括：

（1）冻结资金；

（2）抵押、质押资金；

（3）根据借款合同约定的某一指定账户中必须保持的最低存款余额；

（4）保证金，包括保函保证金、票据保证金、信用保证金、农民工工资保证金等；

（5）存放在证券公司用于短期投资的存出投资款；

（6）不可随意支取的，变现能力受限的定期存款；

（7）金融企业存放中央银行法定准备金存款；

（8）保险公司的资本金存款；

（9）信托公司的风险准备金；

（10）存放在境外的，使用受到一定限制的款项；

（11）有潜在回收风险的款项；

（12）其他使用有限制或具有专门用途的款项，包括存放在三方共管专户、维修基金专户、社保专户、房改专户、房地产预售监管账户、农民工工资专户中的款项等。

表 3-3 是某家上市公司公布的受限制货币资金明细。

表 3-3　某上市公司公布的受限制货币资金明细

金额单位：元

项　　目	期末余额	期初余额
银行承兑汇票保证金	120 429 117.60	51 905 594.03
质押的定期存款	50 000 000.00	—
被冻结的银行存款	8 450 000.00	18 150 000.00
信用证保证金	7 502 931.91	2 005 902.53
外汇期权保证金	5 613 400.00	3 023 400.00
保函保证金	1 425 553.90	—
银行贷款保证金	987 723.03	50 976 000.00
建设项目履约保证金	200 000.00	200 000.00
质押的通知存款	—	54 000 000.00
合　　计	194 608 726.44	180 260 896.56

3.2　资金集中管理模式

企业集团资金集中管理有多种模式。传统模式主要包括统收统支、拨付备用金模式；现代管理模式主要包括内部银行、结算中心及财务公司等。

3.2.1　统收统支模式

在统收统支的情况下，集团公司的一切现金收付业务集中在集团总部的财务部门，下属公司（或分支机构）不单独设立账号，现金收支的审批权集中在企业高层管理者手中。在这种模式下：①需要设置专门的收款账户，接受集团及其子公司的所有收入款项，该账户只用于资金的统一调拨，不能作为日常的资金支出；②需要设置专门的付款账户，集团财务中心和各子公司财务部均在集团及其子公司所在地设立资金支出账户，集团总部和各子公司只允许保留一个费用支出账户。

会计处理如图 3-4 所示。

子公司或分支机构账务处理	集团公司的账务处理
借：内部往来——总部 贷：主营业务收入/其他应付款等	借：银行存款——××公司 贷：内部往来——子公司或分支机构

图 3-4　企业内部会计处理

【例 3-3】绿地集团建筑有限公司资金管理实行统收统支模式，盛达建筑有限公司是其子公司。2025 年 3 月 10 日，盛达建筑有限公司财务部收到甲项目工程款 6 322 000 元并存入子公司所在地总账账户后，开具“内部转账会签单”，注明“货款由总部统收”共两联：一联转总部，另一联自留作账务处理，如图 3-5 所示。

盛达建筑有限公司编制会计分录如下。

借：内部往来——绿地集团建筑有限公司　　6 322 000

　　贷：主营业务收入——工程款——甲项目　　5 800 000

　　　　应交税费——应交增值税（销项税额）　　522 000

内部转账会签单

转入单位：绿地集团建筑有限公司　　　　日期：2025 年 3 月 10 日

摘　　要	科目名称
2025 年 3 月 10 日，收到甲项目工程款 6 322 000元	60010101 主营业务收入——工程款——甲项目
—	—
金额合计（大写）人民币：⊗陆佰叁拾贰万贰仟元整	
本通知书附件共 3 张：发票、合同 、结算单	备注：工程款由总部统收

编制单位：盛达建筑有限公司　　财务主管：××　　复核××

图 3-5　内部转账会签单

绿地集团建筑有限公司编制会计分录如下。

借：银行存款　　6 322 000

　　贷：内部往来——盛达建筑有限公司　　6 322 000

3.2.2 拨付备用金模式

拨付备用金是指集团总部在一定的时间内拨给下属子公司或分支机构一定数额的现金备其使用。在该种模式下，下属子公司或分支机构的现金收入必须集中到集团总部财务部门，下属子公司或分支机构所发生的现金支出必须持有关凭证到集团总部的财务部门报销以补足备用金。在集团总部规定的现金支出范围和支出标准之内，下属子公司或分支机构可以对拨付的备用金的使用行使决策权。

小贴士

统收统支和拨付备用金均属高度集权的资金管理模式，仅适用于集团总部管理同城或相距不远的非独立核算的分支机构，至于远程子公司通常不宜采取这种高度集权的资金管控方式。

【例 3-4】亚鑫集团公司实行备用金模式结算资金业务。2025 年 4 月 2 日，该集团公司向子公司辰阳有限公司拨付备用金 200 000 元。编制会计分录如下。

借：其他应收款——内部往来——辰阳有限公司　　200 000

　　贷：银行存款　　200 000

辰阳有限公司收到集团公司拨款时。

借：银行存款　　200 000

　　贷：其他应付款——内部往来——总公司　　200 000

3.2.3 内部银行模式

内部银行是模仿商业银行的职能与管理方式在企业内部建立并执行的内部业务核算的办法。内部银行运作具体包括以下方面。

(1) 设立内部结算账户。集团下属公司都在内部银行开设账户，所有结算业务均通过内部银行办理往来结算。

（2）发行支票和货币。内部银行根据有关规定发行其自身的支票和货币，在集团下属公司使用。

（3）发放内部贷款。内部银行根据集团账户为各下属公司核定的资金和费用定额等，对其发放贷款。

（4）筹措资金。由内部银行统一对外筹措资金，各分公司无权对外筹资。

（5）银行化管理。内部银行实行银行化管理，独立核算、自负盈亏。

设立内部银行是将一种模拟的银企关系引入集团内部的资金管理中，各分公司与集团是一种贷款管理关系，内部银行成了结算中心、货币发行中心、贷款中心和监管中心。

内部银行模式适用于集团公司，以及高等院校、科研机构等。

3.2.4 资金结算中心

资金结算中心通常是由企业集团内部设立的，办理现金收付和往来结算。集团公司下属单位都有各自的财务部门并有独立的账号（通常是二级账号）进行独立核算，拥有现金的经营权和决策权。集团下属公司根据结算中心制订的最高现金保存额（通常按日常零星支出支付需要确定），将每日超出部分的现金收入转入结算中心设立的专门账户，当各分公司超过核定定额的现金时，必须事先向结算中心提出申请。申请有两种方式：一是逐项审批制，即对资金的用途、数额、时间等进行审核，经批准后拨款；二是超权限审批制，即超过审批权限的部分，必须经过经营者或其授权人批准。具体规定如下：

（1）集团公司下属的现金收入，必须转账存入结算中心在银行开立的账户，不得挪用；

（2）统一拨付下属公司所需的货币资金，监控货币资金的用途；

（3）统一对外筹资，确保整个集团的资金分配；

（4）办理下属公司之间的往来结算；

（5）核定各分公司日常留用的现金余额。

3.2.5　财务公司模式

《企业集团财务公司管理办法》第六条规定："设立财务公司，应当报经银保监会批准。一家企业集团只能设立一家财务公司。财务公司名称中应标明'财务有限公司'或'财务有限责任公司'字样，包含其所属企业集团的全称或者简称。未经银保监会批准，任何单位不得在其名称中使用'财务公司'等字样。"

财务公司一般通过与集团下属各公司签订金融服务协议方式，归集资金，实现集团资金池的建立，并为各公司提供资金划拨、利息结算、贷款等服务。

一级账户通常是财务公司在商业银行开户，作为资金池，其成员单位银行账户作为资金池二级账户，不再设置三级账户。财务公司收入主要有三部分：一是资金池在银行存款的利差收入；二是向成员单位收取的贷款利息收入；三是利用资金池的资金进行投资取得的收益。

1. 各级部门资金归集的会计处理

各级部门资金归集的会计处理如图 3-6 所示。

清算中心/二级资金中心

借：银行存款——财务公司

　　贷：其他应付款——下级单位

财务公司

借：内部往来——资金集中专户——二级资金中心

　　贷：吸收存款——二级

下级单位

借：其他应收款——清算中心

　　贷：银行存款——财务公司

资金中心

借：吸收存款——下级单位

　　贷：内部往来——委存专户——下级单位

图 3-6　资金归集会计处理

【例 3-5】2025 年 5 月 10 日，恒通建筑集团公司设有财务有限公司，其下属子公司天祥工程有限公司存入财务有限公司 1 000 000 元，相关单据如图 3-7、图 3-8 所示。根据银行对账单，恒通建筑集团公司编制会计分录如下。

借：银行存款——财务公司　　　　　　　　　　　　1 000 000

　　贷：其他应付款——天祥工程有限公司　　　　　　　　1 000 000

中国工商银行进账单（回单或收账通知）

进账日期：2025 年 5 月 10 日　　　　　　第××号

<table>
<tr><td rowspan="3"></td><td>全　　称</td><td>恒通建筑集团财务有限公司</td><td rowspan="3"></td><td>全　　称</td><td colspan="10">天祥工程有限公司</td><td rowspan="6">此联给收款人的收账通知</td></tr>
<tr><td>账　　号</td><td>××××</td><td>账　　号</td><td colspan="10">××××</td></tr>
<tr><td>开户银行</td><td>××××</td><td>开户银行</td><td colspan="10">××××</td></tr>
<tr><td colspan="5" rowspan="2">人民币（大写）：⊗壹佰万元整</td><td>千</td><td>百</td><td>十</td><td>万</td><td>千</td><td>百</td><td>十</td><td>元</td><td>角</td><td>分</td></tr>
<tr><td>¥</td><td>1</td><td>0</td><td>0</td><td>0</td><td>0</td><td>0</td><td>0</td><td>0</td><td>0</td></tr>
<tr><td colspan="2">票据种类</td><td colspan="2">转账支票</td><td colspan="11" rowspan="3">收款人开户银行盖章（略）</td></tr>
<tr><td colspan="2">票据张数</td><td colspan="2">1</td></tr>
<tr><td colspan="2">备　　注</td><td colspan="2"></td></tr>
</table>

主管　××　　　　会计　××　　　　复核　××　　　　记账　××

图 3-7　银行回单

天祥工程有限公司支付款项时，编制会计分录如下：

借：其他应收款——财务公司　　　　　　　　　　　　1 000 000

　　贷：银行存款——恒通建筑集团　　　　　　　　　　1 000 000

付款申请单

单位：　　　　　　　　　　　　　　　　附件：××

<table>
<tr><td>申请部门</td><td>工程部</td><td>申请人</td><td>张兵</td><td>日期</td><td>2025 年 5 月 10 日</td></tr>
<tr><td>收款单位</td><td colspan="3">恒通建筑集团财务有限公司</td><td colspan="2" rowspan="7">付款内容：
存入工程款 100 万元。</td></tr>
<tr><td>付款方式</td><td colspan="3">□网银□现金□转账☑票据</td></tr>
<tr><td>开户银行</td><td colspan="3">××××</td></tr>
<tr><td>账号</td><td colspan="3">××××</td></tr>
<tr><td>会计复核</td><td colspan="3"></td></tr>
<tr><td>付款金额（大写）</td><td colspan="3">⊗壹佰万元整</td></tr>
</table>

部门经理：××　　　　部门总监：××　　　　财务总监：××

图 3-8　付款申请单

财务公司根据银行进账单、银行付款单，编制会计分录如下。

借：内部往来——资金集中专户——结算中心　　　　1 000 000

　　贷：吸收存款——结算中心　　　　　　　　　　　　　1 000 000

借：吸收存款——天祥工程有限公司　　　　　　　　1 000 000

　　贷：内部往来——委托存款专户——天祥工程有限公司

　　　　　　　　　　　　　　　　　　　　　　　　　　1 000 000

2. 资金下拨的会计处理

资金下拨的会计处理如图 3-9 所示。

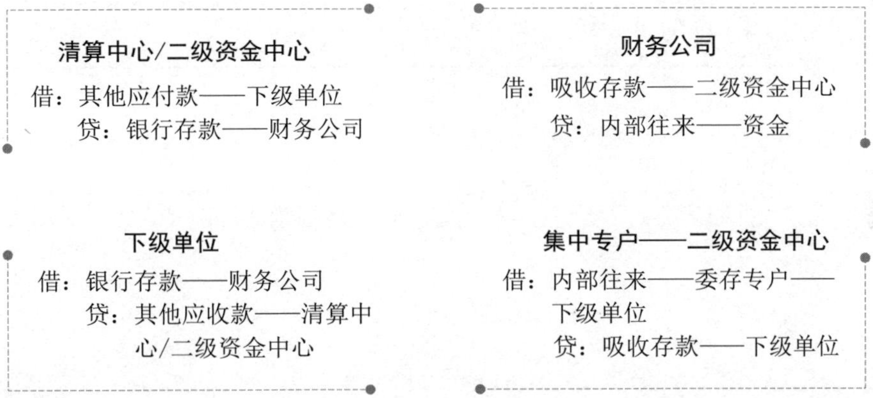

图 3-9　资金下拨的会计处理

【例 3-6】2025 年 5 月 14 日，恒通建筑集团公司结算中心向下属子公司天祥工程有限公司支付 500 000 元。根据银行付款单，编制会计分录如下。

借：其他应付款——天祥工程有限公司　　　　　　　500 000

　　贷：银行存款　　　　　　　　　　　　　　　　　　500 000

天祥工程有限公司收到资金后，编制会计分录如下。

借：银行存款　　　　　　　　　　　　　　　　　　500 000

　　贷：其他应收款——恒通建筑集团公司结算中心　　　500 000

财务公司根据银行进账单、银行付款单编制会计分录如下。

借：吸收存款——恒通建筑集团公司结算中心　　　　500 000

　　贷：内部往来——资金集中专户——恒通建筑集团公司结算中心

　　　　　　　　　　　　　　　　　　　　　　　　　　500 000

借：内部往来——委托存款专户——天祥工程有限公司

　　　　　　　　　　　　　　　　　　　　　　　　500 000

贷：吸收存款——天祥工程有限公司　　　　500 000

小贴士

《财政部 国家税务总局关于全面推开营业税改征增值税试点的通知》（财税〔2016〕36号）附件3《营业税改征增值税试点过渡政策的规定》第一条规定："下列项目免征增值税……7. 统借统还业务中，企业集团或企业集团中的核心企业以及集团所属财务公司按不高于支付给金融机构的借款利率水平或者支付的债券票面利率水平，向企业集团或者集团内下属单位收取的利息。统借方向资金使用单位收取的利息，高于支付给金融机构借款利率水平或者支付的债券票面利率水平的，应全额缴纳增值税……"

第4章 采购阶段核算与管理

建筑工程施工物资采购包括直接从供应商采购物资、业主拨付给总包方抵作备料款（甲供材）、集中采购单位供应的物资、内部物资调入等。建筑施工企业为保障工程施工顺利进行，常常需要采购设备。设备采购包括采购不需要安装的设备、采购需要安装的设备、自行建造设备、融资租入的设备、内部单位调入设备等。本章主要介绍材料、临时设施、设备采购的会计与税务处理。

4.1 直接从供应商采购物资

在实际成本法下，采购材料与物资时，已经收到供应商出具的所有权转移凭证（能够表明商品所有权上的所有风险和报酬随之转移），但尚未收到物资时，根据所有权转移凭证和采购合同确认相关物资。相关会计处理如图 4-1 所示。

核算时点

收到供应商开具的发票时

核算依据

采购合同、供应商凭证等

会计分录

借：在途物资

　　应交税费——待认证进项税额（发票未认证）

　　　　　　——应交增值税（进项税额）（发票已认证时）

　贷：应付账款

图 4-1　采购的会计处理

4.1.1 实际成本法下物资采购的会计处理

实际成本法下，购买尚未验收入库材料的实际成本记入“在途物资”科目，计入成本费用时，实际成本可以直接转入。

实际成本是购买原材料并验收入库前的所有支出，包括买价、运输费、装卸费、保险费、运输途中合理损耗、入库前的挑选整理费用等。

仓库入库材料按实际价入库。财务按“先进先出法”“加权平均法”“个别计价法”等计算成本。

（1）单到货到，货款已付，示意如图 4-2 所示。

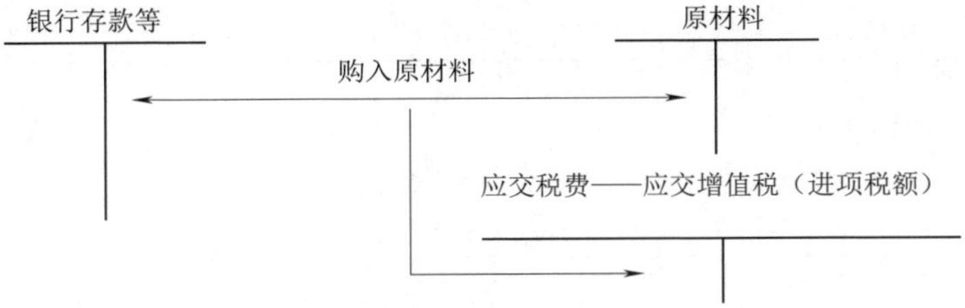

图 4-2　发票账单与材料同时到达

【例 4-1】2025 年 4 月 10 日，城南建筑工程有限公司从桂林玉水物资有限公司购入钢板 60 吨，增值税专用发票注明原料价款 240 000 元，增值税 31 200元。城南建筑工程有限公司收到物资并验收入库并以银行存款支付货款。增值税专用发票如图 4-3 所示，材料入库单见表 4-1。

全国统一发票监制章 国家税务总局 北京市税务局

动态二维码	标签	**电子发票（增值税专用发票）**	发票号码：××××× 开票日期：2025 年 4 月 10 日

购买方信息	名　　称：城南建筑工程有限公司 统一社会信用代码/纳税人识别号：110428632534H	销售方信息	名　　称：玉水物资有限公司 统一社会信用代码/纳税人识别号：460531384967H

项目名称	规格型号	单位	数量	单价	金额	税率/征收率	税额
钢板	Q195	吨	60	4 000	240 000	13%	31 200
合计					￥240 000		￥31 200

价款合计（大写）	⊗贰拾柒万壹仟贰佰元整	（小写）￥271 200
备注	（略）	

图 4-3　增值税专用发票

表 4-1　材料入库单

供应单位：玉水物资有限公司

发票号码：075567　　　　2025 年 4 月 10 日　　　　第 045 号

序号	材料名称	规格型号	数　量		单 位	单　价（元）	金　额（元）	备注
			交库	实收				
1	钢板	Q195	60	60	吨	4 000	240 000	

借：原材料　　240 000

　　应交税费——应交增值税（进项税额）　　31 200

　　贷：银行存款　　271 200

若货款未付，贷方记入“应付账款”科目。

（2）收到发票，已付款，但货未到。

单到货未到是指发票已到，材料未验收入库。如货款已经支付，借方记入“在途物资”“应交税费”等账户，贷方记入“银行存款”账户；如货款尚未支付，则暂不需处理，待支付货款或收到材料时再处理。

【例 4-2】 承【例 4-1】，城南建筑工程有限公司通过银行进行结算，但到月末尚未收到材料。

借：在途物资　　240 000

　　应交税费——应交增值税（进项税额）　　31 200

　　贷：银行存款　　271 200

若 2025 年 4 月 30 日，上述材料到达验收入库，编制会计分录。

借：原材料　　240 000

　　贷：在途物资　　240 000

（3）货先到，发票及购货清单未到——暂时不入账。

货先到，发票及购货清单未到，但材料已验收入库。在当月，一般暂不进行处理，待有关发票到达、支付货款时，再按正常程序进行处理。如果到月末发票还未到达，为了使账实相符，应按材料的暂估价款入账，下月初红字冲回，以便下个月收到发票时处理。

【例 4-3】 承【例 4-2】，城南建筑工程有限公司收到从玉水物资有限公司购入60吨钢板，但因发票未到没有支付货款。月末，暂估该批物资价值200 000元。

2025年4月末，钢板暂估入账时编制会计分录如下。

借：原材料　　200 000

　　贷：应付账款——暂估应付账款　　200 000

2025年5月初，编制红字冲回分录。

借：原材料　　(200 000)

　　贷：应付账款——暂估应付账款　　(200 000)

(4) 预付货款，材料未入库。

【例4-4】 承【例4-1】，2025年4月10日，城南建筑工程有限公司预付货款100 000元；2025年4月12日，钢板验收入库；2025年4月12日，补付剩余货款171 200元，编制会计分录如下。

①2025年4月10日，预付货款时。

借：合同负债　　100 000

　　贷：银行存款　　100 000

②货到入库。

借：原材料　　240 000

　　应交税费——应交增值税（进项税额）　　31 200

　　贷：合同负债　　100 000

　　　　应付账款　　171 200

③补付货款171 200元。

借：应付账款　　171 200

　　贷：银行存款　　171 200

4.1.2　计划成本法下物资采购的会计处理

计划成本法是指物资的日常收入、发出和结存均按预先制订的计划成本计价，并记录计划成本与实际成本之间的差异。月末，再通过对存货成本差异的分摊，将计划成本调整为实际成本。计划成本是对所有原材料品种自制计划单价（计划单价与实际价格的差异不能超过实际价格的10%）。

1. 计划成本法的基本核算程序

一般来说，企业采购部门制订采购物资计划成本价格（计划成本在年度内一般不做调整)。

计划成本法通过“原材料”、“材料采购”和“材料成本差异”科目核算。

(1)“原材料”科目，借方登记入库材料的计划成本，贷方登记发出材料的计划成本。期末余额在借方，反映企业库存材料的计划成本。

(2)“材料采购”科目，借方登记采购材料的实际成本，贷方登记入库材料的计划成本(或实际成本)。

期末为借方余额，反映企业在途材料的采购成本。

(3)“材料成本差异”，即每单位计划成本负担材料成本差异，该科目反映企业已入库的各种材料实际成本与计划成本的差异，借方登记超支差异及发出材料应负担的节约差异；贷方登记节约差异及发出材料应负担的超支差异。

做账时记住以下两点。

超支：借方＞贷方，转入“材料成本差异”科目的借方。

节约：借方＜贷方，转入“材料成本差异”科目的贷方。

期末如为借方余额，反映企业库存材料的实际成本大于计划成本的差异(即超支差异)；如为贷方余额，反映企业库存材料实际成本小于计划成本的差异(即节约差异)。计算公式为

$$材料成本差异率=\frac{期初结存材料的成本差异+本期验收入库材料的成本差异}{期初结存材料的计划成本+本期验收入库材料的计划成本}\times 100\%$$

或：差异率＝差异额÷计划成本×100%

节约差异用负号，超支差异用正号。

发出材料应负担的材料成本差异＝发出材料的计划成本×材料成本差异率

发出材料的实际成本＝发出材料的计划成本×(1±材料成本差异率)

结存材料应负担的材料成本差异＝结存材料的计划成本×材料成本差异率

结存材料的实际成本＝结存材料的计划成本×(1±材料成本差异率)

结存材料的计划成本＝期初计划成本＋本期入库计划成本－发出材料计划成本

【例 4-5】某企业材料采用计划成本核算。月初结存材料计划成本为150 万元，材料成本差异贷方余额为 5 万元。当月购入一批材料，实际成本

150 万元，计划成本 140 万元。领用材料的计划成本为 180 万元。

计算成本差异率。

材料成本差异率＝(－5＋10)÷(150＋140)×100%＝1.72%

当月领用材料的实际成本＝180＋180×1.72%＝183.10(万元)

2. 外购材料的会计处理模式

外购材料的会计处理如图 4-4 所示。

1. 按实际成本购入材料

借：材料采购（实际成本）

　　应交税费——应交增值税（进项税额）

　　贷：银行存款

2. 按计划成本验收入库

借：原材料（计划成本）

　　贷：材料采购

3. 差额的处理

①若节约

借：材料采购

　　贷：材料成本差异

②若超支

借：材料成本差异

　　贷：材料采购

图 4-4　外购材料的会计处理

【例 4-6】 宝安建筑有限公司 2025 年采购物资计划成本见表 4-2。

表 4-2　2025 年采购物资计划成本

名称	规格	编号	—	—	—	计量单位	计划成本（元）
A 材料	—	—	—	—	—	千克	100
B 材料	—	—	—	—	—	吨	1 200
C 材料	—	—	—	—	—	升	80
D 材料	—	—	—	—	—	桶	800

(1) 2025 年 3 月 10 日，购入 A 材料 1 480 千克，增值税专用发票上注明的价款为 150 000 元，增值税额 19 500 元。货款已付，材料尚在运输途中。

借：材料采购　　150 000

　　应交税费——应交增值税（进项税额）　　19 500

　　贷：银行存款　　169 500

(2) 16 日，购入 C 材料一批，已运达并验收入库，但发票等结算凭证尚未收到，货款尚未支付。(暂不作会计处理)

(3) 20 日，收到 A 材料并验收入库，该批材料的计划成本为 148 000 元，验收入库。

借：原材料——A 材料　　148 000

　　贷：材料采购　　148 000

(4) 30 日，已入库 C 材料的结算凭证仍未到达，该批材料的计划成本为 80 000 元。

①暂估入库。

借：原材料——C 材料　　80 000

　　贷：应付账款——暂估应付账款　　80 000

②下月初，红字冲销。

借：原材料——C 材料　　80 000

　　贷：应付账款——暂估应付账款　　80 000

③期末差额的处理。

A 材料成本差异＝实际成本－计划成本＝148 000－150 000＝－2 000（元）

借：材料采购　　2 000

　　贷：材料成本差异——A 材料　　2 000

【例 4-7】 月末，财务部门根据领用材料的计划成本和应分摊的材料成本差异，合并编制“发料凭证汇总表”见表 4-3。

表 4-3　发料凭证汇总表　　金额单位：元

受益对象	材料类别									
	主要材料		结构件		机械配件		其他材料		合计	
	计划成本	差异率 1%	计划成本	差异率 2%	计划成本	差异率 1.2%	计划成本	差异率 1.5%	计划成本	差异额
A 项目	800 000	8 000	25 000	500	—	—	—	—	825 000	8 500
B 项目	70 000	700	10 000	200	—	—	—	—	80 000	900
小计	870 000	8 700	35 000	700	—	—	—	—	905 000	9 400
机械作业	—	—	—	—	21 000	252	8 000	120	29 000	372
管理费用	—	—	—	—	—	—	9 000	135	9 000	135
合计	870 000	8 700	35 000	700	21 000	252	17 000	255	943 000	9 907

根据表 4-4 中的计划成本，编制会计分录。

借：合同履约成本——工程施工——合同成本（A 项目）　825 000

——工程施工——合同成本（B项目）　80 000
机械作业　29 000
管理费用　9 000
贷：原材料——主要材料　870 000
——结构件　35 000
——机械配件　21 000
——其他材料　17 000

结转发出材料应负担的材料成本差异，编制会计分录如下。

借：材料成本差异——主要材料　8 700
——结构件　700
——机械配件　252
——其他材料　255
贷：合同履约成本——合同成本（A工程）　8 500
——合同成本（B工程）　900
机械作业　372
管理费用　135

4.2 内部往来款项的核算

大中型建筑施工企业一般实行分级管理、分级核算的内部模式，对企业内部往来广泛采用了非现金的内部结算方式。

企业的内部往来主要包括：企业与所属内部独立核算单位之间的往来；企业内部各独立核算单位之间的往来。

为了核算内部往来结算形成的内部债权、债务，建筑施工企业和所属各内部独立核算单位应设置“内部往来”账户，该账户属于双重性质的账户。建筑施工企业应设计和使用“内部往来结算单”一式两联，作为业务事项双方进行会计处理的依据。期末还应通过传递内部往来清单，核对双方账目。

4.2.1 总公司集中采购材料，再调拨给分公司使用

总公司、分公司分别在不同县（市）的，总公司集中采购材料，再调拨给分公司使用。总公司应该向分公司开具相应发票，无论总公司是否确认收入，都应当缴纳增值税。如果是平价调拨，对增值税税负、企业所得税税负

应当无影响。会计处理如图 4-5 所示。

【例 4-8】 绿地建筑工程有限公司的一般计税项目甲工程采购钢筋 2 260 000 元，其中进项税额 260 000 元，公司将该项目领用后剩余的 101 700 元钢筋调拨给另一个简易计税项目乙工程使用。根据上述业务，编制会计分录如下。

（1）一般计税项目采购时。

借：原材料——钢筋（甲工程）　　2 000 000

　　应交税费——应交增值税（进项税额）　　260 000

　　贷：银行存款　　2 260 000

公司内部调拨材料时。

借：内部往来——内部调拨（乙工程）　　90 000

　　贷：原材料——钢筋（甲工程）　　90 000

（2）简易计税项目应做处理，则相应的 11 700 元［101 700÷（1＋13％）×13％］进项税额必须要转出。

借：原材料——钢筋（乙工程）　　90 000

　　贷：内部往来——内部调拨（甲工程）　　90 000

借：原材料——钢筋（乙工程）　　11 700

　　贷：应交税费——应交增值税（进项税额转出）　　11 700

总公司

（根据材料调拨单据、出库单）

借：内部往来或其他应收款

　　贷：原材料/周转材料/库存商品

　　　　应交税费——应交增值税（销项税额）

分公司

（根据发票、内部调拨单、运输单据、入库单等，在物资发出时或者到货时）

借：原材料/在途物资

　　应交税费——应交增值税（进项税额）

　　应交税费——待认证进项税额

　　贷：内部往来或其他应收款

图 4-5　总分公司会计处理

4.2.2　分公司与项目部之间调拨材料核算

如果建筑企业分公司统一采购原材料，再将原材料调拨给各工程项目使用，项目部从公司领取原材料时，根据内部自制的材料结算单、到货点收单，借记“原材料”科目，贷记“内部往来”“银行存款”等科目；项目部在消耗材料时，根据自制的领料单（用于主体工程或临时设施）、出库单等，借记“合同履约成本——工程施工——材料费”“临时设施”科目，贷记“原材料”科目。会计处理如图 4-6 所示。

分公司

借：原材料/库存商品/周转材料
　　应交税费——待认证进项税额（发票未认证时）
　　应交税费——应交增值税（进项税额）（发票已认证时）
　　贷：内部往来（同一法人单位间集中采购）
　　　　应付账款（非同一法人单位间集中采购）

项目部

①领用时
借：原材料
　　贷：银行存款/内部往来
②使用时
借：合同履约成本——工程施工——材料费
　　临时设施
　　贷：原材料

图 4-6　分公司项目会计处理

【例 4-9】环辰建筑工程分公司采购部门统一招标采购物资，由采购部门根据各项目部提交的材料计划用量单调拨材料。2025 年 3 月 8 日，分公司采购部向理石水泥厂采购 1 500 吨水泥，取得一张增值税专用发票，其中价款 675 000元，增值税额 87 750 元，款项尚未支付。甲项目部领用了 500 吨水泥，乙项目领用 1 000 吨水泥，甲、乙项目领用的水泥在当月已全部用于工程实体，两个项目均适用一般计税方法计税。该分公司采用分级核算模式，工程材料点收单见表 4-4、表 4-5。

表 4-4　工程材料点收单

单位：甲项目部　　　　　　　　　　　　　　　　　　　　金额单位：元

日期	材料名称	供应商名称	规格	数量	单价	金额	收料单
2025 年 3 月 8 日	水泥	理石水泥厂		500 吨	450	225 000	×××
合计				500 吨	450	225 000	—
人民币大写	⊗贰拾贰万伍仟元整						

签收人：××　　　　　　　　项目经理：××

(1) 分公司购入材料，编制会计分录如下。

借：原材料——水泥　　675 000

　　应交税费——应交增值税（进项税额）　　87 750

　　贷：应付账款——材料款（理石水泥厂）　　762 750

借：内部往来——甲项目　　225 000

　　内部往来——乙项目　　450 000

　　贷：原材料——水泥　　675 000

(2) 甲项目部编制会计分录如下。

借：原材料——水泥　　225 000

　　贷：内部往来——公司　　225 000

借：合同履约成本——工程施工——材料费　　225 000

　　贷：原材料——水泥　　225 000

(3) 乙项目部编制会计分录如下。

借：原材料——水泥　　450 000

　　贷：内部往来——公司　　450 000

表 4-5　工程材料点收单

单位：乙项目部　　　　金额单位：元

日期	材料名称	供应商名称	规格	数量	单价	金额	收料单
2025 年 3 月 8 日	水泥	理石水泥厂	×××	1 000 吨	450	450 000	××
合计				1 000 吨	450	450 000	—
人民币大写	⊗肆拾伍万元整						

签收人：××　　　　项目经理：××

借：合同履约成本——工程施工——材料费　　450 000

　　贷：原材料——水泥　　450 000

上述案例中，分公司如果采用统一核算模式即项目部不单独设置账套进行会计核算，各项目自公司领用材料、消耗材料时，公司在进行会计处理时只需要通过“原材料”“合同履约成本——工程施工——材料费”等科目设置项目辅助项即可达到区分各项目成本费用的目的，如图 4-7、图 4-8所示。

(1) 采购水泥时，分公司编制会计分录如下。

借：原材料——水泥　　675 000

应交税费——应交增值税（进项税额）　　　　87 750

贷：应付账款——材料款（理石水泥厂）　　　　762 750

（2）各项目领用水泥时，分公司编制会计分录如下。

借：合同履约成本——工程施工——材料费（项目辅助：甲项目）

225 000

合同履约成本——工程施工——材料费（项目辅助：乙项目）

450 000

贷：原材料——水泥　　　　675 000

内部往来结算单

2025 年 3 月 8 日

项目名称	甲项目		
调拨物资名称	水泥		
内部结算金额	人民币大写：⊗贰拾贰万伍仟元整　小写￥225 000		
核算人员	××	部门经理	××
总经理	××	经手人	××

图 4-7　内部往来结算单

内部往来结算单

2025 年 3 月 8 日

项目名称	乙项目		
调拨物资名称	水泥		
内部结算金额	人民币大写：⊗肆拾伍万元整　小写￥450 000		
核算人员	××	部门经理	××
总经理	××	经手人	××

图 4-8　内部往来结算单

4.3　临时设施采购与搭建

合同订立后，总承包项目部组织相关项目人员进场，并根据项目部的实际情况搭建或购买项目部所需的临时设施，以满足项目部生产、生活的需要。

4.3.1　临时设施概述

临时设施包括现场临时作业棚、机具棚、材料库、厕所、化灰池、围墙、临时给排水、供电、供热等设施；临时周转房及现场搭建的职工宿舍、食堂、浴池；临时建设的钢筋加工厂、混凝土搅拌站等。对于符合固定资产标准的临时设施（使用期限超过一个会计年度产达到资本化条件，且将会在一个以上的项目使用），应通过“临时设施”科目核算其采购与搭建过程；不符合固定资产标准的，则在购买或领料时作为存货进行核算，并分期摊销记入“合同履约成本”科目。

施工企业购置临时设施所发生的各项实际支出，可以直接计入“临时设施”科目。对于需要搭建安装活动才能完成的临时设施，其实际支出，可以先通过“在建工程”科目核算，待临时设施搭建安装活动完成交付使用时，再将实际成本从“在建工程”科目转入“临时设施”科目。

投标文件的工程量清单中明确立项的临时设施，如临时道路、临时工程用地、临时供电供水设施等不在“临时设施”科目核算，直接计入“合同履约成本”科目核算。

4.3.2 临时设施采购

临时设施采购会计处理如图 4-9 所示。

核算时点

临时设施到场时

核算依据

临时设施购建审批表、临时设施验收交接记录、采购合同、经审批购置发票、银行付款单据、付款审批单等

会计分录

借：临时设施

　　应交税费——待认证进项税额（发票未认证时）

　　　　——应交增值税（进项税额）（发票已认证时）

贷：银行存款/应付账款等

图 4-9　临时设施采购会计处理

临时设施符合固定资产标准的，在财务报表中反映为固定资产；不符合固定资产标准的，在财务报表中反映为存货。

【例 4-10】绿地建筑工程有限公司承包凤栖路 112 号理想大厦建设项目，打算搭建临时办公室及其他附属设施。采购相关物资不含税价 97 800 元，增值税额 12 714 元。绿地建筑工程有限公司财务人员根据临时设施购建审批

表、临时设施验收交接记录、采购合同、经审批购置发票、银行付款单据、付款审批单等进行账务处理。相关资料如图 4-10、图 4-11 所示。

理想大厦临时设施采购审批单

项目名称	理想大厦		项目地址	凤栖路 112 号	
开工日期	2024 年 6 月 1 日	竣工日期	2027 年 7 月 31 日	报审日期	2024 年 6 月 1 日
审批材料	临时办公房屋、场地道路、仓库、施工围挡、施工便道以及供水、供电、排水管道等（详细资料略）				
审批意见	项目部	审核人及日期：张强　2024 年 6 月 17 日			
	集团公司	审核人及日期：李辰　2024 年 6 月 17 日			

图 4-10　采购审批单

付款审批单

2024 年 6 月 17 日

项目名称	理想大厦	合同编号	HT452264
付款申请人	甲项目部	联系方式	021-98646
收款单位	辰凯物资公司		
收款单位开户行及账号	中国工商银行深圳凤栖路支行，账号：4386235164842		
付款金额	⊗壹拾壹万零伍佰壹拾肆元零角零分 ￥110 514		
付款方式	☑网银□现金□转账□票据		
项目经理意见	申请人：张强 2024 年 6 月 17 日		
财务部意见	签名：田力 2024 年 6 月 17 日		
公司领导意见	签名：苏东 2024 年 6 月 17 日		

图 4-11　付款审批单

借：临时设施　　　　　　　　　　　　　　　　97 800
　　应交税费——待认证进项税额　　　　　　　12 714
　　贷：银行存款　　　　　　　　　　　　　　　110 514

4.3.3 临时设施的搭建

投入原材料、低值易耗品、人工、机械设备搭建临时设施，符合固定资产标准的，会计处理如图 4-12 所示。

核算时点

相关成本费用发生时

核算依据

临时设施购建审批表、机械使用签认单、劳务结算单、领料单、银行付款单据、付款审批单、费用发票等

会计分录

借：在建工程
　　应交税费——待认证进项税额（发票未认证时）
　　应交税费——应交增值税（进项税额）（发票已认证时）
　　贷：银行存款/应付账款/工程物资/累计折旧/应付职工薪酬

图 4-12　临时设施搭建会计处理

【例 4-11】临时设施项目支付员工工资 24 000 元。

借：在建工程——临时设施工程　　　　　　　　24 000
　　贷：应付职工薪酬　　　　　　　　　　　　　24 000
借：应付职工薪酬　　　　　　　　　　　　　　24 000
　　贷：银行存款　　　　　　　　　　　　　　　24 000

4.3.4 临时设施的结转

建造临时设施符合固定资产标准或不符合固定资产标准，分别按以下方法处理，如图 4-13 所示。

核算时点

临时设施达到预计可使用状态时

核算依据

临时设施验收交接记录等

会计分录

（符合固定资产标准）
借：临时设施
　　贷：在建工程
（不符合固定资产标准）
借：临时设施
　　贷：原材料
　　　　银行存款/应付账款
　　　　累计折旧/应付职工薪酬

图 4-13　临时设施结转

【例 4-12】芳源建筑有限公司为甲项目搭建临时设施活动板房作为工地办公室，原材料花费 40 000 元，支付工人工资 19 800 元，活动板房搭建完成，会计处理如下：

（1）符合固定资产标准。

借：在建工程　　　　　　　　　　　　59 800
　　贷：原材料　　　　　　　　　　　　　40 000
　　　　应付职工薪酬　　　　　　　　　　19 800

借：临时设施——活动板房　　　　　　59 800
　　贷：在建工程　　　　　　　　　　　　59 800

（2）不符合固定资产标准。

借：临时设施　　　　　　　　　　　　59 800
　　贷：原材料　　　　　　　　　　　　　40 000
　　　　应付职工薪酬　　　　　　　　　　19 800

4.3.5 临时设施摊销

为了核算临时设施的成本及摊销清理情况，建筑施工企业应设置“临时设施”“临时设施摊销”“临时设施清理”三个科目。

（1）“临时设施”科目借方登记购置或搭建的各种临时设施的实际成本；贷方登记出售、拆除、报废不需用或不能用的临时设施的转出成本。

（2）“临时设施摊销”科目借方登记出售、拆除、报废、盘亏的临时设施的已提摊销额，贷方登记按月计入工程成本的摊销额。该科目是“临时设施”科目的备抵调整科目。

（3）“临时设施清理”科目借方登记出售、拆除、报废等原因转入清理的临时设施的净值及其清理费用，贷方登记收回出售临时设施的价款和清理过程中的残料价值或变价收入。临时设施清理完毕后，如果是贷方余额，则将该余额转入“营业外收入”科目的贷方，如果是借方余额，则将该余额转入“营业外支出”科目的借方。

【例 4-13】2025 年 2 月 17 日，绿地建筑工程有限公司临时设施搭建安装完成并交付使用，总价 121 800 元。临时办公设施可使用年限为 3 年，理想大厦建设工期为 2 年。施工现场临时设施项目验收情况见表 4-6。

表 4-6　施工现场临时设施项目验收情况

项目	验收内容
办公房屋	(1) 办公室统一砖砌； (2) 室内抹灰刮瓷、吊顶、地面硬化； (3) 每间办公室面积不小于 5 米×5 米； (4) 檐高不小于 2.6 米，门窗规格不小于 0.8 米至 1.2 米
食堂	(1) 食堂砖砌，内外墙面抹灰刷白、水泥地面； (2) 灶台及墙面不低于 1.8 米处贴瓷砖； (3) 食堂距厕所、垃圾箱大于 25 米； (4) 按规定设置通风、排气和污水排放设施
宿舍	(1) 宿舍统一砖砌； (2) 室内抹灰刷白、吊顶、地面硬化、设上下床，每间门摆四张上下床； (3) 宿舍通风、采光、保暖； (4) 檐高不低于 2.6 米，门窗规格不小于 0.6 米×1.5 米至 0.8 米×1.5 米
施工单位	签字：朱飒凤 2025 年 2 月 17 日
监理单位	签字：张哲民 2025 年 2 月 17 日
建设单位	签字：梁明 2025 年 2 月 17 日
市建设安全监督机构负责人	签字：楚天 2025 年 2 月 17 日

借：临时设施　　　　121 800

　　贷：在建工程——临时设施工程　　　　121 800

临时设施摊销期限是预计使用期限与工程的施工期限孰短原则确定摊销

期限是两年，并从交付使用当月开始摊销。每月摊销额＝121 800÷24＝5 075（元）。

借：合同履约成本——工程施工　　　　　　　　　　5 075

　　贷：临时设施摊销　　　　　　　　　　　　　　　5 075

4.4 外购设备的会计处理

企业购入不需要安装的设备，应按实际支付的购买价款、相关税费，以及使固定资产达到预定可使用状态前所发生的可归属于该项资产的运输费、装卸费和专业人员服务费等作为固定资产成本。

4.4.1 预付设备款

《企业会计准则第 30 号——财务报表列报》第十七条第一款规定，“资产满足下列条件之一的，应当归类为流动资产：（一）预计在一个正常营业周期中变现、出售或耗用。（二）主要为交易目的而持有。（三）预计在资产负债表日起一年内变现。（四）自资产负债表日起一年内，交换其他资产或清偿负债的能力不受限制的现金或现金等价物。”

为了购建流动资产的预付款项，在资产负债表“预付款项”中列报；为了购建非流动资产的预付款项，除了预付大型设备款在“工程物资”中列报以外，其余在“其他非流动资产”项目中列报。

显然，预付工程款不满足购建流动资产的任何一条列报条件，所以在列报时应选择“在建工程”、“固定资产”或“存货”等。该调整只调表不调账，会计仍需要通过预付账款来结算。

在平时会计核算时可以在“预付账款”这个科目核算，但在编制报表时，应重分类至“其他非流动资产”反映。

预付设备款会计处理如图 4-14 所示。

核算依据	会计分录
固定资产投资计划、采购合同、付款申请单、银行付款单据等 **核算时点** 预付设备款时	借：固定资产 应交税费——待认证进项税额（发票未认证时） 应交税费——应交增值税（进项税额）（发票已认证） 贷：银行存款

图 4-14　预付设备款会计处理

【例 4-14】岳阳建筑有限公司是一般纳税人。2025 年 1 月 3 日，该公司拟从康泰设备有限公司购入一台砂轮切割机，总价款 1 356 000 元，预付 300 000元。康泰设备有限公司开出全额增值税专用发票，岳阳建筑有限公司当月并未抵扣。固定资产投资计划见表 4-7，发票、付款申请单如图 4-15、图 4-16所示。

根据上述业务，编制会计分录如下。

（1）预付账款时。

借：预付账款	300 000	
贷：银行存款		300 000

（2）收到设备时。

借：固定资产——设备	1 200 000	
应交税费——待抵扣进项税额	156 000	
贷：预付账款		300 000
应付账款		1 056 000

表 4-7　2025 年度固定资产投资计划表　　　金额单位：元

部门名称	序号	设备名称	数量	单价	总金额	规格型号	资金来源	所用项目
施工一队	001	砂轮切割机	1	1 356 000	1 356 000	—	—	甲工程
—	—	—	—	—	—	—	—	—
—	—	—	—	—	—	—	—	—
合计	—	—	1	1 356 000	1 356 000	—	—	—

动态二维码 | 标签

电子发票（增值税专用发票）

全国统一发票监制章 国家税务总局 北京市税务局

发票号码：×××××
开票日期：2025 年 1 月 3 日

购买方信息	名　　称：岳阳建筑有限公司 统一社会信用代码/纳税人识别号：1104286346454H			销售方信息	名　　称：康泰设备有限公司 统一社会信用代码/纳税人识别号：452064549363597H		
项目名称	规格型号	单位	数量	单价	金额	税率/征收率	税额
砂轮切割机			1	1 200 000	1 200 000	13%	15 600
合计					¥1 200 000		¥156 000
价款合计（大写）	⊗壹佰叁拾伍万陆仟元整					（小写）¥1 356 000	
备注	（略）						

图 4-15　增值税专用发票

付款申请单

日期：2025 年 1 月 3 日　　附件：

申请部门	施工一队	申请人	徐静	日期	2025 年 1 月 3 日
收款单位	康泰设备有限公司			付款内容 预付砂轮切割机货款 300 000 元。	
付款方式	☑网银□现金□转账□票据				
开户银行	中行川南支行				
账号	932557564				
会计复核					
付款金额（人民币大写）	⊗叁拾万元整　¥300 000.00				

部门经理：××　　财务总监：××　　总经理：××

图 4-16　付款申请单

4.4.2　采购不需要安装设备的会计处理

采购不需要安装的设备会计处理如图 4-17 所示。

核算依据	会计分录
固定资产投资计划、合同、固定资产验收交接单、付款申请单、银行付款单据等 **核算时点** 设备款到货验收后	借：固定资产 应交税费——待认证进项税额（发票未认证时） 应交税费——应交增值税（进项税额）（发票已认证） 贷：银行存款/应付账款等

图 4-17　采购不需要安装的会计处理

【例 4-15】 恒原建筑工程有限公司是一般纳税人。2025 年 3 月 2 日，以银行存款从康泰设备有限公司购入一台推土机，支付买价 500 000 元，增值税 65 000元。相关单据如图 4-18 至图 4-20 所示；相关表单见表 4-8、表 4-9。

根据上述业务，编制会计分录如下。

借：固定资产——推土机　　500 000

　　应交税费——应交增值税（进项税额）　　65 000

　　贷：银行存款　　565 000

设备买卖合同

购货单位（甲方）：恒原建筑工程有限公司

供货单位（乙方）：康泰设备有限公司

依据《中华人民共和国民法典》（合同编），甲乙双方经友好协商，达成如下协议：

一、合同标的（名称、数量、单价）

设备名称：推土机

数量：1 台

单价（不含税）：500 000 元

二、合同金额

合同总金额：565 000 元。人民币大写金额：伍拾陆万伍仟元整。

三、付款时间及方式

合同签署后 5 日内一次性付款 565 000 元。

四、交货时间及地点

收到设备款即日由乙方可发货，采用汽运方式，并承担运费。

……

十六、本合同自甲乙双方法定代表人（授权代理人）签字并加盖公章或合同专用章之日起生效。

十七、本合同一式 2 份，双方各持 1 份。

十八、其他约定事项：无

甲方（公章略）：恒原建筑工程有限公司	乙方（公章略）：康泰设备有限公司
法定代表人（签字）：陈星	法定代表人（签字）：李格辰
2025 年 3 月 1 日	2025 年 3 月 1 日

图 4-18　设备买卖合同（仅供参考）

全国统一发票监制章 国家税务总局 北京市税务局

动态二维码	建筑服务

电子发票（增值税专用发票）

发票号码：×××××

开票日期：2025 年 3 月 2 日

购买方信息	名　　称：恒原建筑工程有限公司 统一社会信用代码/纳税人识别号：11042813756H	销售方信息	名　　称：康泰设备有限公司 统一社会信用代码/纳税人识别号：452064549363597H

项目名称	规格型号	单位	数量	单价	金额	税率/征收率	税额
推土机		台	1	500 000	500 000	13%	65 000
合计					￥500 000		￥65 000

价款合计（大写）	⊗伍拾陆万伍仟元整	（小写）￥565 000
备注	（略）	

图 4-19　增值税专用发票

付款申请单

日期：2025 年 3 月 2 日　　　　附件：××

申请部门	阮南施工队	申请人	张萍萍	日　　期	2025 年 3 月 2 日
收款单位	康泰设备有限公司			付款内容	
付款方式	☑网银□现金□转账□票据			支付康泰设备有限公司推土机价款 565 000 元。	
开户银行	中国工商银行川南支行				
账　　号	932557564				
会计复核					
付款金额（大写）	伍拾陆万伍仟元整				

部门经理：××　　部门总监：××　　财务总监：××　　总经理：××

图 4-20　付款申请单

表 4-8　固定资产验收表

2025 年 3 月 2 日

名称	单位	数量	单价	已摊销价值	账面净值（元）	评估确认价值（元）	备注
推土机	台	1	500 000	—	500 000	500 000	康泰设备有限公司
—	—	—	—	—	—	—	—
—	—	—	—	—	—	—	—
—	—	—	—	—	—	—	—

表 4-9　固定资产入库表

入库单号：5475　　　　2025 年 3 月 2 日　　　　金额单位：元

<table>
<tr><th>编号</th><th>名称</th><th>型号</th><th>类别</th><th>供应商</th><th>单位</th><th>数量</th><th>单价</th><th>金额</th><th>备注</th></tr>
<tr><td>009</td><td>推土机</td><td>—</td><td>设备</td><td>康泰设备有限公司</td><td>台</td><td>1</td><td>500 000</td><td>500 000</td><td>—</td></tr>
<tr><td>—</td><td>—</td><td>—</td><td>—</td><td>—</td><td>—</td><td>—</td><td>—</td><td>—</td><td>—</td></tr>
<tr><td>—</td><td>—</td><td>—</td><td>—</td><td>—</td><td>—</td><td>—</td><td>—</td><td>—</td><td>—</td></tr>
<tr><td>合计</td><td colspan="9">人民币大写：伍拾万元整　　　　小写：¥500 000</td></tr>
<tr><td colspan="2">验收意见</td><td colspan="3">合格</td><td colspan="3">验收人员（签字）</td><td colspan="2">××</td></tr>
<tr><td colspan="2">管理员（签字）</td><td colspan="3">××</td><td colspan="3">采购员（签字）</td><td colspan="2">××</td></tr>
</table>

4.4.3　采购需要安装设备的会计处理

购入需要安装的固定资产，应在购入的固定资产取得成本的基础上加上安装调试成本等，作为购入固定资产的成本，先通过“在建工程”科目核算，待安装完毕达到预定可使用状态时，再由“在建工程”科目转入“固定资产”科目。采购需要安装的设备会计处理如图 4-21 所示。

核算依据

固定资产投资计划表、合同、固定资产验收交接单、付款申请单、银行付款单据等

核算时点

设备到货后

会计分录

借：在建工程——待安装设备

应交税费——待认证进项税额（发票未认证时）

应交税费——应交增值税（进项税额）（发票已认证）

贷：银行存款/应付账款/应付利息

图 4-21　采购需要安装的设备会计处理

【例 4-16】2025 年 2 月 1 日，天水建筑工程公司从陇南机械厂购入一台需要安装的压路机，压路机买价 80 000 元，增值税额 10 400 元，运杂费 436 元（运输公司增值税率为 9%）。按合同约定，设备由供货方安装，安装费 1 060 元，未取得增值税专用发票。全部款项中买价和增值税尚未支付，其余以用银行存款付讫。2025 年 2 月 19 日，设备安装并交付使用。固定资产（设备）验收支付使用交接单如图 4-22 所示。

购入设备时，采购成本＝80 000＋436÷(1＋9%)＝80 400（元）

运费进项税额＝436÷(1＋9%)×9%＝36（元）

根据上述业务，编制会计分录如下。

借：在建工程　　80 400

　　应交税费——应交增值税（进项税额）(10 400＋36)　　10 436

　　贷：应付账款　　90 400

　　　　银行存款　　436

天水建筑工程公司

固定资产（设备）验收支付使用交接单

编号：NO. 00345　　2025 年 2 月 19 日　　金额单位：元

供货商	陇南机械厂	合同编号	GT098		发票编号	略		收货日期	2025 年 2 月 19 日	
资金来源	银行存款	用途	工地使用							
序号	固定资产（设备）名称	设备类别	设备科目代码	规格型号	单位	数量	单价	安装费	运费	总计
1	压路机				台	1	80 000	1 060	400	81 460
2										
3										
合计										81 460
部门		部门负责人		经办人		使用部门		验收人		
采购部门		陈怡		张闻		建筑一队		李灏		

图 4-22　验收支付使用交接单

【例 4-17】承【例 4-16】，支付安装费用时，编制会计分录如下。

借：在建工程　　1 060

　　贷：银行存款　　1 060

设备安装账务处理如图 4-23 所示。

核算依据

领料单、职工薪酬分摊表、相关发票、付款申请单、银行付款单据等

核算时点

设备安装相关成本费用发生时

会计分录

借：在建工程——安装设备

应交税费——待认证进项税额（发票未认证时）

应交税费——应交增值税（进项税额）（发票已认证时）

贷：银行存款/应付账款/原材料/应付职工薪酬

图 4-23　设备安装会计处理

【例 4-18】 承【例 4-16】，在建工程转固定资产，编制会计分录如下。

借：固定资产	81 460	
贷：在建工程		81 460

在建工程结转固定资产会计处理如图 4-24 所示。

核算依据

固定资产验收交接记录、固定资产竣工验收表等

核算时点

固定资产达到预计可使用状态时

会计分录

借：固定资产

　贷：在建工程——在安装设备

图 4-24　在建工程结转固定资产会计处理

4.5　自行建造设备的会计处理

自行建造固定资产的成本，由建造该项资产达到预定可使用状态前所发生的必要支出构成，包括直接材料、直接人工、直接机械施工费等。自行建造设备会计处理见表 4-10。

表 4-10 自行建造设备会计处理

业务情形	核算依据	核算时点	会计分录
采购工程物资	采购合同、入库单、付款申请单、银行付款单据等	工程物资入库时	借：工程物资 应交税费——待认证进项税额（发票未认证时） 应交税费——应交增值税（进项税额）（发票已认证） 贷：银行存款/应付账款/应付票据 （若用于职工福利，进项税额不能抵扣）
领用工程物资	领用单等	领用工程物资时	借：在建工程 贷：工程物资
直接领用原材料	领用单等	领用工程材料时	借：在建工程 贷：原材料/周转材料等
发生其他应负担的职工薪酬，满足借款费用资本化利息	工资单、计息单、银行付款单据、增值税专用发票等	期末（月末）	借：在建工程 贷：应付职工薪酬/应付利息/银行存款等
在建工程转固定资产	固定资产验收交接记录、固定资产竣工验收表等	达到预定使用状态时	借：固定资产 贷：在建工程

【例 4-19】粤海工程建设有限公司采用自营方式建造 A 工程，发生有关业务如下：以银行存款 226 000 元购入建筑物资一批，增值税专用发票上注明的买价为 200 000 元，增值税税额为 26 000 元。所购入物资全部投入 A 工程，分配工程建设人员的职工薪酬 20 000 元。以银行存款支付工程管理费用 5 000 元，应由工程成本负担的长期借款利息3 000元（假定按合同利率计算）。工程完工后，A 工程经验收交付使用。根据上述业务编制会计分录如下。

（1）购入工程物资时。

借：工程物资　　200 000

　　应交税费——应交增值税（进项税额）　　26 000

　　贷：银行存款　　226 000

（2）领用工程物资时。

借：在建工程——工程成本——A 工程　　200 000

　　贷：工程物资　　200 000

（3）分配工程建设人员的职工薪酬时。

借：在建工程——工程成本——A 工程　　20 000

　　贷：应付职工薪酬　　20 000

（4）支付工程管理费时。

借：在建工程——工程成本——A 工程　　5 000

　　贷：银行存款　　5 000

（5）计算应由工程成本负担的借款利息时。

借：在建工程——工程成本——A 工程　　3 000

　　贷：应付利息　　3 000

（6）工程完工使用结转为固定资产 228 000 元（200 000＋20 000＋5 000＋3 000）。

借：固定资产　　228 000

　　贷：在建工程——工程成本——A 工程　　228 000

第5章 内部资产的核算与管理

企业内部设备、固定资产、无形资产的核算与管理是企业资产管理的重要组成部分，涉及资产的确认、计量、记录、维护及处置等全生命周期管理。本章主要介绍内部设备调拨、固定资产后续处理，以及租赁资产、无形资产的账务处理。

5.1 内部单位调入设备

设有两个以上分支机构并且进行统一核算的纳税人，将货物从一个机构移送其他机构用于销售，两个分支机构不在同一县（市）的需要做视同销售处理。因此，同一法人的不同分支机构采取独立纳税的情况下，为保证增值税链条的完整性，在分支机构之间调拨货物应当开具增值税专用发票，缴纳税金。

同一纳税主体与非同一纳税主体间进行调拨，一般是内部往来业务。内部往来是指总部与分支机构之间的往来交易，是企业与内部所属各个独立核算的单位之间，或内部独立核算单位彼此之间，由于工程价款结算、产品、作业和材料销售、提供劳务等作业所发生的各种应收、应付、暂付、暂收的往来款项。本节只介绍设备所有权转移业务。

5.1.1 不同法人之间的设备调拨

对于不同法人之间的设备调拨应当作为正常的销售处理，会计处理如图 5-1所示。

核算依据

固定资产调拨通知单、列账通知、固定资产接收移交记录、发票等

核算时点

设备到货时

会计分录

借：固定资产

应交税费——待认证进项税额（发票未认证时）

应交税费——应交增值税（进项税额）（发票已认证）

贷：累计折旧/固定资产减值准备/内部往来

图 5-1 不同法人之间设备调拨的会计处理

两个独立法人之间的固定资产转移属于销售行为，确认增值税纳税义务，并开具相应发票。

【例 5-1】 深圳宁业工程有限公司汕头分公司采购部门统一招标采购一批打桩机，再由采购部门根据各工程项目提交的申请计划调拨。2024 年 8 月，分公司采购部一共向汕头设备厂采购 3 台打桩机，每台不含税价格为 250 000 元，取得一张增值税专用发票，如图 5-2 所示。注明价款总计 847 500元，其中增值税额 97 500 元，款项尚未支付。甲项目领用 2 台打桩机，乙项目领用 1 台打桩机，该分公司采用分级核算模式，公司和项目部会计处理如下。

（1）分公司的会计处理。

借：固定资产——打桩机　　　　750 000

　　应交税费——应交增值税（进项税额）　　　　97 500

　　贷：应付账款——打桩机（汕头设备厂）　　　　847 500

全国统一发票监制章 国家税务总局 北京市税务局

动态二维码　建筑服务

电子发票（增值税专用发票）

发票号码：×××××

开票日期：2025 年 4 月 10 日

购买方信息	名　　称：深圳宁业工程有限公司汕头分公司 统一社会信用代码/纳税人识别号：35854567231353653H	销售方信息	名　　称：汕头设备厂 统一社会信用代码/纳税人识别号：24312567546360865H

项目名称	规格型号	单位	数量	单价	金额	税率/征收率	税额
打桩机		台	3	250 000	750 000	13%	97 500
合计					¥750 000		¥97 500
价款合计（大写）	⊗捌拾肆万柒仟伍佰元整					（小写）	¥847 500
备注	（略）						

图 5-2　增值税专用发票

借：内部往来——甲项目　　　　500 000

　　内部往来——乙项目　　　　250 000

贷：固定资产——打桩机　　　　750 000

（2）甲项目部的会计处理，相关单据如图 5-3 至图 5-5 所示。

借：固定资产——打桩机　　　　500 000

　　贷：内部往来——分公司　　　　500 000

借：合同履约成本——工程施工——设备费　　　　500 000

　　贷：固定资产——打桩机　　　　500 000

固定资产调拨通知

2025 第 09 号

根据公司讨论决定，将两台打桩机由公司调入甲项目部。调拨日期从 2025 年 4 月 15 日算起，请甲项目部负责人在 2025 年 4 月 15 日安排人员至设备部办理移交手续。

从调入日起由接收单位承担固定资产折旧费并负责计提固定资产折旧费，由固定资产调入、调出单位办理固定资产接收、移交手续。

深圳宁业工程有限公司汕头分公司设备部

2025 年 4 月 10 日

图 5-3　固定资产调拨通知

深圳宁业工程有限公司汕头分公司列账通知单

甲项目部：

请将以下设备（借、贷）入你单位账户。

摘要	金额											列账单位记账
	亿	千	百	十	万	千	百	十	元	角	分	
拨付甲项目两台打桩机				5	0	0	0	0	0	0	0	
合计			¥	5	0	0	0	0	0	0	0	
人民币大写:⊗伍拾万元整												

列账单位: ××　　　　列账人: ××

图 5-4　列账通知单

固定资产移交单

2025 年 4 月 15 日

<table>
<tr><td>移交单位</td><td>深圳宁业工程有限公司汕头分公司</td><td>接收单位</td><td colspan="2">甲项目部</td></tr>
<tr><td colspan="5">移交资产明细</td></tr>
<tr><td>序号</td><td>资产名称</td><td>型号与规格</td><td>单位</td><td>数量</td></tr>
<tr><td>1</td><td>打桩机</td><td></td><td>台</td><td>2</td></tr>
<tr><td>2</td><td></td><td></td><td></td><td></td></tr>
<tr><td>3</td><td></td><td></td><td></td><td></td></tr>
<tr><td>4</td><td></td><td></td><td></td><td></td></tr>
<tr><td>5</td><td></td><td></td><td></td><td></td></tr>
<tr><td>6</td><td></td><td></td><td></td><td></td></tr>
<tr><td>说明事项</td><td colspan="4">因生产需要，由深圳宁业工程有限公司汕头分公司采购，然后移交甲项目部。</td></tr>
<tr><td>移交单位意见</td><td>负责人：程曦
经办人：部云
盖章（略）
电话（略）：
2025 年 4 月 15 日</td><td>接受单位意见</td><td colspan="2">负责人：孙建军
经办人：贺强
盖章（略）
电话（略）：
2025 年 4 月 15 日</td></tr>
</table>

说明：本表一式 2 份，双方各执 1 份。

图 5-5 固定资产移交单

（3）乙项目部的会计处理，相关单据如图 5-6 至图 5-8 所示。

借：固定资产——打桩机 250 000

  贷：内部往来——公司 250 000

借：合同履约成本——工程施工——设备费 250 000

  贷：固定资产——打桩机 250 000

固定资产调拨通知

2025 第 0109 号

根据公司讨论决定，将 1 台打桩机由公司调入乙项目部。调拨日期从 2025 年 4 月 15 日算起，请乙项目部负责人于 2025 年 4 月 15 日安排人员至设备部办理移交手续。

从调入日起由接收单位承担固定资产折旧费并负责计提固定资产折旧费。由固定资产调入、调出单位办理固定资产接收、移交手续。

深圳宁业工程有限公司汕头分公司设备部

2025 年 4 月 10 日

图 5-6 固定资产调拨通知

深圳宁业工程有限公司汕头分公司列账通知单

乙项目部：

请将以下设备（借、贷）入你单位账户。

摘要	金额											列账单位记账
	亿	千	百	十	万	千	百	十	元	角	分	
拨付乙项目1台打桩机				2	5	0	0	0	0	0	0	
合计			¥	2	5	0	0	0	0	0	0	
人民币大写:⊗贰拾伍万元整												

列账单位:×× 列账人:××

图 5-7 列账通知单

固定资产移交单

2025 年 4 月 15 日

移交单位	深圳宁业工程有限公司汕头分公司		接收单位	乙项目部
移交资产明细				
序号	资产名称	型号与规格	单位	数量
1	打桩机	—	台	1
2	—	—	—	—
3	—	—	—	—
4	—	—	—	—
5	—	—	—	—
6	—	—	—	—
说明事项	因生产需要，由深圳宁业工程有限公司汕头分公司采购，然后移交乙项目部。			
移交单位意见	负责人：程曦 经办人：郜云 盖章（略） 电话（略）： 2025 年 4 月 15 日	接受单位意见	负责人：张明 经办人：苏兰 盖章（略） 电话（略）： 2025 年 4 月 15 日	

说明：本表一式 2 份，双方各执 1 份。

图 5-8 固定资产移交单

5.1.2 非同一纳税主体间进行设备调拨

非同一纳税主体进行调拨会计处理如图 5-9 所示。

核算依据

固定资产调拨通知单、列账通知、固定资产接收移交记录、发票

核算时点

设备到货时

会计分录

借：固定资产（净值）
　　应交税费——待认证进项税额（发票未认证时）
　　应交税费——应交增值税（进项税额）（发票已认证）
　　贷：内部往来（同一二级单位下的法人单位）
　　　　其他应付款（非同一二级单位下的法人单位）

图 5-9　非同一纳税主体进行调拨会计处理

【例 5-2】 2025 年 4 月 18 日，深圳宁业工程有限公司将一台使用两年的砂轮切割机调拨给非同一纳税主体单位子公司梅州建筑工程有限公司使用，该设备原值 200 000 元，已计提折旧 30 000 元。取得一张增值税专用发票，价款 170 000 元，其中增值税额 22 100 元。相关单据如图 5-10、图 5-11、图 5-12所示，编制会计分录如下。

借：固定资产——打桩机　　170 000
　　应交税费——应交增值税（进项税额）　　22 100
　　贷：内部往来——砂轮切割机　　192 100

动态二维码	建筑服务	电子发票（增值税专用发票）	发票号码：××××× 开票日期：2025 年 4 月 18 日

购买方信息	名　称：梅州建筑工程有限公司 统一社会信用代码/纳税人识别号：358545672334365767H	销售方信息	名　称：深圳宁业工程有限公司 统一社会信用代码/纳税人识别号：358543671235354343H

项目名称	规格型号	单位	数量	单价	金额	税率/征收率	税额
砂轮切割机		台	1	170 000	170 000	13%	22 100
合计					¥170 000		¥22 100
价款合计（大写）	⊗壹拾玖万贰仟壹佰元整					（小写）¥192 100	
备注	（略）						

图 5-10　增值税专用发票

深圳宁业工程有限公司列账通知单

梅州建筑工程有限公司：

请将以下设备（借、贷）入你单位账户。

摘要	金额											列账单位记账
	亿	千	百	十	万	千	百	十	元	角	分	
拨付梅州建筑工程有限公司1台砂轮切割机				1	7	0	0	0	0	0	0	
合计			¥	1	7	0	0	0	0	0	0	
人民币大写：⊗ 伍拾万元整												

列账单位：　　　　列账人：

图 5-11　列账通知单

固定资产移交单

2025 年 4 月 18 日

移交单位	深圳宁业工程有限公司		接收单位	梅州建筑工程有限公司
移交资产明细				
序号	资产名称	型号与规格	单位	数量
1	砂轮切割机		台	1
2				
说明事项	因生产需要，一台砂轮切割机由深圳宁业工程有限公司移交梅州建筑工程有限公司。			
移交单位意见	负责人：程曦 经办人：部云 盖章（略） 电话（略）： 2025 年 4 月 18 日		接受单位意见	负责人：丁旭 经办人：夏月兰 盖章（略） 电话（略）： 2025 年 4 月 18 日

图 5-12　固定资产移交单

固定资产调拨通知

2025 第 111 号

根据公司讨论决定，将固定资产砂轮切割机 1 台由公司调入梅州建筑工程有限公司。调拨日期从 2025 年 4 月 18 日算起，请梅州建筑工程有限公司负责人在 2025 年 4 月 18 日安排人员至设备部办理移交手续。

从调入日起由接收单位承担固定资产折旧费并负责计提固定资产折旧费。由固定资产调入、调出单位办理固定资产接收、移交手续。

深圳宁业工程有限公司汕头分公司

设备部

2025 年 4 月 18 日

5.2 固定资产后续支出

固定资产后续支出，是指固定资产在使用过程中发生的更新改造支出、修理费用等。固定资产的更新改造等后续支出，满足固定资产确认条件的，应当计入固定资产成本，如有被替换的部分，应同时将被替换部分的账面价值从该固定资产原账面价值中扣除。

5.2.1 资本化后续支出的核算

固定资产发生的可资本化的后续支出，应当通过“在建工程”科目核算。

不满足固定资产确认条件的固定资产修理费用等，应当在发生时计入当期损益：

（1）企业生产车间（部门）发生的不可资本化的后续支出（如发生的固定资产日常修理费用），计入管理费用；

（2）企业行政管理部门发生的不可资本化的后续支出（如发生的固定资产日常修理费用），计入管理费用；

（3）企业专设销售机构发生的不可资本化的后续支出（如发生的固定资产日常修理费用），计入销售费用。

相关会计处理如图 5-13 所示。

固定资产转入改扩建时

借：在建工程
　　累计折旧
　　固定资产减值准备
　　贷：固定资产

发生改扩建工程支出时

借：在建工程
　　贷：银行存款等

固定资产部分替换

借：银行存款或原材料
　　贷：在建工程

不符合固定资产确认的部分

借：管理费用
　　销售费用
　　贷：原材料
　　　　应付职工薪酬
　　　　银行存款

图 5-13　相关会计处理

【例 5-3】绿地建筑工程有限公司 2014 年 12 月购入一台大型起重机，总计花费 1 200 000 元（含电机），电机当时的购价为 500 000 元。绿地建筑工程有限公司未将电机单独作为一项固定资产进行核算。2025 年 1 月，绿地建筑工程有限公司决定更换一部性能更为先进的发动机。新电机的成本为 600 000 元，货款未付。另需支付安装费用 3 000 元，以银行存款支付。假定这台起重机的年折旧率为 4%，不考虑预计净残值和相关税费的影响，替换下的老电机报废且无残值收入。根据上述业务，编制会计分录如下。

（1）截至 2025 年 1 月，起重机累计折旧年限为 10 年，则累计折旧金额为480 000元（1 200 000×4%×10），将固定资产转入在建工程。

借：在建工程　　　　720 000
　　累计折旧　　　　480 000
　　贷：固定资产　　　　1 200 000

（2）购入新电机。

借：工程物资——新电机　　　　600 000
　　贷：应付账款　　　　600 000

（3）安装新电机。

借：在建工程　　　　603 000
　　贷：工程物资　　　　600 000
　　　　银行存款　　　　3 000

（4）2025 年 1 月，旧电机的账面价值为 300 000 元（500 000－500 000×4%×10），终止确认老发动机的账面价值。

借：营业外支出——非流动资产处置损失　　　　300 000

贷：在建工程　　300 000

（5）新电机安装完毕，投入使用。

起重机入账价值＝720 000＋603 000－300 000＝1023 000（元）

借：固定资产　　1 023 000

贷：在建工程　　1 023 000

5.2.2 费用化后续支出的核算

为了保证固定资产的正常运转和使用，充分发挥其使用效能，企业需要对固定资产进行必要的维护修理。固定资产维护修理所发生的支出，通常不能满足固定资产的确认条件，应在发生时确认为费用，直接记入当期损益。其中，企业项目部和行政管理部门等发生的，记入“管理费用”账户，企业专设销售机构发生的，记入“销售费用”账户。

5.3 固定资产的期末计量

固定资产的期末计量包括两个方面：一是通过实地盘点清查反映资产的实有数量，进行账实核对；二是按照一定的方法对企业的固定资产进行计价，以反映其期末价值。

5.3.1 固定资产清查的核算

企业对固定资产清查过程中发生盘盈、盘亏的固定资产，应填制固定资产盘盈、盘亏报告表，并及时查明原因，分清责任，按规定程序报批处理。

1. 固定资产盘盈

企业在清查中盘盈的固定资产，作为前期差错处理。盘盈的固定资产通过“以前年度损益调整”科目核算。

【例 5-4】2024 年年底，绿地建筑工程有限公司在财产清查中发现 2022 年未入账的不需要安装的一台甲设备，估计该设备八成新，同类设备的市场价格为 1 100 000 元（假定其价值与计税基础不存在差异）。

借：固定资产　　880 000

贷：以前年度损益调整　　880 000

2. 固定资产盘亏

企业在清查中发生盘亏的固定资产，通过“待处理财产损溢——待处理固定资产损溢”科目核算；盘亏造成损失的，通过“营业外支出——盘亏损失”科目核算，计入当期损益。

【例 5-5】 2024 年年底，绿地建筑工程有限公司在财产清查中盘亏乙设备一台，该设备账面原价 135 000 元，已提折旧 68 800 元，未计提减值准备，如图 5-14 所示。

(1) 盘亏固定资产时。

借：待处理财产损溢——待处理固定资产损溢　　66 200

　　累计折旧　　68 800

　　贷：固定资产　　135 000

(2) 报经批准转销盘亏损失时。

借：营业外支出——固定资产盘亏损失　　66 200

　　贷：待处理财产损溢——待处理固定资产损溢　　66 200

固定资产盘盈、盘亏报告单

单位名称：绿地建筑工程公司　　2024 年 12 月 31 日　　第 001 号

金额单位：元

编号	名称	单位	盘盈				盘亏或毁损					理由	附注
			数量	市场价	成新率	入账价值	数量	固定资产入账价值	已提折旧	计提减值	账面价值		
001	甲设备	台	1	1 100 000	80%	880 000	—	—	—	—	—	—	—
002	乙设备	台	—	—	—	—	1	135 000	68 800	—	66 200	—	—
—	—	—	—	—	—	—	—	—	—	—	—	—	—
—	—	—	—	—	—	—	—	—	—	—	—	—	—

单位领导：××　　技术（设备）主管：××　　会计机构负责人：××　　制表人：××

图 5-14　固定资产盘盈、盘亏报告单

5.3.2　固定资产减值的核算

资产负债表日，固定资产可收回金额低于其账面价值的，企业应将该固定资产的账面价值减记至可收回金额，同时确认为资产减值损失，计提固定资产减值准备。固定资产减值损失一经确认，在以后会计期间不得转回。固定资产减值的核算计算如下：

账面净值＝固定资产折余价值＝固定资产原价－计提的累计折旧

账面价值＝固定资产账面原价－计提的累计折旧－计提的减值准备

【例 5-6】绿地建筑工程公司 2022 年 12 月购入某设备价值 450 000 元，预计使用 6 年，预计净残值 20 000 元，采用年限平均法计提折旧。2024 年末清查时发现，该设备市价大幅度下跌且近期内无望恢复。经计算该设备可回收金额为 210 000 元，此前未计提过减值准备，已提折旧费用 120 000 元。

2024 年末应计提固定资产减值准备＝（450 000－120 000）－210 000＝120 000（元）

借：资产减值损失——固定资产减值损失　　　　120 000

　　贷：固定资产减值准备　　　　　　　　　　　　120 000

自 2025 年起，每年计提折旧额应调整为 47 500 元［（210 000－20 000）÷4］。

5.3.3　固定资产处置

固定资产处置，通常就是指固定资产的出售、报废和毁损的处理。此外，企业因对外投资、非货币性资产交换、债务重组等原因转出固定资产，也属于固定资产处置。

企业对报废或毁损的固定资产，应设置“固定资产清理”账户进行核算。报废和毁损固定资产所得净收益，应计入营业外收入（“非流动资产处置利得”项目），如为净损失应计入营业外支出（属于正常的处理损失，计入“非流动资产处置损失”项目）。企业因对外投资、非货币性资产交换、债务重组等原因转出的固定资产，一般也通过“固定资产清理”账户进行核算，具体处理应按有关《企业会计准则》的规定进行处理。

2017 年 12 月，财政部发布了《关于修订印发一般企业财务报表格式的通知》（财会〔2017〕30 号），其中新增了一个“资产处置收益”报表项目和一个“资产处置损益”会计科目。如果资产处置后还有使用价值，则计入“资产处置损益”科目，反之，则计入“营业外支出”科目。例如，固定资产的毁损报废后，不再有使用价值，则记入“营业外支出”科目。若用固定资产抵债、投资、捐赠等，这些经营行为是为了换取对价，具有一定的商业价值，则应记入“资产处置损益”科目。

【例 5-7】 2024 年 10 月 8 日，亚信工程建设有限公司提前报废一台机器设备，设备原值 420 000 元，已计提折旧 310 000 元，已计提减值准备 30 000 元，报废后处置材料取得收入 20 600 元。假定该公司是一般纳税人，此设备处置符合简易计税条件，并按 3％征收率开具了增值税专用发票。

此题分两种情况处理：一是由于是报废，资产处置后并没有使用价值，因此记入“营业外支出”科目；二是有使用价值，不是报废，而是出售，则记入“资产处置损益”科目。根据上述业务，编制会计分录如下。

1. 报废

（1）固定资产转入清理。

借：累计折旧	310 000	
固定资产减值准备	30 000	
固定资产清理	80 000	
贷：固定资产		420 000

（2）出售取得收入。

借：银行存款	20 600	
贷：固定资产清理		20 000
应交税费——简易计税		600

（3）清理净损益结转。

借：营业外支出——非流动资产处置损失	60 000	
贷：固定资产清理		60 000

2. 出售

假定设备不是报废，而是出售给甲工程公司，其他条件不变。由于是出售处置，所以仅仅是为了换取对价，对于资产处置后还尚有使用价值，因此，相关净损益需要结转至资产处置损益科目，年终并入资产处置收益报表项目。

则会计处理（1）（2）同上。

第（3）步的处理如下。

借：资产处置损益——非流动资产处置损失	60 000	
贷：固定资产清理		60 000

5.4 租赁资产的核算

租赁是指在一定期间内，出租人将资产的使用权让予承租人以获取对价的合同。承租人不再将租赁区分为经营租赁或融资租赁，而是采用统一的会计处理模型，对短期租赁和低价值资产租赁以外的其他所有租赁，均要求确认使用权资产和租赁负债，并分别计提折旧和利息费用。

5.4.1 承租人的会计处理

承租人使用的相关会计科目包括使用权资产、使用权资产累计折旧、使用权资产减值准备、租赁负债等。

1. 初始计量

使用权资产是指承租人根据承租合同在租赁期内使用租赁资产的权利。在租赁期开始日，承租人应当按照成本对使用权资产进行初始计量。

该成本包括下列四项：

(1) 租赁负债的初始计量金额。

(2) 在租赁期开始日或之前支付的租赁付款额（扣除已享受的租赁激励）

(3) 承租人发生的初始直接费用。

(4) 承租人为拆卸及移除租赁资产、复原租赁资产所在场地或将租赁资产恢复至租赁条款约定状态预计将发生的成本。

使用权资产计算公式为

使用权资产＝租赁负债的初始计量金额＋在租赁期开始日或之前支付的租赁付款额（扣除已享受的租赁激励）＋初始直接费用＋复原成本（现值）

初始计量会计处理如下。

借：使用权资产（尚未支付的租赁付款额的现值等）

　　租赁负债——未确认融资费用（差额）

　　贷：租赁负债——租赁付款额（尚未支付的租赁付款额）

　　　　预付账款（租赁期开始日之前支付的租赁付款额，扣除已享受的租赁激励）

　　　　银行存款（初始直接费用）

　　　　预计负债（预计将发生的为拆卸及移除租赁资产、复原租赁资产所在场地或将租赁资产恢复至租赁条款约定状态等成本的现值）

2. 后续计量

后续计量会计处理如下。

（1）确认租赁负债的利息。

借：财务费用——利息费用/在建工程等

　　贷：租赁负债——未确认融资费用（增加租赁负债的账面金额）

（2）支付租赁付款额。

借：租赁负债——租赁付款额（减少租赁负债的账面金额）

　　贷：银行存款等

（3）因重估或租赁变更等原因导致租赁付款额发生变动时，重新计量租赁负债的账面价值。

【例 5-8】 2022 年至 2024 年，迪亚公司发生的有关交易或事项如下：

（1）2022 年 1 月 1 日，迪亚公司与建通公司签订设备租赁协议，迪亚公司向建通公司租入一台生产设备，该设备尚可使用 10 年，租赁期限为 2022 年 1 月 1 日至 2024 年 12 月 31 日，年租金以 12 万元和按照 10 元/吨乘以迪亚公司使用该设备的产出量计算的租金两者孰高确定，于每年年末收取。迪亚公司预计租赁期内每年使用该设备的产出量分别为 1 万吨、1.2 万吨和 1.3 万吨。设备租赁到期时，迪亚公司可选择按照当时的市场价格续租，或选择以 60 万元的价格购买该设备。迪亚公司租入该设备用于生产，且当年生产的产品于当年全部实现销售。迪亚公司管理层能够合理确定租赁到期时将行使购买选择权。2024 年 1 月 1 日，建通公司出租设备的内含报酬率为 5%。2024 年1 月 1 日，甲公司行使了购买选择权，以 60 万元的价格购买该设备。

（2）2024 年 12 月 31 日，由于资金需求，迪亚公司出售并租回该设备，出售价款 34 万元已收存银行，设备租回 3 年，租赁期内每年支付租金 14 万元，租赁期结束后设备归迪亚公司所有。该交易中设备的转让不满足新收入准则中控制权转移的条件。假设不考虑租赁资产减值、净残值、相关税费及其他因素。

已知，$(P/F,5\%,3)=0.863\,8$；$(P/A,5\%,3)=2.723\,2$。

年租金安排中，实质固定的付款额为 12 万元/年，应包含在租赁负债中，根据预计产量计算超过 12 万元的部分无须计入租赁负债，合理确定将行使购买选择权的行权价格应包含在租赁负债中。

使用权资产的初始入账金额$=12\times2.723\,2+60\times0.863\,8=32.678\,4+$

51.828＝84.51（万元）

2022年使用权资产应计提的折旧金额＝84.51÷10＝8.45（万元）

未确认融资费用＝（60＋3×12）－［12×（P/A，5%，3）＋60×（P/F，5%，3）］＝96－（32.68＋51.83）＝11.49（万元）

借：使用权资产　　　　845 100

　　租赁负债——未确认融资费用　　　　114 900

　　贷：租赁负债——租赁付款额　　　　960 000

借：主营业务成本　　　　84 500

　　贷：使用权资产累计折旧　　　　84 500

（2）2022年12月31日，迪亚公司的账面价值为76.74万元［84.51×（1＋5%）－12］。

迪亚公司租赁设备对2022年度利润总额的影响金额为12.68万元（8.45＋84.51×5%）。

（3）2024年，售后租回作为融资业务，设备不应终止确认，收到的现金应作为金融负债处理。

借：银行存款　　　　340 000

　　贷：长期应付款　　　　340 000

5.4.2　出租人的会计处理

出租人应当在租赁开始日将租赁分为融资租赁和经营租赁。一项租赁属于融资租赁还是经营租赁取决于交易的实质，而不是合同的形式。如果一项租赁实质上转移了与租赁资产所有权有关的几乎全部风险和报酬，出租人应当将该项租赁分类为融资租赁。出租人应当将除融资租赁以外的其他租赁分类为经营租赁。

1. 初始计量

初始计量会计分录如下。

借：应收融资租赁款——租赁收款额（尚未收到的租赁收款额）

　　　　　　　　　——未担保余值（预计租赁期结束时的未担保余值）

　　银行存款（已经收取的租赁款）

　　贷：融资租赁资产（账面价值）（若业务不多，也可通过固定资产核算）

资产处置损益（公允价值——账面价值）（或借）
银行存款（发生的初始直接费用）
应收融资租赁款——未实现融资收益

2. 后续计量

后续计量会计分录如下。

借：银行存款
　贷：应收融资租赁款——租赁收款额
借：应收融资租赁款——未实现融资收益
　贷：租赁收入/其他业务收入等

【例 5-9】 2023 年 12 月 1 日，向阳机械厂与永晖设备厂签订一份租赁合同，从永晖设备厂租入全新切割机，使用寿命为 5 年。租赁合同主要条款如下。

（1）租赁开始日：2024 年 1 月 1 日。

（2）租赁期为 4 年。

（3）固定租金支付：自 2024 年 1 月 1 日，每年年末支付租金 100 000 元。

（4）租赁开始日租赁资产的公允价值：该设备在 2023 年 12 月 31 日的公允价值为 380 000 元，账面价值 300 000 元。

（5）初始直接费用：签订租赁合同过程中永晖设备公司发生可归属于租赁项目的费用为 8 000 元。

（6）承租人的购买选择权：租赁期满时，向阳机械厂享有优惠购买该机器的选择权，购买价为 10 000 元，估计该项租赁资产的公允价值为50 000元。

（7）担保余值和未担保余值均为 0。

（8）合同约定内含利率为 2.4%。

解析：①本项租赁为融资租赁。租赁收款额包括租金、承租人购买选择权的行权价格 10 000 元。

租赁收款额＝100 000×4＋10 000＝410 000（元）

本例中租赁投资总额＝100 000×4＋10 000＋0＝410 000（元）

②确认租赁投资净额的金额和未实现融资收益。

（租赁投资净额在金额上等于租赁资产在租赁期开始日公允价值 380 000 元加上出租人发生的租赁初始费用 8 000 元，即 388 000 元。

未实现融资收益＝租赁投资总额－租赁投资净额＝410 000－388 000＝

22 000（元）

③2024 年 1 月 1 日，永晖设备厂编制会计分录如下。

借：应收融资租赁款——租赁收款额　　410 000

　　贷：融资租赁资产　　300 000

　　　　资产处置损益（或借）（资产公允价值与账面价值差额）

　　　　　　80 000

　　　　银行存款（初始费用）　　8 000

　　　　应收融资租赁款——未实现融资收益　　22 000

④计算租赁期内各期利息收入，具体内容见表 5-1。

表 5-1　租赁期内各期利息收入

日期	租金 A	利息收入 $B=C\times2.4\%$	租赁投资净额余额 $C=C-A+B$
2024 年 1 月 1 日	—	—	388 000
2024 年 12 月 31 日	100 000	9 312	297 312
2025 年 12 月 31 日	100 000	7135.49	204 447.49
2026 年 12 月 31 日	100 000	4 906.74	109 354.23
2027 年 12 月 31 日	100 000	645.77 *	10 000
2027 年 12 月 31 日	10 000	—	—
合计	410 000	22 000	—

注：* 尾数调整 645.77＝100 000＋10 000－109 354.23

⑤2024 年 12 月 31 日，收到第一期租金时，编制会计分录如下。

借：银行存款　　100 000

　　贷：应收融资租赁款——租赁收款额　　100 000

借：应收融资租赁款——未实现融资收益　　9 312

　　贷：租赁收入　　9 312

5.5　无形资产初始计量

无形资产同时满足下列条件的，才能予以确认：

（1）与该无形资产有关的经济利益很可能流入企业；

（2）该无形资产的成本能够可靠地计量。

无形资产初始计量包括外购无形资产和自行研发无形资产。

5.5.1 外购无形资产会计处理

外购无形资产成本包括购买价款、相关税费与直接归属于使该项资产达到预定用途所发生的专业服务费用，测试无形资产是否能够正常发挥作用的费用等其他支出。为引进新产品进行宣传所发生的广告费、管理费、其他间接费用，以及在无形资产已达到预定用途后发生的费用均不构成无形资产成本，应在发生时计入当期损益。

购入无形资产超过正常信用条件延期支付价款，实质上具有融资性质的，无形资产的成本以购买价款的现值为基础确定。实际支付的价款与购买价款现值之间的差额，除了计入借款费用应予资本化的以外，应当在信用期间内计入当期财务费用。

【例 5-10】2025 年 3 月 13 日，恒生建筑公司以 9 000 000 元的价格从产权交易中心竞价获得一项专利权，另支付相关税费 120 000 元。为推广由该专利权生产的产品，恒生建筑公司发生广告宣传费用 50 000 元、展览费用 4 000元。

无形资产的入账价值为 9 120 000 元（9 000 000＋120 000），为推广由该专利权生产的产品发生的广告宣传费用、展览费用计入当期管理费用。

借：无形资产——专利权　　　　　　　　　　9 120 000

　　管理费用——广告宣传费用、展览费用　　　　54 000

　　贷：银行存款　　　　　　　　　　　　　　　9 174 000

5.5.2 自行开发无形资产会计处理

企业自行研究开发的项目，应当区分研究阶段与开发阶段分别进行核算。对于研究阶段的支出，全部费用化计入当期损益；开发阶段支出符合资本化条件的计入无形资产成本，不符合资本化条件的费用计入当期损益。

1. 研究阶段支出的确认与计量

研究是指为了获取并理解新的科学或技术知识而进行的独创性的有计划

的调查。研究阶段有关支出应当在发生时全部费用化，计入当期损益。

2. 开发阶段支出的确认与计量

开发是指在进行商业性生产或使用前，将研究成果或其他知识应用于某项计划或设计，以生产出新的或具有实质性改进的材料、装置、产品等。相对于研究阶段而言，开发阶段应当是已完成研究阶段的工作，在很大程度上具备了形成一项新产品或新技术的基本条件。考虑到开发阶段的研发项目往往形成成果的可能性较大，对于自行研发项目，开发阶段的支出满足特定条件的予以资本化，确认为无形资产，否则应当计入当期损益。

会计处理如图 5-15 所示。

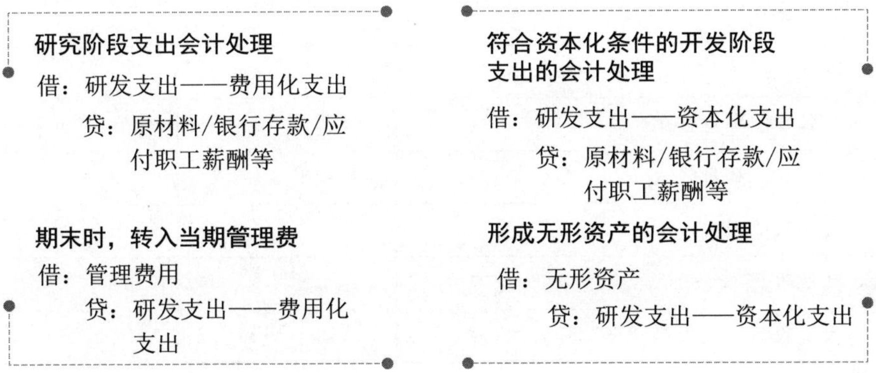

图 5-15　无形资产会计处理

3. 自行研发形成无形资产的财务报表列报

一是自行研发达到预定用途无形资产的列报。只有达到预定用途形成无形资产的，才将“研发支出——资本化支出”科目金额转入“无形资产”科目。资产负债表中的“无形资产”项目需根据“无形资产”科目的期末余额，减去“累计摊销”和“无形资产减值准备”科目期末余额后的金额填列。

二是自行研发尚未形成达到预定用途无形资产的列报。利润表中原“研发支出——费用化支出”科目的余额在期末转入“管理费用”科目，现将“研发支出”从“管理费用”科目摘出单独列示，以研发费用的形式归集，借方余额反映企业正在进行的研发项目中满足资本化条件的支出。利润表（部分）见表 5-2。

表 5-2　利润表（部分）

会企 02 表

编制单位：　　　　　　　________年____月　　　　　　　单位：元

项　　目	本期金额	上期金额
一、营业收入		
减：营业成本		
税金及附加		
销售费用		
管理费用		
研发费用		
财务费用		
其中：利息费用		
利息收入		
资产减值损失		
加：其他收益		
投资收益（损失以“—”号填列）		

【例 5-11】 2024 年 1 月 1 日，恒生建筑工程有限公司开始自行研究开发一项新技术，截至当年年末该项目研究各项工作已经完成，共发生 520 000 元（假定均以银行存款支付）。2025 年 1 月进入开发阶段，共发生 570 000 元，符合开发支出予以资本化的条件，其中材料费用 180 000 元、研发人员薪酬 300 000 元，以银行存款支付相关费用 90 000 元。2025 年 3 月末，研发的新技术达到预定使用用途，形成一项非专利技术，确认为企业的无形资产。

（1）2024 年，项目研发阶段发生的支出。

借：研发支出——费用化支出　　　　520 000

　　贷：银行存款　　　　　　　　　　520 000

（2）2024 年结转项目费用化支出。

借：管理费用　　　　　　　　　　520 000

　　贷：研发支出——费用化支出　　　　520 000

(3) 2025 年，项目开发阶段发生的、予以资本化条件的支出。

借：研发支出——资本化支出　　570 000

　　贷：原材料　　180 000

　　　　应付职工薪酬　　300 000

　　　　银行存款　　90 000

(4) 2025 年 3 月末，研究开发的新技术达到预定用途。

借：无形资产——非专利技术　　570 000

　　贷：研发支出——资本化支出　　570 000

5.5.3 取得土地使用权会计处理

在获取土地使用权过程中，根据国家相关法规规定缴纳的土地出让金、土地征用费等为取得土地使用权并使其达到预定可使用状态而发生的全部支出，应计入土地使用权成本。拆迁补偿费、“三通一平”等费用一般应计入在建工程成本，待工程达到预定可使用状态时结转至固定资产。相关内容见表 5-3。

表 5-3　土地使用权会计处理

类型	计量方式
用于自行开发建造厂房等地上建筑物	账面价值不与地上建筑物合并计算其成本，仍作为无形资产进行核算
外购房屋建筑物实际支付的价款中包括土地和建筑物的价值	应当对支付的价款按照合理的方法（例如，公允价值）在土地和地上建筑物之间进行分配。 如果确实无法在地上建筑物与土地使用权之间进行合理分配的，应当全部作为固定资产核算
通过行政划拨方式取得土地使用权	属于无偿划拨的，按“政府补助”相关规定处理。其他情形分三种：①如果资产相关证明上注明的价值与公允价值差异不大的，应当以有关凭证中注明的价值作为公允价值；②如果资产相关证明上注明的价值与公允价值差异较大的，但有活跃市场的，应当根据有确凿证据表明的同类或类似资产市场价格作为公允价值；③公允价值不能可靠取得的，按照名义金额（1 元）计量
改变土地使用权的用途，将其用于出租或增值	按投资性房地产相关规定进行会计处理

5.6 无形资产的后续处理

无形资产入账或结转后，应该按照《企业会计准则》的规定计提摊销。出售或报废无形资产时计入“资产处置损益”或“营业外收支”。

5.6.1 无形资产摊销

企业应当按月对无形资产进行摊销。无形资产的摊销额一般应当计入当期损益。企业自用的无形资产，其摊销金额计入管理费用，出租的无形资产，其摊销金额计入其他业务成本，某项无形资产包含的经济利益通过所生产的产品或其他资产实现的，其摊销金额应当计入相关资产成本。计算公式为

账面净值＝账面余额－累计摊销

【例 5-12】 2025 年 1 月 26 日，向鑫建筑工程有限公司从其他公司购入一项商标权，以银行存款支付买价和有关费用合计 64 000 元。估计该项商标权的使用寿命为 10 年。假定这项无形资产的净残值均为零，并按直线法摊销，每年摊销额为 6 400 元。

按年进行摊销时，编制会计分录如下。

借：管理费用	6 400	
贷：累计摊销		6 400

5.6.2 无形资产处置

企业出售或报废无形资产，应将所得价款与该项无形资产的账面价值之间的差额，计入当期损益。

【例 5-13】 向鑫建筑工程有限公司拥有 A 专利技术，根据市场调查，用其生产的产品已没有市场，决定应予转销。转销时，该项专利技术的账面余额为 389 000 元，摊销期限为 10 年，采用直线法进行摊销，已累计摊销 248 900 元。假定该项专利权的残值为零，已累计计提的减值准备为 100 000 元，假定不考虑其他相关因素。编制会计分录如下。

借：累计摊销	248 900	
无形资产减值准备	100 000	

营业外支出——处置非流动资产损失　　　　　　40 100

贷：无形资产——专利权　　　　　　　　　　　　　389 000

《关于进一步完善研发费用税前加计扣除政策的公告》（财政部 税务总局公告 2023 年第 7 号）第一条规定："企业开展研发活动中实际发生的研发费用，未形成无形资产计入当期损益的，在按规定据实扣除的基础上，自 2023 年 1 月 1 日起，再按照实际发生额的 100%在税前加计扣除；形成无形资产的，自 2023 年 1 月 1 日起，按照无形资产成本的 200%在税前摊销。"

《财政部 税务总局 国家发展改革委 工业和信息化部关于提高集成电路和工业母机企业研发费用加计扣除比例的公告》（财政部 税务总局 国家发展改革委工业和信息化部公告 2023 年第 44 号）第一条规定："集成电路企业和工业母机企业开展研发活动中实际发生的研发费用，未形成无形资产计入当期损益的，在按规定据实扣除的基础上，在 2023 年 1 月 1 日至 2027 年 12 月 31 日期间，再按照实际发生额的 120%在税前扣除；形成无形资产的，在上述期间按照无形资产成本的 220%在税前摊销。"

第6章 施工阶段建筑安装工程费用的核算

建筑安装工程费按照费用构成要素划分：由人工费、材料（包含工程设备）费、施工机具使用费、企业管理费、利润、规费和税金组成。本章主要介绍建筑安装工程费用的核算与归集，以及涉及的相关法律法规。

6.1 人工费用的核算与归集

人工费用是指按工资总额构成规定，支付给从事建筑安装工程施工的生产工人和附属生产单位工人的各项费用。

6.1.1 职工工资的核算

职工工资不仅包括企业一定时期支付给全体职工的劳动报酬总额，也包括按照工资的一定比例计算并计入成本费用的其他相关支出，即工资、奖金、津贴、职工福利费、各类社会保险费用，以及辞退福利等其他与薪酬相关的支出，同时明确不包括以股份为基础的薪酬和企业年金。

1. 职工的定义

《企业会计准则第 9 号——职工薪酬》第三条对“职工”是这样定义的：“本准则所称职工，是指与企业订立劳动合同的所有人员，含全职、兼职和临时职工，也包括虽未与企业订立劳动合同但由企业正式任命的人员。

另外，在企业的计划和控制下，虽未与企业订立劳动合同或未由其正式任命，但向企业提供与职工所提供服务类似的人员，也属于职工范畴，包括通过与劳务中介公司签订用工合同而向建筑施工企业提供服务的人员。”

2. 职工薪酬的范围

《企业会计准第 9 号——职工薪酬》则将企业因获得职工提供服务而给予职工的各种形式的报酬或对价，全部纳入职工薪酬的范围，具体内容如下。

(1) 企业为职工在职期间和离职后提供的全部货币性薪酬和非货币性福

利；提供给职工配偶、子女或其他被赡养人的福利等。

（2）社会保险费，包括根据国家规定的标准向社会保险经办机构缴纳的保险费，以及根据企业年金计划向企业年金基金相关管理人缴纳的企业年金。

（3）以购买商业保险形式提供给职工的各种保险待遇。

（4）非货币性福利，包括企业以自产产品发放给职工作为福利，将企业拥有的资产无偿提供给职工使用及为职工无偿提供医疗保健服务等。

（5）辞退福利包括：①职工劳动合同到期前，不论职工本人是否愿意，企业决定解除与职工的劳动关系而给予的补偿；②职工劳动合同到期前，为鼓励职工自愿接受裁减而给予的补偿，职工有权选择继续在职或接受补偿离职。

3. 工作天数计算

《人力资源社会保障部关于职工全年月平均工作时间和工资折算问题的通知》（人社部发〔2025〕2号）第一条规定："制度工作时间的计算

"年工作日：365天－104天（休息日）－13天（法定节假日）＝248天

"季工作日：248天÷4季＝62天/季

"月工作日：248天÷12月＝20.67天/月

"工作小时数的计算：以月、季、年的工作日乘以每日的8小时。"

第二条规定："日工资、小时工资的折算

"按照劳动法第五十一条的规定，法定节假日用人单位应当依法支付工资，即折算日工资、小时工资时不剔除国家规定的13天法定节假日。据此，日工资、小时工资的折算为：

"日工资：月工资收入÷月计薪天数

"小时工资：月工资收入÷（月计薪天数×8小时）

"月计薪天数：（365天－104天）÷12月＝21.75天"

4. 工资标准

工资标准包括最低工资标准、固定工资标准和浮动工资标准等。

（1）最低工资。《最低工资规定》（中华人民共和国劳动保障部令第21号）第三条第一款规定："本规定所称最低工资标准，是指劳动者在法定工作时间或依法签订的劳动合同约定的工作时间内提供了正常劳动的前提下，用人单位依法应支付的最低劳动报酬。”第十二条第一款规定：“在劳动者提供正常劳动的情况下，用人单位应支付给劳动者的工资在剔除下列各项以后，不得低于当地最低工资标准；（一）延长工作时间工资；（二）中班、夜班、高温、低温、井下、有毒有害等特殊工作环境、条件下的津贴；（三）法律、法规和国家规定的劳动者福利待遇等。”

最低工资不包括各类保险和住房公积金。

（2）固定工资。固定工资标准是指每一个工资等级只规定一个工资数额，一旦确定，长期稳定不变，与企业经济效益没有直接关系。

（3）浮动工资。浮动工资是指职工工资随着职工劳动成果的大小而上下浮动。浮动工资总额通常不包括固定性的津贴和补贴（如副食品价格补贴）与特殊情况下支付的工资。企业可以根据需要，选择工资总额中浮动部分的构成。另外，由于企业收到紧急订单时，会安排员工加班，那么加班工资怎么计算呢？

（4）加班工资。职工加班费的基数可以由企业和职工协商来确定，否则企业应按照劳动者本人正常劳动应得的工资确定。

关于加班工资标准，《中华人民共和国劳动法》第四十四条规定：”……（一）安排劳动者延长工作时间的，支付不低于工资的百分之一百五十的工资报酬；（二）休息日安排劳动者工作又不能安排补休的，支付不低于工资的百分之二百工资报酬；（三）法定休假日安排劳动者工作的，支付不低于工资的百分之三百的工资报酬。”

加班工资计算公式如下：

工作日延长时间加班工资＝加班工资的计算基数÷21.75÷8×加班小时数×150％

休息日加班工资＝加班工资的计算基数÷21.75×200％

节假日加班工资＝加班工资的计算基数÷21.75×300％

5. 社会保险费与住房公积金计提比例

计算社会保险与其他税费时，国家规定了计提基础和计提比例的，应当按照国家规定的标准计提，具体类别如图 6-1 所示。

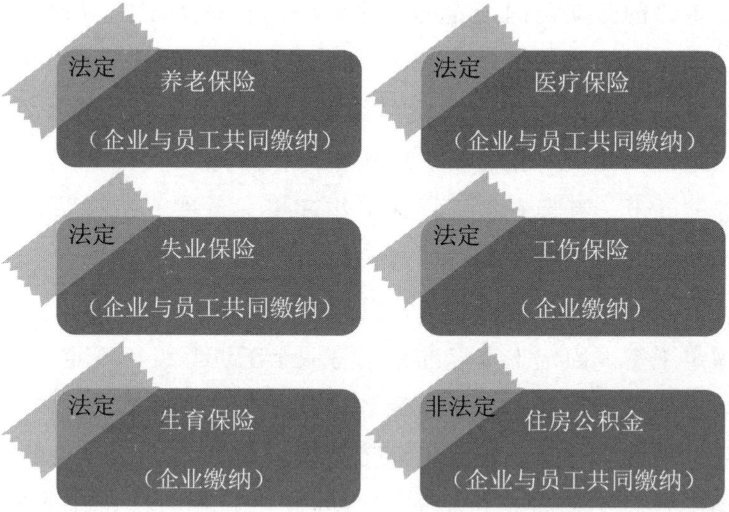

图 6-1　社会保险及住房公积金计提比例

2019 年 4 月，国务院办公厅印发了《降低社会保险费率综合方案》，自 2019 年 5 月 1 日起，降低城镇职工基本养老保险单位缴费比例，目前单位缴费比例高于 16％的省份可降至 16％；低于 16％的要研究提出过渡方法。以深圳市为例，为计算方便，以拥有深圳市户口的员工为准，险种和缴纳比例见表 6-1。

表 6-1　深圳市职工社会保险缴费比例和缴费基数表

险种	缴费比例			缴费基数
	单位	个人	合计	
养老保险	14％	8％	22％	职工上月工资总额，上限为上年全省全口径城镇单位就业人员月平均工资的 3 倍，下限为本市最低工资
医疗保险	0.45％～5.2％	0.2％～2％	0.65％～7.2％	职工上月工资总额。上限为深圳市上年度在岗职工月平均工资的 3 倍，下限为深圳市上年度在岗职工月平均工资的 60％
生育保险	0.45％	0	0.45％	职工上月工资总额。上限为深圳市上年度在岗职工月平均工资的 3 倍，下限为本市最低工资
失业保险	0.7％	0.3％	1％	本市最低工资
工伤保险	0.14％～1.4％	0	0.14％～1.4％	同养老保险缴费基数

缴费标准计算公式为

缴费标准＝缴费基数×缴费比例

6. 工会经费

工会经费是指工会依法取得并开展正常活动所需的费用。按照《中华人民共和国工会法》第四十三条第一款："……（二）建立工会组织的用人单位按每月全部职工工资总额的百分之二向工会拨缴的经费……"

7. 职工教育经费

《财政部 税务总局关于企业职工教育经费税前扣除政策的通知》（财税〔2018〕51号）第一条规定："企业发生的职工教育经费支出，不超过工资薪金总额8%的部分，准予在计算企业所得税应纳税所得额时扣除；超过部分，准予在以后纳税年度结转扣除。"

8. 人工费的账务处理

直接人工费用记入"应付职工薪酬"科目，此科目用于核算建筑施工企业直接从事工程施工人员的工资、奖金，以及津贴、劳动保护费等，不包括项目管理人员和专业劳务分包人员所发生的费用。设置"应付职工薪酬"一级科目，在一级科目下设置明细科目进行统一核算，如工资、福利费、社会保险费用、辞退补偿、带薪休假费用等。

"应付职工薪酬——工资"科目月末有余额，贷方余额为累计应付未付工资，借方余额为累计多付工资。在企业各月工资总额相差不多的情况下，按照重要性要求，也可以按照当月实际支付的工资额进行分配，采用这种方法，"应付职工薪酬——工资"科目月末没有余额。

企业进行工资分配，会计处理如下。

借：合同履约成本——工程施工——直接人工费

　　贷：应付职工薪酬

【例6-1】燕华建筑工程有限公司2025年5月工资结算见表6-2。

表 6-2　工资结算汇总表

2025 年 5 月　　　　金额单位：元

人员所属项目	计时工资	计件工资	奖金	津贴和补贴	加班工资	其他工资	应付工资	代扣款项	代扣个人所得税	实发工资
甲项目	300 000	45 000	8 400	4 000	7 700	0	365 100	8 900	4 600	351 600
乙项目	240 000	0	5 900	3 200	0	0	249 100	4 500	2 500	242 100
丙项目	118 000	0	4 000	14 800	0	0	136 800	2 200	1 850	132 750
合计	658 000	45 000	18 300	22 000	7 700	0	751 000	15 600	8 950	726 450

借：合同履约成本——工程施工——直接人工费（甲项目）

365 100

——工程施工——直接人工费（乙项目）

249 100

——工程施工——直接人工费（丙项目）

136 800

贷：应付职工薪酬——工资　　751 000

企业发放工资、办理工资结算时通过编制“工资结算表”。在工资结算表中，要根据工资卡、考勤记录、施工记录及代扣款项等资料按人名填列“应付工资”“代扣款项”“实发工资”三大部分。一般情况下，工资结算表一般应编制一式三份：一份由人力资源部门存查；一份裁成“工资条”，连同工资一起发给职工（目前企业一般使用电子版工资条，发到员工邮箱或微信中）；一份在发放工资时由职工签章后交财务部门作为工资核算的凭证，并用以代替工资的明细核算。

月末，财务部门根据考勤表、工资发放表（表 6-3）等会计凭证，进行会计处理如图 6-2 所示。

发放工资

借：应付职工薪酬——工资

贷：银行存款

结转代扣款时

借：应付职工薪酬——工资

贷：其他应收款——代垫职工借款、社会保险费等

结转代扣个人所得税时

借：应付职工薪酬——工资

贷：应交税费——个人所得税

图 6-2　工资的主要账务处理

根据工资结算业务，编制会计分录如下。

（1）通过银行转账方式，实际发放工资726 450元。

借：应付职工薪酬——工资　　726 450

　　贷：银行存款　　726 450

（2）结转代扣款15 600元。

借：应付职工薪酬——工资　　15 600

　　贷：其他应付款　　15 600

（3）结转代扣个人所得税8 950元。

借：应付职工薪酬——工资　　8 950

　　贷：应交税费——应交个人所得税　　8 950

（4）用银行存款支付其他应付款、个人所得税费用。

借：其他应付款　　15 600

　　应交税费——应交个人所得税　　8 950

　　贷：银行存款　　24 550

表6-3　工资发放表

金额单位：元

姓名	身份证号	应发工资	代扣款	代扣个人所得税	实发工资	开户行	卡号	领取签字
周明	×××	4 900	30	0	4 870	工商银行	××	周明
李全	×××	3 400	160	0	3 240	工商银行	××	李全
张宁	×××	6 700	15	45	6 640	工商银行	××	张宁
王冰	×××	5 400	200	0	5 200	工商银行	××	王冰
朱敏	×××	4 890	130	0	4 760	工商银行	××	朱敏
夏月	×××	6 700	225	45	6 430	工商银行	××	夏月
……	……	……	……	……	……	……	……	……
合计		751 000	15 600	8 950	726 450			

项目负责人：李畅　　班组长：孙飞　　经手人：叶青青

小贴士

《关于工资总额组成的规定》（国家统计局第1号令）第八条规定："津贴和补贴是指为了补偿职工特殊或额外的劳动消耗和因其他特殊原因支付给职工的津贴，以及为了保证职工工资水平不受物价影响支付给职工的物价补贴。（一）津贴。包括：补偿职工特殊或额外劳动消耗的津贴，保健性津贴，技术性津贴，年功性津贴及其他津贴。（二）物价补贴。包括：为保证职工工资水平不受物价上涨或变动影响而支付的各种补贴。"

企业实际发放的工资薪金总和，不包括企业的职工福利费、职工教育经费、工会经费以及养老保险费、医疗保险费、失业保险费、工伤保险费、生育保险费等社会保险费和住房公积金。属于国有性质的企业，其工资薪金，不得超过政府有关部门给予的限定数额；超过部分，不得计入企业工资薪金总额，也不得在计算企业应纳税所得额时扣除。

6.1.2 社会保险费和住房公积金计提与支付

应由职工个人负担的社会保险费和住房公积金，属于职工工资的组成部分，应根据职工工资的一定比例计算。由企业负担的社会保险费和住房公积金，应在职工为其提供服务的会计期间，根据职工工资的一定比例计算。社会保险费和住房公积金会计处理如图6-3所示。

应由职工个人负担

借：应付职工薪酬——工资
　　贷：其他应付款——社会保险费/住房公积金

应由企业负担

借：合同履约成本
　　管理费用
　　销售费用
　　在建工程
　　研发支出
　　贷：应付职工薪酬——社会保险费/住房公积金

图6-3　社会保险费和住房公积金会计处理

【例6-2】 2025年6月，恒通建筑工程有限公司本月工资总额为795 400元，缴纳职工社会保险费及住房公积金共计345 601.30元。其中，企业负担金额为215 951.10元，个人负担金额为129 650.20元。社会保险费、住房公积金计算见表6-4。编制会计分录如下：

（1）计提由企业负担的社会保险费及住房公积金。

表 6-4　社会保险费、住房公积金计算表

金额单位:元

2024 年 6 月项目	养老保险		医疗保险		失业保险		工伤保险		生育保险		住房公积金		合计
	比例	金额	比例	金额	比例	金额	比例	金额	比例	金额	比例	金额	
计算基数	—	795 400	—	795 400	—	795 400	—	795 400	—	795 400	—	795 400	—
企业负担	14%	111 356	4%	31 816	0.7%	5 567.80	1%	7 954	0.45%	3 579.30	7%	55 678	215 951.10
个人负担	8%	63 632	1%	7 954	0.3%	2 386.20	—	0	—	0	7%	55 678	129 650.20
合计	—	174 988	—	39 770	—	7 954	—	7 954	—	3 579.30	—	111 356	345 601.30

借：合同履约成本——社会保险费及住房公积金 215 951.10
　贷：应付职工薪酬——养老保险 111 356
　　——医疗保险 31 816
　　——失业保险 5 567.80
　　——工伤保险 7 954
　　——生育保险 3 579.30
　　——住房公积金 55 678

（2）计提由个人负担的社会保险费及住房公积金。

借：应付职工薪酬——工资 129 650.20
　贷：其他应付款——养老保险 63 632
　　——医疗保险 7 954
　　——失业保险 2 386.20
　　——住房公积金 55 678

（3）缴纳时。

借：应付职工薪酬——养老保险 111 356
　　——医疗保险 31 816
　　——失业保险 5 567.80
　　——工伤保险 7 954
　　——生育保险 3 579.30
　　——住房公积金 55 678
　其他应付款——养老保险 63 632
　　——医疗保险 7 954
　　——失业保险 2 386.20
　　——住房公积金 55 678
　贷：银行存款 345 601.30

6.1.3 工会经费和职工教育经费的计提与使用

工会经费是按照国家规定由企业负担的用于工会活动方面的经费（计提比例2%），职工教育经费是按国家规定由企业负担的用于职工教育方面的经费（计提比例8%）。为了反映工会经费和职工教育经费的提取和使用情况，应在“应付职工薪酬”科目下设“工会经费”和“职工教育经费”明细科目。

工会经费和职工教育经费的会计处理如图 6-4 所示。

计提时

借：合同履约成本

机械作业

管理费用

研发支出

贷：应付职工薪酬——工会经费

——职工教育经费

使用时

借：应付职工薪酬——工会经费

——职工教育经费

贷：银行存款

图 6-4　工会经费和教育经费的会计处理

【例 6-3】承【例 6-2】，计算本月工会经费、职工教育经费见表 6-5。

表 6-5　工会经费、职工教育经费计算表

2025 年 6 月

项目	工会经费		职工教育经费		合计
	比例	金额	比例	金额	
计算基数	—	795 400	—	795 400	—
应付职工薪酬	2%	15 908	8%	63 632	79 540

借：管理费用　　79 540

　　贷：应付职工薪酬——工会经费　　15 908

　　　　　　　　　——职工教育经费　　63 632

企业应向社会保险经办机构（或企业年金基金账户管理人）缴纳的医疗保险费、养老保险费、失业保险费、工伤保险费、生育保险费等社会保险费，应向住房公积金管理中心缴存的住房公积金，以及应向工会部门缴存的工会经费等，国家（或企业年金计划）统一规定了计提基础和计提比例，应按照国家规定的标准计提。

当期实际发生金额大于预计金额的，应当补提应付职工薪酬；当期实际发生金额小于预计金额的，应当冲回多提的应付职工薪酬。

6.1.4　非货币性职工薪酬的核算

非货币性职工薪酬是指企业以非货币性资产支付给职工的薪酬，主要包括企业以自产产品发放给职工作为福利，将企业拥有的资产无偿提供给职工使用，为职工无偿提供医疗保健服务等。辞退福利是指企业在职工劳动合同到期之前解除与职工的劳动关系，或者为鼓励职工自愿接受裁减而提出给予的补偿。

1. 非货币性福利

企业将拥有的房屋等资产无偿提供给职工使用的，应当根据受益对象，将该住房每期应计提的折旧计入相关资产成本或当期损益，同时确认应付职工薪酬。租赁住房等资产供职工无偿使用的，应当根据受益对象，将每期应付的租金计入相关资产成本或当期损益，并确认应付职工薪酬。基本会计处理如图 6-5 所示。

计提时	实际支付时
借：管理费用/生产成本/制造费用等 　贷：应付职工薪酬——非货币性福利	借：应付职工薪酬——非货币性福利 　贷：银行存款 　　累计折旧

图 6-5　非货币性福利会计处理

【例 6-4】鑫诚建筑有限公司采购 100 台电风扇，每台不含税价格 120 元，增值税额 15.60 元。这批电风扇为建筑现场职工使用，以银行存款支付。

①确认非货币性福利＝（120＋15.60）×100＝13 560（元）。

借：在建工程　13 560

　贷：应付职工薪酬——非货币性福利　13 560

②支付时。

借：应付职工薪酬——非货币性福利　13 560

　贷：银行存款　13 560

2. 辞退福利

（1）辞退福利同时满足下列条件的，应当确认因解除与职工的劳动关系给予补偿而产生的应付职工薪酬，同时计入当期损益。

（2）企业已制订正式的解除劳动关系计划或提出自愿裁减建议，即将实施。该计划或建议应当包括拟解除劳动关系或裁减的职工所在部门、职位及数量；根据有关规定按工作类别或职位确定的解除劳动关系或裁减补偿金额；

拟解除劳动关系或裁减的时间。

（3）企业不能单方面撤回解除劳动关系计划或裁减建议。为了反映解除劳动关系补偿的提取和支付情况，应在“应付职工薪酬”科目下设置“辞退福利”明细科目。

由于被辞退职工不能再给企业带来任何经济利益，辞退福利应当计入当期费用而不是资产成本。借记“管理费用”科目，贷记“应付职工薪酬——辞退福利”科目。会计处理如图 6-6 所示。

计提时

借：管理费用

贷：应付职工薪酬——辞退福利

实际支付时

借：应付职工薪酬——辞退福利

贷：银行存款/库存现金

图 6-6　辞退福利的会计处理

6.1.5　建筑企业用工政策

由于建筑企业拥有大量的农民工，为了维护农民工的利益，根治农民工欠薪问题，2019 年 12 月 4 日，国务院第 73 次常务会议通过《保障农民工工资支付条例》。

《保障农民工工资支付条例》第十一条规定：“农民工工资应当以货币形式，通过银行转账或者现金支付给农民工本人，不得以实物或者有价证券等其他形式替代。”

施工总承包单位应当在工程项目开工之日起 30 日内为该项目建立农民工工资专用账户，建设单位按照约定拨付工程款时，应当按照工程承包合同约定的比例或者施工总承包单位提供的人工费用数额，将应付工程款中的人工费用按期拨付到农民工工资专用账户。

工程建设领域应当实行分包单位农民工工资委托施工总承包单位代发制度，分包单位负责按月计算每位农民工当月应得工资额，并交施工总承包单位通过银行代发工资。

《保障农民工工资支付条例》第十五条规定：“用人单位应当按照工资支

付周期编制书面工资支付台账，并至少保存3年。书面工资支付台账应当包括用人单位名称，支付周期，支付日期，支付对象姓名、身份证号码、联系方式，工作时间，应发工资项目及数额，代扣、代缴、扣除项目和数额，实发工资数额，银行代发工资凭证或者农民工签字等内容。用人单位向农民工支付工资时，应当提供农民工本人的工资清单。”

6.2 直接材料费用的分配

直接材料费用于核算施工企业预算定额中构成工程实体的原材料、构配件和半成品、辅助材料、周转材料的摊销等。

建筑施工企业的直接材料主要包括构建筑产品实体的主要材料、结构件、机械配件、周转材料等。

6.2.1 直接材料费用分配方法

直接材料的分配方法包括计量耗用量分配法和定额耗用量分配法。

计量耗用量分配法计算公式为

$$某种材料费用分配率=\frac{当期发出该种材料费用总额}{各受益对象计量耗用量之和}$$

某种成本对象应分配材料费＝该成本计算对象计量耗用量×该种材料费用分配率

定额耗用量法分配公式为

各成本计算对象某种材料定额耗用数量＝各成本计算对象该种材料消耗定额×各成本计算对象实际产量

$$某种材料定额耗用量分配率=\frac{当期发出某种材料实际用数量总额}{所有成本计算对象使用某种材料定额用量之和}$$

某种成本计算对象应负担的某种材料费＝某种材料定额耗用数量×某种材料定额耗用量分配率×某种材料单价

【例6-5】盛世恒瑞建筑工程公司承接了三个住宅楼项目，分别为项目A、项目B、项目C。2025年3月，该公司共采购螺纹钢1 000吨，总费用为800万元。当月三个项目分别领用钢材用于主体结构施工，具体数据见表6-6。假设不考虑材料损耗率的影响。

表 6-6 相关数据

项目	领用钢材量（吨）	施工面积（m^2）
项目 A	200	8 000
项目 B	300	12 000
项目 C	300	20 000

分配标准既可选择“钢材耗用量”作为分配标准，也可选择施工面积等其他相关指标作为分配标准。

（1）计算材料费用分配率。

材料费用分配率＝当期发出钢材费用总额÷各项目钢材耗用量总和＝800÷（200＋300＋500）＝1（万元/吨）

（2）分配材料费用。

项目 A 钢材分配额＝200×1＝200（万元）

项目 B 钢材分配额＝300×1＝300（万元）

项目 C 钢材分配额＝300×1 ＝300（万元）

（3）将分配结果分别计入各项目成本核算对象，编制会计分录如下。

借：合同履约成本——工程施工——合同成本一项目 A　2 000 000

——工程施工——合同成本一项目 B　3 000 000

——工程施工——合同成本——项目 C　3 000 000

贷：原材料——螺纹钢　8 000 000

【例 6-6】某建筑公司承接了三幢住宅楼项目（项目 X、项目 Y、项目 Z），2025 年 6 月共采购 XM 型号水泥 800 吨，实际发出 780 吨；采购单价为 450 元/吨。各项目水泥消耗定额及实际完成建筑面积见表 6-7。

表 6-7 各项目水泥消耗定额及实际完成建筑面积

项目	水泥消耗定额（吨/m^2）	实际完成建筑面积（m^2）
项目 X	0.15	6 000
项目 Y	0.18	8 000
项目 Z	0.20	10 000
合计	—	24 000

(1) 计算各项目定额耗用量。

各成本计算对象某种材料定额耗用数量＝各成本计算对象该种材料消耗定额×各成本计算对象实际产量

项目 X＝0.15×6 000＝900（吨）

项目 Y＝0.18×8 000＝1 440（吨）

项目 Z＝0.20×10 000＝2 000（吨）

定额耗用量合计＝900＋1 440＋2 000＝4 340（吨）

(2) 计算材料定额耗用量分配率。

分配率＝当期实际发出量÷定额耗用量合计＝780÷4 340＝0.18

(3) 计算分配实际材料用量。

项目 X 分配量＝900×0.18 ＝162（吨）

项目 Y 分配量＝1 440×0.18＝259.20（吨）

项目 Z 分配量＝780－162－259.2＝358.80（吨）

(4) 计算各项目应负担材料费用。

实际材料费用＝实际材料用量×单价

项目 X＝162×450＝72 900（元）

项目 Y＝259.2×450 ＝116 640（元）

项目 Z＝358.80×450＝161 460（元）

(5) 将分配结果分别计入各项目成本核算对象，编制会计分录如下。

借：合同履约成本——工程施工——合同成本——项目 X　72 900

——工程施工——合同成本——项目 Y　116 640

——工程施工——合同成本——项目 Z　161 460

贷：原材料——水泥　351 000

6.2.2 燃料及动力费分配方法

燃料及动力费是指机械在运转或施工作业中所耗用的企业自制或外购的固体燃料（如煤炭、木材）、液体燃料（汽油、柴油）、电力、水和风力等费用。

燃料动力费计算公式为

台班燃料动力费=∑（燃料动力消耗量×燃料动力单价）

燃料动力消耗量应根据施工机械技术指标及实测资料综合确定；燃料动力单价应执行编制期工程造价管理部门的有关规定。

【例 6-7】 2025 年 3 月，某建筑公司承担县城主路向阳街一段 4 公里的修复工程，施工过程中发生机械耗用的油料费 17 784 元，其中自卸车油料费 3 640元，装载机 6 570 元，搅拌机 1032 元，小型机械 6 542 元。根据以上经济业务编制会计分录如下。

借：机械作业——自卸车（燃料及动力）　　3 640

——中型机械（燃料及动力）(6 570+1 032)　　7 602

——小型机械（燃料及动力）　　6 542

贷：原材料——燃料　　17 784

【例 6-8】 2025 年 1 月，某建筑公司承担省际高速公路 G 段工程、H 段工程共同耗用外购动力费 12 850 元，其中 G 段工程耗用 9 150 元，H 段工程耗用 3 700 元。根据以上经济业务，编制会计分录如下。

借：合同履约成本——工程施工——省际高速公路 G 段工程（燃料及动力）　　9 150

——工程施工——省际高速公路 H 段工程（燃料及动力）　　3 700

贷：机械作业　　12 850

【例 6-9】 某建筑施工企业 2025 年 3 月“外购动力费”分配表，见表 6-8。

表 6-8　外购动力费分配表

2025 年 3 月　　金额单位：元

借方科目	金　额	
合同履约成本	甲项目	20 000
	乙项目	34 000
合　计	54 000	

根据外购动力费分配表，编制会计分录如下。

借：合同履约成本——甲项目　　20 000

——乙产品　　34 000

贷：机械作业　　　　　　　　　　　　　　　　　　　　　　　　54 000

6.2.3　周转材料的摊销方法

建筑施工企业的周转材料主要包括以下内容见表 6-9。

表 6-9　周转材料范围

类别	范围
模板类	大型定形钢模，如预制箱梁模板（含芯模）、T 梁模板、板梁侧芯模、现浇箱梁侧芯模、各类底模、立柱护桶模板、承台盖梁模板、护栏肋模板、木胶板、竹胶板、橡胶芯模、预压用橡胶水袋、定形小钢模、定型塑模
支架类	轮扣支架
桁（héng）架类	贝雷架、加强桁杆、横梁、纵梁、销子等
挡板类	包括支撑材料在内的土方工程用的挡土板
杆件类	搭脚手架用的钢管及其扣件
其他类	塔吊使用的轻轨、枕木与施工过程中使用的安全网

企业周转材料采用计划成本或实际成本核算的，包括包装物、低值易耗品等，可按照周转材料的种类，分别“在库”、“在用”和“摊销”进行明细核算。企业的包装物、低值易耗品，也可以单独设置“包装物”“低值易耗品”科目。

周转材料可以采用一次转销法、五五摊销法、分次摊销法进行摊销，计入相关资产的成本或当期损益。但在实际操作中，由于周转材料价值较小，一般企业均采用一次转销法进行摊销。会计处理如图 6-7 所示。

领用周转材料一次摊销时

借：管理费用/生产成本/销售费用/合同履约成本
　　贷：周转材料——摊销

周转材料报废时

借：周转材料——摊销
　　原材料（回收残值）
　　贷：周转材料

采用计划成本核算（节约）

借：管理费用/生产成本/销售费用/合同履约成本
　　贷：周转材料
　　　　材料成本差异

采用计划成本核算（超支）

借：管理费用/生产成本/销售费用/合同履约成本
　　材料成本差异
　　贷：周转材料

图 6-7　周转材料摊销会计处理

【例 6-10】天恒建筑有限公司购入 1 台驱动平车，共计 60 000 元，折旧年限为 5 年，采用逐年平均摊销。已摊销 2 年，累计摊销 24 000 元，驱动平车累计摊销见表 6-10。

表 6-10 驱动平车摊销表

栏目名称	金　　额（元）
总金额	60 000
预计净残值（残值率 5%）	3 000
已摊销金额	22 800
本次摊销金额	11 400
累计摊销金额	34 200
剩余摊销金额	22 800

每期摊销额＝原值×（1－残值率）÷预计使用期限＝60 000×（1－5%）÷5＝11 400（元）

借：周转材料——在用　　　　11 400

　　贷：周转材料——摊销　　　　11 400

6.3 机械使用费归集

机械使用费是指施工过程中使用的各种施工机械发生的中小型维修费、机械租赁费、大型机械进退场费及机械操作人员工资。

6.3.1 机械使用费分配方法

为了考核施工机械的使用情况和正确分配有关费用，建筑施工企业的现场人员必须逐日填写“机械使用记录”，月末再由机械管理部门汇总编制“机械使用月报”，以便了解使用机械的名称、运转台班、停置台班及其原因等重要情况。对于多个单项工程使用，不能分清受益对象的，先归集到“机械作业”科目。期末，设备管理部门根据各单项工程使用机械台班数、作业数量等基础数据编制机械费用分配表，将机械使用费分配给各单项工程，财务人员根据机械费用分配表入账。

一般情况下，分配机械作业费的方法主要有台班分配法、预算分配法和作业量法。

1. 台班分配法

台班是指机器设备单位时间利用情况的一种复合计量单位。台班由“台”

和“班”组成，“台”是指机械设备的单位，如“一台汽车，两台挖掘机等”；“班”是指“工作按时间分成的段落”，比如“夜班、白班、三班倒等”，依照我国的工作时段规定，一个“班”指8小时工作时段。

台班分配法是按照各工程使用施工机械的台班数进行分配。实际上，台班分配法适用于按单机或机组进行成本核算的施工机械。计算公式为

$$某设备台班分配率=\frac{本期该种设备实际费用总和}{各成本计算对象本期使用台班合计}\times 100\%$$

机械设备使用过程中发生的费用，称机械台班费，简称台班费，是企业内部核算机械使用费的依据。

对可移动的机械设备（如道路工程施工机械、建筑施工机械等），以一台机器工作8小时（一个台班）为计算单位，也可以折算为以小时计的小时台班费（台时费）。

2. 预算分配法

预算分配法是按实际发生的机械作业费用占预算定额机械使用费的比率进行分配的方法。预算分配法适用于不便于计算机械使用台班、无机械台班和台班单价预算定额的中小型施工机械。计算公式为：

$$本期机械分配率=\frac{本期发生的机械使用费总额}{本期各成本计算对象已完工工程预算机械使用费之和}\times 100\%$$

3. 作业量法

作业量法是以各种机械所完成的作业量为基础进行分配的方法。作业量分配法适用于能计算完成作业量的单台或某类机械。计算公式为：

$$某种（类）设备单位产量分配率=\frac{本期该种（类）设备发生费用总额}{本期该种（类）设备作业总产量}\times 100\%$$

6.3.2 自有机械使用费的核算

机械台班费由不变费用（也称“第一类费用”）和可变费用（也称“第二类费用”）组成。每机械台班的不变费用包括：台班折旧费、台班大修理费、台班经常维修费、台班替换设备、工具及附具费，台班润滑及擦拭材料费、台班安装拆卸及辅助设施费、台班机械保管费等。可变费用包括：机上人员工资、动力费、燃料费、车辆养路费等。为了反映建筑施工单位自有施工机械和运输设备进行机械作业所发生的各项费用，应通过“机械作业”账户进

行核算，按照机组或单机设置明细分类账。

借：合同履约成本——工程施工——机械使用费

贷：累计折旧/原材料/机械作业

【例 6-11】某建筑施工公司自有施工机械 2025 年 2 月发生费用，具体内容见表 6-11。

表 6-11　机械作业费用

2025 年 2 月　　　　金额单位：元

费用支出	推土机	费用支出	挖土机
人员工资	4 250	计提折旧	6 500
耗用燃油	21 890	总计	41 600
支付水电费	8 960		

根据上述业务，编制会计分录如下。

（1）借：机械作业——推土机——人工费　　4 250

贷：应付职工薪酬　　4 250

（2）借：机械作业——推土机——燃料及动力　　21 890

贷：原材料　　21 890

（3）借：机械作业——推土机——水电费　　8 960

贷：银行存款　　8 960

（4）借：机械作业——挖土机——折旧、修理费　　6 500

贷：累计折旧　　6 500

需要注意的是，台班折旧费是指施工机械按固定资产金额及其耐用总台班数，计算出的每个台班应分摊的费用。

6.3.3　租用施工机械和运输设备的核算

对于租入的施工机械所支付的租赁费，能够分清成本计算对象的，直接计入有关工程成本；分不清成本计算对象的，应按照各个成本计算对象所耗用租赁机械的台班数，分配计入有关成本计算对象。

（1）机械租赁属于“有形动产租赁”税目，适用税率为 13%，征收率为 3%，简称为“经营租赁”，也称“干租”。“营改增”试点之前（2016 年 5 月 1 日之前）取得的有形动产为标的物提供的经营租赁服务，可以选择适用简易计税方法。

(2) 纳税人将建筑施工设备出租给他人使用并配备操作人员的，按照“建筑服务”缴纳增值税，税率为9%，征收率为3%，编码简称为“建筑服务”，也称为“湿租”。

租入施工机械和运输设备会计处理如下。

借：合同履约成本——工程施工——机械使用费

　　应交税费——应交增值税（进项税额）

　　贷：银行存款/应付账款

【例6-12】 盛锋建筑工程有限公司从辰星设备厂租入一台打桩机用于盛世小区工程项目，按照规定的台班费定额，根据“机械租赁结算账单”以银行存款支付租赁费8 136元，增值税税率13%。机械设备租赁协议、增值税专用发票如图6-8、图6-9所示。

机械设备租赁协议

甲方：辰星设备厂

乙方：盛锋建筑工程有限公司

根据盛世小区工程项目具体安排，经甲乙双方协商，签订本协议。具体条款如下。

一、协议内容：盛世小区工程项目铺设护栏。

二、使用地点：宣阳路23号。

三、协议要求：本工程定于2025年3月30日开工，工期3天。

四、机械费用计算：

1台打桩机，共36小时，每小时226元；

共计：8 136元（人民币大写：捌仟壹佰叁拾陆元整）。

五、费用结算：2025年6月30日一次性付清。

六、甲方承诺：按乙方要求作业。

七、本合同一式二份，甲乙双方分别保存。

本合同双方签字盖章后生效，待使用完毕，机械费用结清后失效。

甲方（盖章）辰星设备厂　　　　乙方（盖章）盛锋建筑工程有限公司

潘明　　　　苏强

2025年3月1日　　　　2025年3月1日

图6-8　机械设备租赁协议

动态二维码	标签	电子发票（增值税专用发票）	发票号码：××××× 开票日期：2025 年 3 月 30 日

购买方信息	名　　称：盛锋建筑工程有限公司 统一社会信用代码/纳税人识别号：43295742945752348H	销售方信息	名　　称：辰星设备厂 统一社会信用代码/纳税人识别号：73492205772387569H

项目名称	规格型号	单位	数量	单价	金额	税率/征收率	税额
租赁打桩机	DD-40	台	1	7 200	7 200	13%	936
合计					¥7 200		¥936

价款合计（大写）	⊗捌仟壹佰叁拾陆元整	（小写）¥8 136
备注	（略）	

图 6-9　增值税专用发票

根据以上经济业务，编制会计分录如下。

借：合同履约成本——工程施工——机械使用费——盛世小区项目　7 200

　　应交税费——应交增值税（进项税额）　936

　　贷：银行存款——盛世小区项目　8 136

6.3.4　施工机械的安装、拆卸和进出场费的核算

建筑施工企业一般都有跨地区项目，有些大型施工机械需要拆卸后运到施工现场，如塔式吊车、混凝土搅拌车等，运抵施工现场后再安装；工作完成后再拆卸运回存放地点，这种费用就是机械进退场费。具体包括机械在施工现场进行安装、拆卸与搬运所需的工费、材料费、机具费和试运转费用；辅助设施（基础、底座、固定锚桩、走行轨道、枕木等）的搭拆与折旧费用；机械整体或解体分件自停置地点到施工现场或由一工地至另一工地的进出场运输转移、装卸、辅助材料等有关费用。

一项工程一般来说只能计算一次机械进出场费。施工机械费用按照《全国统一施工机械台班费用定额》基价执行。定额中的大型机械进出场费主要包括：桩工机械（柴油打桩机、静力压桩机、沉拔桩机、强夯机械、震动汽车式钻机、转盘钻孔机）；土石方与筑路（推土机、铲运机、平地机、装载机、拖拉机、挖掘机、搅拌机、铺摊机、压路机）；起重机设备；建筑水平垂直运输设备（卷扬机、塔式起重机、施工电梯）；塔吊、施工电梯等。

不变费用包括折旧费、大修理费、安装拆卸及辅助设施费等。

(1) 折旧费是指机械设备在规定的使用期限内，陆续收回其原值的费用。台班折旧费指分摊到每一台班上的折旧费，其计算公式为

台班折旧费＝［机械预算价格×（1－残值率)］×时间价值系数÷耐用总台班

机械预算价格是指由机械出厂（或到岸完税）价格和从生产厂（销售单位交货地点或口岸）运至使用单位机械管理部门验收入库的全部费用。

残值率是指施工机械报废时，其回收残余价值占机械原值的比率。一般为2%～5%。

耐用总台班是指机械设备从开始投入使用至报废前所使用的总台班数。

【例6-13】假设装载机耐用总台班数为5 000台班，使用寿命为9年，该机械预算价格为40 000元。残值率为3%，银行贷款利率为6%。根据以上资料，计算装载机折旧费是多少。

时间价值系数＝1＋［（折现年限＋1）÷2］×年折现率＝1＋10÷2×6%＝1.3

台班折旧费＝机械价格×（1－残值率）×时间价值系数÷耐用总台班＝40 000×（1－3%）×1.3÷5 000＝10.09（元/台班）

(2) 大修理费是指机械设备按规定的大修间隔台班必须进行大修理，以恢复其正常功能所需的费用。台班大修费是指分摊到每一台班上的大修理费用，其计算公式如下：

台班大修理费＝一次修理费×大修理次数÷耐用总台班

式中，一次修理费用，指机械设备按规定的大修理范围，修理工作内容所需更换零配件，消耗材料及机械加工时，送修运杂费。

大修理次数＝使用周期数－1

使用周期数是指机械在正常施工作业的条件下，在其寿命期内（耐用总

台班）内，按规定的大修理次数划分的工作周期。

使用周期数＝耐用总台班÷大修理间隔台班

大修理间隔台班是指机械从开始投入使用至第一次大修理或自上次大修理起至下次大修理止的使用台班数。

（3）安装拆卸及辅助设施费是指机械设备在施工现场进行安装、拆卸所需的人工、材料、机械费（打桩、钻孔机械桩架安装及拆卸，则包括在工程项目内）、试运转费，以及安装所需的辅助设施费。辅助设施费包括安置机械的基础、底座及固定锚桩等项费用。

至于特大型机械的辅助设施（大型发电机、拌和设备、动力机的混凝土基础、散热池等），以及机械操作所需的轨道、工作台，不在此项费用内，在工程项目中另行计算。

台班安装拆卸及辅助设施费的计算公式为

台班安装拆卸及辅助设施费＝机械一次安装拆卸费×年平均拆卸次数÷年工作台班

各种机械的一次安装拆卸费、年平均安装拆卸次数和台班辅助设施摊销费，要根据施工部门的资料分析后取定。

事实上，对于一般施工机械，在施工机械使用费的八项（折旧费、大修理费、经常修理费、安装拆卸费及场外运费、人工费、燃料动力费、其他费用）构成中是包括安装拆卸费及场外运费的，基本计算方法是：分别按不同机械、型号、重量、外形、体积、安装拆卸和运输方法，通过测算其工料，机械的耗用量后综合计算取定。除地下工程机械外，一般均按年平均4次运输，运距平均25千米以内考虑。其计算公式为

台班安装拆卸费＝机械一次安拆费×年平均安装拆卸次数÷年工作台班＋辅助设施摊销费

辅助设施摊销费＝辅助设施一次费用×（1－残值率）÷辅助设施耐用台班

台班场外运费＝（一次运输及装卸费＋辅助材料一次摊销费＋一次架线费）×年平均场外运输次数÷年工作台班

【例 6-14】某建筑公司第一工区本期支付施工机械安装及拆卸费2 000元，进出场费2 500元。其中甲工程负担3 000元，乙工程负担2 500元。编制会

计分录如下。

借：合同履约成本——工程施工——甲工程（机械使用费）

3 000

——工程施工——乙工程（机械使用费）

2 500

贷：银行存款 5 500

需要说明的是，对于各种中型机械的机械使用费的核算，也可不分机械种类进行。在这种情况下，对于各项工程应分配的机械使用费，可在月终根据机械使用月报中各种机械的工作台时合计分别乘该种机械台时费计划数，求得当月按各种机械台时费计划数计算的机械使用费合计，然后与当月实际发生的机械使用费合计数比较，求得机械使用费实际数对按台时费计划数的百分比，再对各项工程按台时费计划数计算的机械使用费进行调整。

6.4 固定资产折旧会计处理

在建筑施工企业，当固定资产（如施工设备、运输设备）专门用于某一个特定的建筑项目，且其折旧费用可以直接与该项目的收入相匹配时，固定资产折旧应计入直接成本。

固定资产折旧方法可以采用年限平均法、工作量法、双倍余额递减法、年数总和法等。因此，折旧方法一经确定，不得随意变更。

6.4.1 固定资产预计使用寿命

表 6-12 为建筑施工企业各类固定资产预计使用寿命。

表 6-12 建筑施工企业各类固定资产预计使用寿命（仅供参考）

项 目	使用寿命	项 目	使用寿命
一、房屋及建筑物		（4）砖结构	20
1. 房屋		（5）危险物品专用仓库	20
（1）钢结构	30	2. 建筑物	
（2）钢筋混凝土结构	30	（1）道路	20
（3）钢筋混凝土砖结构	20	（2）铁路专用线	20

续上表

项　　目	使用寿命	项　　目	使用寿命
（3）水塔	20	3. 土方铲运机械	
（4）油罐	20	（1）铲运机	10
（5）油池	20	（2）推土机	10
（6）混凝土场地	20	（3）平地机	10
（7）围墙	20	（4）压路机（碾）	10
（8）其他建筑物	20	（5）其他土方铲运机械	10
二、施工设备		4. 凿岩机械	
1. 起重机		（1）凿岩机	10
（1）塔式起重机	10	（2）掘进机	10
（2）履带式起重机	10	（3）凿岩台车	10
（3）汽车式起重机	10	（4）深孔及潜孔钻机	10
（4）轮胎式起重机	10	（5）装（出、运）设备	10
（5）轨道式起重机	10	（6）喷锚设备	10
（6）叉式起重机	10	（7）其他凿岩机械	10
（7）门式起重机	10	5. 基础及凿井机械	
（8）桥式起重机	10	（1）打桩机	10
（9）桅杆式起重机	10	（2）套管钻机	10
（10）固定式起重机	10	（3）多头钻机	10
（11）卷扬机	10	（4）旋转钻机	10
（12）升降电梯	10	（5）潜水钻机	10
（13）简易起重装置	10	（6）冲击式钻机	10
（14）浮吊（起重船）	10	（7）槽壁机	10
2. 挖掘机械		（8）其他基础凿井机械	10
（1）挖掘机	10	6. 公铁线路机械	
（2）装载机	10	（1）架桥机	10
（3）其他挖掘机械	10	（2）造桥机	10
（4）碎石机	10	（3）运梁车	10
（5）其他钢筋混凝土机械	10	（4）焊轨机	10

续上表

项　　目	使用寿命	项　　目	使用寿命
（5）铺轨机	10	（2）螺旋运输机	10
（6）道砟捣固机械	10	（3）其他运输机械	10
（7）配渣整形机（车）	10	9. 工业泵类	
（8）起拨道车	10	（1）自吸泵	10
（9）铁路大型养路机械	10	（2）多级泵	10
（10）沥青拌和站	10	（3）单级泵	10
（11）沥青摊铺机	10	（4）深井泵	10
（12）大型捣固车	10	（5）潜水泵	10
（13）架线作业车	10	（6）其他工业泵类	10
（14）安装作业车	10	三、运输设备	
（15）立杆作业车	10	1. 公路运输设备	
（16）接触网检测车	10	（1）载货汽车	4
（17）其他公路铁路机械	10	①大型载货汽车	4
7. 钢筋及混凝土机械		②中型载货汽车	4
（1）钢筋调直机	10	③轻型载货汽车	4
（2）钢筋弯曲机	10	④微型载货汽车	4
（3）钢筋切断机	10	⑤其他	4
（4）钢筋预应力拉伸机	10	（2）自卸汽车	
（5）混凝土拌和楼（站）	10	①大型自卸车	4
（6）三砟拌和站	10	②中型自卸车	4
（7）混凝土输送泵	10	③轻型自卸车	4
（8）混凝土摊铺机	10	④其他	4
（9）混凝土搅拌机	10	（3）牵引汽车	
（10）混凝土喷浆机	10	①全挂牵引汽车	4
（11）混凝土振动器	10	②半挂牵引汽车	4
（12）稳定土路拌机	10	③其他	4
8. 运输机械		（4）客车	
（1）皮带运输机	10	①大型客车	4

续上表

项目	使用寿命	项目	使用寿命
②中型客车	4	（6）其他	10
③轻型客车	4	3. 水上运输设备	
④微型客车	4	（1）拖轮	10
⑤轿车	4	（2）工程驳船	10
⑥越野汽车	4	（3）散装水泥船	10
⑦其他	4	（4）趸船	10
（5）摩托车（不含电瓶摩托车）	4	（5）潜水工作船	10
（6）专用汽车	4	（6）打桩船	10
（7）蓄电池车	4	（7）其他	10
（8）拖拉机车	4	四、工业生产设备	
（9）机械翻斗车		1. 木工加工机械	
①油、水槽车	4	（1）木工锯（带、圆锯）	10
②煤气罐车	4	（2）木工刨床、钻床	10
③水泥罐车	4	（3）木工车床、铣床	10
④混凝土输送车	4	（4）榫槽机	10
⑤冷藏车	4	（5）其他木工加工机械	10
⑥垃圾车	4	2. 金属切削机床	
⑦警车	4	（1）车、钻、刨床	10
⑧救护车	4	（2）铣、镗、磨床	10
⑨囚车	4	（3）切断机床	10
⑩其他	4	（4）齿轮及螺纹加工	10
（10）其他汽车	4	（5）联合及组合机床	10
2. 轨道运输设备		（6）其他金属切削机床	10
（1）火车	10	3. 锻压、剪冲设备	
（2）车厢	10	（1）锻锤	10
（3）轨道车	10	（2）锻造机	10
（4）电动轨道平车	10	（3）压力机	10
（5）梭式矿车	10	（4）剪切机	10

续上表

项　　目	使用寿命	项　　目	使用寿命
(5) 整形机	10	(6) 铸工造型机械	10
(6) 其他锻压、剪冲设备	10	(7) 铸工浇注机械	10
4. 焊接及切割设备		(8) 型砂处理及清理设备	10
(1) 电焊机	10	(9) 其他铸造及热处理设备	10
(2) 点焊机	10	6. 动力设备	
(3) 切割机		(1) 空气压缩机	10
其中：等离子切割机	10	(2) 气体分离设备	10
磁力氧气切割机	10	(3) 制氧机组	10
(4) 其他焊接及切割设备	10	(4) 液化气循环压缩机	10
5. 铸造及热处理设备		(5) 水处理设备	10
(1) 熔铸炉	10	(6) 风机	10
(2) 热处理炉	10	(7) 发电机（组）	10
(3) 干燥箱（炉）	10	(8) 变压器	10
(4) 淬火设备	10	(9) 锅炉	10
(5) 电镀设备	10		

6.4.2 计提折旧的方法

计提折旧的方法包括年限平均法、工作量法、双倍余额递减法、年数总和法等。

1. 年限平均法

年限平均法又称直线法，是将固定资产的应计折旧额在固定资产使用寿命内平均分摊到各期的一种方法。采用这种方法各期计算的折旧额相等。年限平均法的计算公式为

年折旧率＝（1－预计净残值率）÷预计使用年限×100％

月折旧率＝年折旧率÷12×100％

月折旧额＝固定资产原价×月折旧率

2. 工作量法

工作量法是将固定资产的应计提折旧额，在固定资产的使用寿命内按各

期完成的工作量进行分摊的一种方法。工作量法的计算公式如下：

单位工作量折旧率＝固定资产原价×（1－预计净残值率）÷预计总工作量×100％

某项固定资产月折旧额＝该项固定资产当月工作量×单位工作量折旧率

3. 双倍余额递减法

双倍余额递减法是指在不考虑固定资产预计净残值的情况下，根据每期期初固定资产原价减去累计折旧后的金额和双倍的直线法折旧率计算固定资产折旧的一种方法。计算公式如下：

年折旧率＝2÷预计使用年限×100％

月折旧率＝年折旧率÷12×100％

月折旧额＝每月月初固定资产账面净值×月折旧率

4. 年数总和法

年数总和法又称年限合计法，是指将固定资产的原值减去预计净残值后的余额，乘以一个以固定资产尚可使用寿命为分子，以预计使用寿命逐年数字之和为分母的逐年递减的分数计算每年的折旧额。计算公式如下：

年折旧率＝尚可使用年限÷预计使用寿命的年数总和×100％

月折旧率＝年折旧率÷12×100％

月折旧额＝（固定资产原价－预计净残值）×月折旧率

5. 月末计提折旧

固定资产按月计提折旧，企业通过编制“固定资产折旧计算表”作为固定资产折旧账务处理的依据。每月计提折旧时，可以在上月计提的折旧额的基础上，根据上月固定资产的增减变动情况，调整计算出当月应计提的折旧额，计算公式为

当月应计提折旧额＝上月计提的折旧额＋上月增加固定资产应计提的折旧额－上月减少固定资产应计提的折旧额

固定资产应当按月计提折旧，计提的折旧应通过“累计折旧”科目核算，并根据用途计入相关资产的成本或者当期损益。

【例 6-15】2025 年 4 月 30 日，西梁建筑工程有限公司编制的固定资产折

旧计算见表 6-13。

表 6-13　固定资产折旧计算表

2025 年 4 月 30 日　　　　　　金额单位：元

使用部门	上月折旧额	上月增加固定资产应提折旧额	上月减少固定资产应提折旧额	本月折旧额
甲项目	460 000	23 000	19 000	464 000
乙项目	345 000	49 000	68 000	326 000
行政管理部门	93 400	9 000	7 500	94 900
经营性出租设备	23 000	—	—	23 000
合计	921 400	81 000	94 500	907 900

借：合同履约成本——工程施工——甲项目　　464 000
　　　　　　　　——工程施工——乙项目　　326 000
　　管理费用　　94 900
　　其他业务成本　　23 000
　　贷：累计折旧　　907 900

6.5　其他直接费用的会计核算

其他直接费用的归集包括临时设施摊销、安全生产费用，以及现场施工直接耗用的施工现场材料的二次搬运费、生产工具和用具使用费、临时占地费、夜间施工费、检验试验费、工程定位复测费、工程点交费用、场地清理费用、环境保护费、工程保修费，与项目直接相关的征地拆迁费用、临时占地复垦费等。本节主要介绍临时设施摊销、安全生产费用计提。

6.5.1　临时设施摊销

施工企业的各种临时设施应当在工程建设期间内按月进行摊销，摊销方法可以采用工作量法，也可以采用工期法。摊销时，按摊销额，借记“合同履约成本”等科目，贷记“临时设施摊销”。需要查明某项临时设施的累计摊销额，可以根据临时设施卡片上所记载的该项临时设施的原价、摊销率和实际使用年限等资料进行计算。

【例 6-16】 湘雅建筑有限公司因承建大华娱乐城项目于 2024 年 12 月购入 5 套活动板房，支付价款合计 83 200 元，并于次年 1 月起投入使用。企业预计活动板房使用年限为 4 年，大华娱乐城项目预计 2 年完工，预计净残值 4 000元。

临时设施摊销期限是预计使用期限与工程的施工期限孰短原则确定摊销期限是 2 年，并从交付使用当月开始摊销。

每月摊销额＝（83 200－4 000）÷24＝3 300（元）

借：合同履约成本——工程施工　　　　3 300

　　贷：临时设施摊销　　　　3 300

6.5.2 安全生产费用计提与会计处理

安全生产费用是指企业按照规定标准提取在成本中列支，专门用于完善和改进企业或者项目安全生产条件的资金。

《关于印发〈企业安全生产费用提取和使用管理办法〉的通知》（财资〔2022〕136 号）第十七条规定："建设工程施工企业以建筑安装工程造价为依据……提取标准如下：（一）矿山工程为 3.5％；（二）铁路工程、房屋建筑工程、城市轨道交通工程 3％；（三）水利水电工程、电力工程 2.5％；（四）冶炼工程、机电安装工程、化工石油工程、通信工程 2％；（五）市政公用工程、港口与航道工程、公路工程 1.5％。建设工程施工企业编制投标报价应当包含并单列企业安全生产费用，竞标时不得删减。国家对基本建设投资概算另有规定的，从其规定。"

安全生产费计提与处理见表 6-14。

表 6-14　安全生产费计提与处理

业务情形	账务处理
计提安全生产费	借：合同履约成本——工程施工——其他直接费——安全生产费 　　贷：专项储备——安全生产费

续上表

业务情形	账务处理
发生安全生产支出时	借：专项储备——安全生产费 　　贷：银行存款
期末结转相关固定资产折旧费用	借：专项储备——安全生产费 　　贷：累计折旧
期末计算完工百分比之前结转专项储备余额	借：合同履约成本——工程施工——其他直接费——安全生产费 　　贷：专项储备——安全生产费
管理部门发生的相关费用支出时	借：管理费用 　　贷：银行存款

【例 6-17】天恒建筑有限公司 2024 年中标某项铁路工程，该工程造价 1 000万元，部分项目分包给建业公司，分包金额 200 万元。除此之外，天恒建筑有限公司 2024 年发生符合规定的收益性支出 2 万元，购置安全生产设备价款 70 万元，取得增值税专用发票，税额 9.1 万元（未选择在企业所得税前一次扣除，选择按年折旧）。假设折旧年限为 10 年，当年该设备折旧 7 万元。天恒建筑有限公司适用 25%的企业所得税税率。

根据上述业务，编制会计分录如下（假设不考虑相关税费）。

（1）天恒建筑有限公司计提安全生产费用 200 000 元（10 000 000×2%）

借：合同履约成本——工程施工——措施费（安全生产费）

200 000

　　贷：专项储备——安全生产费　　200 000

（2）支付给专业分包单位分包款时，提取相应比例安全费用 40 000 元（2 000 000×2%）。

借：专项储备——安全生产费　　40 000

　　贷：银行存款　　40 000

（3）天恒建筑有限公司使用专项储备支付收益性支出。

借：专项储备——安全生产费　　20 000

　　贷：银行存款　　20 000

（4）天恒建筑有限公司使用专项储备购置安全设备等固定资产。

借：在建工程　　700 000

应交税费——应交增值税（进项税额）　　91 000

贷：银行存款　　791 000

（5）天恒建筑有限公司的相关生产性固定资产达到预定可使用状态时。

借：固定资产　　700 000

贷：在建工程　　700 000

同时，按照形成固定资产的成本冲减专项储备，并确认相同金额的累计折旧，该固定资产在以后期间不再计提折旧。

借：专项储备——安全生产费　　700 000

贷：累计折旧　　700 000

“专项储备——安全生产费”期末余额＝200 000－40 000－20 000－700 000＝－560 000（元）

“专项储备——安全生产费”期末余额为借方余额，应当在年末补提“专项储备——安全生产费”金额。

在每一年度，因为当年提取金额大于冲销金额而调增应纳税所得额，根据企业的具体情况又符合确认递延税资产条件的，应根据调增的应税所得和预计暂时性差异转回期间税率计算的所得税，借记“递延所得税资产”科目，贷记“所得税费用——递延所得税费用”科目；如果当年提取金额小于冲销金额而调减应税所得额且此前已确认递延所得税资产的，应按调减的应税所得额和当年税率计算的所得税，编制相反的会计分录。

递延所得税资产存续期间，如果税率发生变动，应按变动后税率调整“递延所得税资产”科目余额，因此产生的利得或损失，计入调整当期的所得税费用。

天恒建筑有限公司2024年12月31日的资产负债表“专项储备”项目，反映安全生产费用专户借方余额560 000元，应调减企业所得税。

产生递延所得税负债＝（200 000－40 000－20 000－700 000）×25%＝－14（万元）

借：所得税费用　　140 000

贷：递延所得税负债　　140 000

执行《小企业会计准则》的单位，采用应付税款法核算所得税费用，不确认递延所得税资产。

6.6 间接费用的归集

间接费用是指与组织和管理施工相关的费用，应分配计入有关工程成本核算对象的支出，包括管理人员薪酬、劳动保护费、固定资产折旧费及修理费、房屋租赁费、物料消耗、取暖费、水电费、办公费、差旅费、财产保险费、排污费，有关的设计和技术援助费用等。若核算单位同时对多个项目进行核算，则应根据各项目实际情况，按照一定原则将间接费用在项目间进行分摊。

6.6.1 间接费用的分配方法

间接费用在发生时一般不宜直接归属于受益对象，而是由几个项目共同承担，应在期末按系统合理的方式分配到核算对象。分配方法一经确定，不得随意变更。

"间接费用"基本分配方法有两种：人工费用比例法和直接费用比例法。

1. 人工费用比例法

分配基数为各合同实际发生的人工费。

间接费用分配率＝当期实际发生的全部间接费用÷当期各合同实际发生的人工费之和×100％

某合同当期应负担的间接费用＝该合同当期实际发生的人工费×间接费用分配率

2. 直接费用比例法

分配基数为各合同实际发生的直接费用。

间接费用分配率＝当期实际发生的全部间接费用÷当期各合同实际发生的直接费用之和

某合同当期应负担的间接费用＝该合同当期实际发生的直接费用×间接费用分配率

【例 6-18】俞林建筑有限公司的某个总承包部分管甲、乙、丙三个工程项目。2024 年 5 月发生 300 万元间接费用，甲、乙、丙三个工程项目当期发生的合同成本分别为：甲项目 1 500 万元、乙项目 2 200 万元、丙项目 1 300 万元，采用直接费用比例法进行分配。

间接费用分配率＝300÷（1 500＋2 200＋1300）×100％＝6％

甲项目应承担的间接费用＝1 500×6%＝90（万元）

乙项目应承担的间接费用＝2 200×6%＝132（万元）

丙项目应承担的间接费用＝1 300×6%＝78（万元）

6.6.2 间接费用会计处理

间接费用会计处理如图 6-10 所示。

核算时点

期末（季末）

核算依据

间接费用成本明细表

账务处理

（1）归集间接费用。

借：合同履约成本——间接费用——（下设明细科目）
　　研发支出——费用化支出
　　应交税费——待认证进项税额
　　　　　　——应交增值税（进项税额）（发票已认证）
　贷：银行存款/应付职工薪酬/累计折旧等

（2）间接费用转入。

借：合同履约成本——合同成本——间接费用转入
　贷：合同履约成本——间接费用

图 6-10　间接费用会计处理

【例 6-19】 月末，天通建筑有限公司本月管理部门间接费用汇总分配，见表 6-15，除折旧费外，其他费用以银行存款支付。

表 6-15　间接费用汇总分配表

金额单位：元

序号	项目	金额（元）	备注
1	折旧费	142 000	—
2	办公费	8 000	—
3	水电费	7 930	—
4	取暖费	47 800	—
5	设备维修费	4 230	—
合　计		209 960	—

借：合同履约成本——间接费用（折旧费）　　142 000
　　　　　　　——间接费用（办公费）　　8 000
　　　　　　　——间接费用（水电费）　　7 930
　　　　　　　——间接费用（取暖费）　　47 800
　　　　　　　——间接费用（设备维修费）　　4 230
　贷：累计折旧　　142 000
　　　银行存款　　67 960

借：合同履约成本——合同成本——间接费用转入　　209 960
　贷：合同履约成本——间接费用（折旧费）　　142 000
　　　　　　　　　——间接费用（办公费）　　8 000
　　　　　　　　　——间接费用（水电费）　　7 930
　　　　　　　　　——间接费用（取暖费）　　47 800
　　　　　　　　　——间接费用（设备维修费）　　4 230

6.7 分包成本

分包是指从事工程总承包的单位将所承包的建设工程的一部分依法发包给具有相应资质的承包单位的行为，该总承包人并不退出承包关系，其与第三人就第三人完成的工作成果向发包人承担连带责任。

建筑工程分包合法的基本条件如下：①建设工程的主体结构的施工必须由承包人自行完成，不得分包。承包人分包出去的只能是非主体结构工程的施工任务；②分包人必须具有相应的资质；③分包只能发生一次，禁止分包单位将其工程再次进行分包；④分包人就其完成的工作成果与承包人向发包人承担连带责任。

一般而言，工程成本项目包括人工费、材料费、机械使用费、其他直接费和间接费用等内容，因为分包工程（清包工等形式除外）无法分清成本项目，所以直接通过“合同结算”科目核算，分包工程在个别情况可以作为自营工程核算，如清包工形式。

在具体应用中，对于分包成本的核算，一定要注重实效性。分包合同的结算条款应该采取“背靠背”形式，即在业主认可总的结算量的同时，项目部要相应确认分包工程量，会计核算讲究权责发生制，而不是直到付款时才进行结算，以避免利润的增加或减少。

6.7.1 分包成本的核算

总分包模式下进行分包发生的成本，分包成本主要包括对参建子公司的内部计价及公司统一协调的分包单位的计价。分包费明细科目，核算专业分包成本。建筑工程总承包单位根据总承包合同的约定或者经建设单位的允许，将承包工程中的专业性较强的专业工程发包给具有相应资质的其他建筑企业施工。建筑企业成本预算部门一般根据专业分包单位报送的工程量进行审定计价，并据此编制月度（季度）专业分包结算单或专业分包成本计提表，财务管理部门凭专业分包计提表和分包企业开具的分包发票为入账依据。收到验工计价单、内部列账通知单、发票等时，进行会计处理：

（1）期末，根据经营部门出具的经分包单位签认的“已完工作量审核凭单”，借记“合同结算”科目，贷记“应付账款——应付分包单位工程款”科目。

（2）期末，根据应收的总包管理费，借记“应付账款——应付分包单位工程款”科目，贷记“主营业务收入——分包收入”科目；根据应代扣的税费，贷记“其他应付款——代扣分包单位税费”；应扣回的预付款或备料款，也贷记“预付账款——预付分包单位工程款”。

（3）以材料支付分包单位工程款时，根据物资部门出具的经分包单位签认的“总包供料结算凭单”，借记“应付账款——应付分包单位工程款”科目；根据材料账面价值，贷记“原材料”科目；根据应支付分包单位的工程款与材料账面价值的差额，贷记“主营业务收入——分包收入”科目。

（4）期末，将已归集的制造费用按照分包合同总价占总承包合同总价的比例进行分配。分配公式为

应计入当期分包成本的制造费用＝当期制造费用发生额×（分包合同总价÷总包合同总价）

根据上式计算得到的“应计入分包成本的制造费用”，借记“主营业务成本——分包成本”科目，贷记“制造费用”科目。

（5）缴纳代扣代缴的税费时，借记“其他应付款——代扣分包单位税费”科目，贷记“银行存款”科目，并向分包单位转交完税证明。

不具备独立纳税资格的分公司，在计价时无须对增值税进行核算。总包项目部在核算进项税时，应由分包单位按照本单位适用的增值税税率开具增

值税专用发票。

【例 6-20】2024 年 9 月，宏励建筑有限公司承包一项工程，工期 10 个月。总承包收入 10 000 000 元，其中装修工程 3 270 000 元，分包给丁公司承建。宏励建筑有限公司完成工程累计发生合同成本 6 000 000 元，项目在当年 12 月如期完工。专业分包成本计提见表 6-16。根据上述业务，编制会计分录如下。

(1) 宏励建筑有限公司完成项目发生成本费用时。

借：合同履约成本——工程施工——合同成本　　6 000 000

　　贷：原材料等　　6 000 000

借：应收账款　　10 900 000

　　贷：合同结算——价款结算　　10 000 000

　　　　应交税费——应交增值税（销项税额）　　900 000

收到甲方一次性结算的总承包款时。

借：合同结算——收入结转　　10 000 000

　　贷：主营业务收入　　10 000 000

借：银行存款　　10 900 000

　　贷：应收账款　　10 900 000

(2) 计算增值税销项税额时，增值税税率 9%。

增值税销项税额＝（10 000 000－3 000 000）×9%＝630 000（元）

应代扣增值税额＝3 000 000×9%＝270 000（元）

(3) 假设当期符合抵扣条件的进项税额为 65 万元，计算应缴纳增值税额为 25 万元（90－65）。

月度终了，企业应当将当月应交未交的增值税自“应交增值税”明细科目转入“未交增值税”明细科目。

借：应交税费——应交增值税（转出未交增值税）　　250 000

　　贷：应交税费——未交增值税　　250 000

缴纳时。

借：应交税费——应交增值税（已交税金）　　250 000

　　贷：银行存款　　250 000

①分包工程完工验工结算时。

借：合同履约成本——工程施工——合同成本　　2 730 000

贷：应付账款 2 730 000

②支付分包工程款时，扣掉代扣增值税额 2 730 000 元（3 000 000—270 000）

借：应付账款 2 730 000

贷：银行存款 2730 000

③宏励建筑公司确认该项目收入与费用时。

借：主营业务成本（6000 000+3 000 000） 9 000 000

贷：合同履约成本 9 000 000

④工程竣工时，“合同结算”科目余额为 0（10 000 000—10 000 000）元。

借：合同结算——价款结算 10 000 000

贷：合同结算——收入结转 10 000 000

表 6-16 宏励建筑公司专业分包成本计提表

工程名称：福旭大厦 2024 年 9 月 金额单位：元

序号	专业分包商	增值税（征收率）	本期计提					
			数量	单位	单价	总价	金额	增值税
1	丁公司	9%	—	—	—	3 270 000	3 000 000	270 000
2	—	—	—	—	—	—	—	—
3	—	—	—	—	—	—	—	—
合计		—	—	—	—	3 270 000	3 000 000	270 000

工程项目部：×× 成本预算部：×× 制表：××

6.7.2 季末总分包会计处理

总包项目部及分包单位根据建造合同完工百分比法进行工程收入和成本的确认，包括预计合同损失的处理。其中，当内部分包成本与分包项目报送的建造合同收入有差异时，总包方应根据股份公司的规定调整，将自身对分包方的自开工以来累计完成（以下简称开累）成本调整至分包方开累收入一致。期末总分包核对及收入和成本确认包括调整分包成本和应付工程款，计算主营业务成本和收入，以及预计合同损失的计提、转回和转销。会计处理如图 6-11 所示。

核算时点	账务处理
期末（季末）	借：合同履约成本——工程施工——分包成本 应交税费——简易计税——简易计税抵减（适用于简易计税项目） ——待认证进项税额（发票未认证时） ——应交增值税（进项税额）（发票已认证） 贷：应付账款——工程款
核算依据	
分包方报送的建造合同信息表、工程部成本明细表等（能够支付分包方建造合同收入计算结果的相关依据）	

图 6-11　总包项目部调整分包成本和应付工程款会计处理

若分包项目部开累收入小于总包项目部成本，则做负数分录冲减“合同履约成本——工程施工”及“应付账款”。对于分包单位，“合同履约成本——工程施工”若大于工程结算，差异在报表中“建造合同——已完工未结算款”项目列示，“合同履约成本——工程施工”若小于工程结算，差异在报表中“预收款项——建造合同形成的已结算未完工款项”项目列示。

第 7 章
建筑工程结算阶段会计核算

建筑工程项目价款结算（以下简称“工程价款结算”），是指对建筑工程项目的发承包合同价款进行约定和依据合同约定进行工程预付款、工程进度款、工程竣工价款结算会计处理。

7.1 建造合同收入与成本

建造合同收入按照合同单价和合同数量确定。合同数量按照设计单位编制经业主批准的施工图确定。合同收入内容如图 7-1 所示。

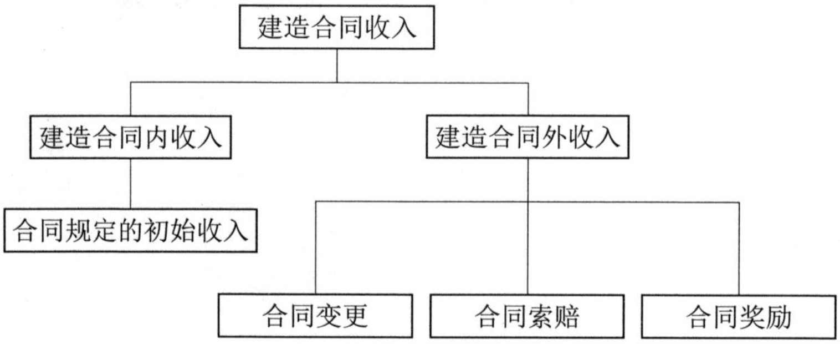

图 7-1　建造合同收入

7.1.1 建造合同收入

建造合同收入包括建造合同内收入与建造合同外收入。

1. 建造合同内收入

建造合同规定的初始收入，即建造承包商与客户签订的合同中最初商定的合同总金额，它构成合同收入的基本内容。

2. 建造合同外收入

建造合同外收入是指因合同变更、索赔、奖励等形成的收入。建造承包商不能随意确认这些收入，只有在符合规定条件时才能构成合同收入。

（1）合同变更是指客户为改变合同规定的作业内容而提出的调整。合同变更条款同时满足下列条件的，才能构成合同收入：①客户能够认可因变更而增加的收入；②收入能够可靠地计量。

（2）索赔款是指因客户或第三方的原因造成的、向客户或第三方收取的，用于补偿不包括在合同造价中的成本款项。索赔款同时满足下列条件的，才能构成合同收入：①根据谈判情况，预计对方能够同意这项索赔；②对方同意接受的金额能够可靠地计量。

（3）奖励款是指工程达到或超过规定的标准，客户同意支付的额外款项。奖励款同时满足下列条件的，才能构成合同收入：①根据合同目前的完成情况，足以判断工程进度和工程质量能够达到或超过规定的标准；②奖励金额能够可靠地计量。

7.1.2 建造合同成本

建造合同成本包括从合同签订开始至合同完成为止所发生的，与执行合同有关的直接费用和间接费用。

1. 直接费用

直接费用是指为完成合同所发生的，可以直接计入合同成本核算对象的各项费用支出。具体包括：耗用的材料费用、人工费用、机械使用费、其他直接费用。

2. 间接费用

间接费用是指企业下属的施工单位或生产单位为组织生产和管理施工生产活动所发生的费用，包括临时设施摊销费用和施工、生产单位管理人员薪酬、固定资产折旧费及修理费、物料消耗、低值易耗品摊销、水电费、办公费、差旅费、财产保险费、工程保修费、排污费等。

3. 归集方法

直接费用在发生时直接计入合同成本；间接费用应在资产负债表日按照系统、合理的方法分摊计入合同成本。常见的用于间接费用分摊的方法有人工费用比例法和直接费用比例法。

因订立合同而发生的有关费用，如差旅费、投标费等，能够单独区分和可靠计量且合同很可能订立的，应当予以归集，待取得合同时计入合同成本；未满足相关条件的，应当直接计入当期损益。

合同完成后处置残余物资取得的收益等与合同有关的零星收益，应当冲减合同成本。

合同成本不包括应当计入当期损益的管理费用、销售费用和财务费用等期间费用，如企业行政管理部门为组织和管理生产经营活动所发生的管理费用，船舶等制造企业的销售费用，企业为建造合同借入款项所发生的、不符合借款费用资本化条件的借款费用等。

7.1.3 建造合同核算流程

建造合同核算流程图如图 7-2 所示。

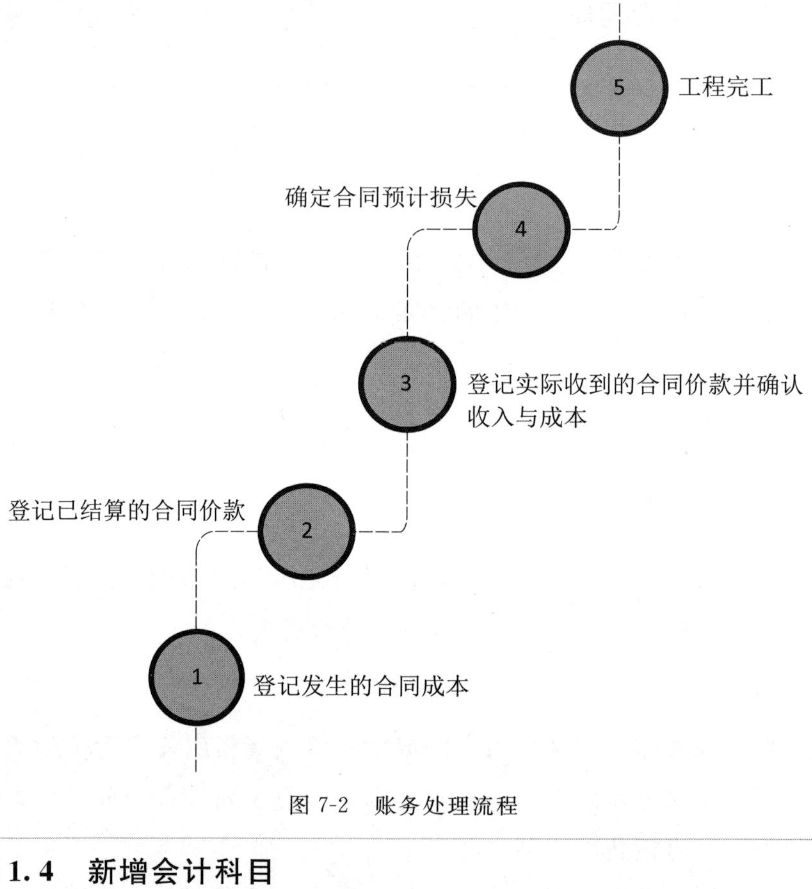

图 7-2 账务处理流程

7.1.4 新增会计科目

为了核算建筑施工企业工程价款结算，《企业会计准则第 14 号——收入（应用指南 2018）》增加会计科目及其账务处理，具体内容见表 7-1。

表 7-1　新增会计科目

会计科目	含　义	账务处理
合同资产	核算企业已向客户转让商品而有权收取对价的权利	（1）企业取得有条件收款权 借：合同资产 　贷：主营业务收入/其他务收入 　　应交税费——待转销项税额 （2）企业取得无条件收款权时 借：应收账款 　贷：合同资产
合同负债	核算企业已收或应收客户对价而应向客户转让商品的义务	借：银行存款/应收账款/应收票据/合同负债 　贷：主营业务收入/其他业务收入 　　应交税费——应交增值税（销项税额）
合同履约成本	核算企业为履行当前或预期取得的合同所发生的、不属于其他会计准则规范范围且按照收入准则应当确认为一项资产的成本。企业因履行合同而产生的毛利不在本科目核算。本科目可按“服务成本”“工程施工”等进行明细核算	（1）发生时 借：合同履约成本 　贷：银行存款/应付职工薪酬/原材料 （2）摊销时 借：主营业务成本/其他业务成本等 　贷：合同履约成本
合同履约成本减值准备	核算与合同履约成本有关的资产的减值准备。可按合同进行明细核算	（1）合同履约成本有关的发生减值的资产 借：资产减值损失 　贷：合同履约成本减值准备 （2）转回已计提的资产减值准备时 借：合同履约成本减值准备 　贷：资产减值损失
合同结算	核算同一合同下属于在某一时段内履行履约义务涉及与客户结算对价的合同资产或合同负债，设置“合同结算——价款结算”科目，定期与客户进行结算的金额，设置“合同结算——收入结转”科目，反映按履约进度结转的收入金额。 资产负债表日，“合同结算”科目的期末余额在借方的，根据其流动性，在资产负债表中分别列示为“合同资产”或“其他非流动资产”项目；期末余额在贷方的，根据其流动性，在资产负债表中分别列示为“合同负债”或“其他非流动负债”项目	

7.1.5 履约进度计量方法

《企业会计准则第14号——收入》（财会〔2017〕22号）第十二条规定："对于在某一时段内履行的履约义务，企业应当在该段时间内按照履约进度确认收入，但是，履约进度不能合理确定的除外。企业应当考虑商品的性质，采用产出法或投入法确定恰当的履约进度……"

1. 产出法

产出法是根据已转移给客户的商品，对客户的价值确定履约进度的方法，通常可采用实际测量的完工进度、评估已实现的结果、已达到的里程碑、时间进度、已完工或交付的产品等产出指标确定履约进度。

采用完工百分比法确认合同收入和合同成本时，收入和相关成本计算公式为

本期确认的合同收入＝合同总收入×履约进度－以前会计期间累计已确认合同收入

本期确认的合同成本＝合同预计总成本×履约进度－以前会计期间累计已确认合同成本

本期确认的合同毛利＝（合同总收入－合同预计总成本）×履约进度－以前期间累计已确认合同毛利

对于当期完成的建造合同，应当按照实际合同总收入扣除以前会计期间累计已确认收入后的金额，确认为当期合同收入；同时，按照累计实际发生的合同成本扣除以前会计期间累计已确认成本后的金额，确认为当期合同成本。

2. 投入法

投入法是根据企业履行履约义务的投入确定履约进度的方法，通常可采用投入的材料数量、花费的人工工时或机器工时、发生的成本和时间进度等投入指标确定履约进度。当企业从事的工作或发生的投入是在整个履约期间内平均发生时，企业也可以按照直线法确认收入。

7.2 建筑工程结算的相关规定

建筑工程结算包括工程预付款结算、工程进度款结算和工程竣工价款结算。《财政部 建设部关于印发〈建设工程价款结算暂行办法〉的通知》（财建〔2004〕369号）第七条规定："发包人、承包人应当在合同条款中对涉及工程价款结算的下列事项进行约定：（一）预付工程款的数额、支付时限及抵扣方式；（二）工程进度款的支付方式、数额及时限；（三）工程施工中发生变更时，工程价款的调整方法、索赔方式、时限要求及金额支付方式；（四）发生工程价款纠纷的解决方法；（五）约定承担风险的范围及幅度以及超出约定范围和幅度的调整办法；（六）工程竣工价款的结算与支付方式、数额及时限；（七）工程质量保证（保修）金的数额、预扣方式及时限；（八）安全措施和意外伤害保险费用；（九）工期及工期提前或延后的奖惩办法；（十）与履行合同、支付价款相关的担保事项。"

7.2.1 工程预付款结算

工程预付款结算是指建设工程施工合同签订后，在工程开工前，发包人按照合同约定向承包人预先支付的一笔款项，主要用于承包人为施工准备所需的材料采购、设备租赁、临时设施搭建及施工队伍组织等费用。

工程预付款结算应符合下列规定：

(1) 包工包料工程的预付款按合同约定拨付，原则上预付比例不低于合同金额的10%，不高于合同金额的30%，对重大工程项目，按年度工程计划逐年预付。计价执行《建设工程工程量清单计价规范》(GB/T 50500—2024)① 的工程，实体性消耗和非实体性消耗部分应在合同中分别约定预付款比例。

(2) 在具备施工条件的前提下，发包人应在双方签订合同后的一个月内或不迟于约定的开工日期前的7天内预付工程款，发包人不按约定预付，承包人应在预付时间到期后10天内向发包人发出要求预付的通知，发包人收到通知后仍不按要求预付，承包人可在发出通知14天后停止施工，发包人应从约定应付之日起向承包人支付应付款的利息（利率按同期银行贷款利率计），并承担违约责任。

---

① 《建设工程工程量清单计价标准》为国家标准，编号为GB/T50500—2024，自2025年9月1日起实施。

（3）预付的工程款必须在合同中约定抵扣方式，并在工程进度款中进行抵扣。

建筑施工企业收到符合条件的预收款不直接确认为收入，而是先记入“合同负债”科目，待履约义务完成后逐步结转，确认收入。但收到预收款时需预缴增值税。会计处理如下。

收到预收款时借记“银行存款”科目，贷记“合同负债”等科目；预缴增值税及附加税费时，借记“应交税费——预缴增值税”“应交税费——简易计税（预缴税额）”“税金及附加”等科目，贷记“银行存款”等科目。

【例 7-1】 绿地建筑工程公司在公司注册地承建工程项目，施工总承包合同中明确约定预付款比例、预付时间等内容。根据合同约定，绿地建筑工程公司在开工前 10 天内收到了符合条件的预收款 763 万元，该项目适用一般计税方法计税。该公司注册地城市维护建设税税率为 7%，教育费附加税率为 5%，地方教育附加税率为 2%。根据上述业务，会计分录如下。

借：银行存款　　7 630 000

　　贷：合同负债　　7 000 000

　　　　应交税费——待转销项税额　　630 000

绿地建筑工程公司在收到预收款的当期向机构所在 地主管税务机关预缴增值税 14 万元（763÷1.09×2%）；城市维护建设税 1.4（20×7%）万元；教育费附加 1（20×5%）万元；地方教育附加 0.4（20×2%）万元。

借：税金及附加　　28 000

　　贷：应交税费——城市维护建设税　　14 000

　　——教育费附加　　10 000

　　——地方教育附加　　4 000

借：应交税费——预交增值税　　200 000

　　　　——城市维护建设税　　14 000

　　　　——教育费附加　　10 000

　　　　——地方教育附加　　4 000

　　贷：银行存款　　168 000

7.2.2 工程进度款结算

工程进度款可按照时间或工程量结算。《财政部 建设部关于印发〈建设工程价款结算暂行办法〉的通知》（财建〔2004〕369 号）第十三条规定：“工程进度款结算与支付应当符合下列规定：……1. 按月结算与支付。即实行按月支付进度款，竣工后清算的办法。合同工期在两个年度以上的工程，在年终进行工程盘点，办理年度结算。2. 分段结算与支付。即当年开工、当年不能竣工的工程按照工程形象进度，划分不同阶段支付工程进度款。具体划分在合同中明确……根据确定的工程计量结果，承包人向发包人提出支付工程进度款申请，14 天内，发包人应按不低于工程价款的 60%，不高于工程价款的 90%向承包人支付工程进度款。按约定时间发包人应扣回的预付款，与工程进度款同期结算抵扣……”

【例 7-2】 2023 年 1 月 1 日，铁岭建筑公司与甘南公司签订一项大型游艺场建造合同。根据双方合同约定，该项目造价为 5 900 万元，工程期限为 1 年零 6 个月，铁岭建筑公司负责项目的施工及全面管理，甘南公司按照第三方工程监理公司确认的工程完工量，每半年与铁岭建筑公司结算一次；预计 2024 年 6 月 30 日竣工；预计可能发生的总成本为 5 000 万元。假定该建造工程整体构成单项履约义务，并属于在某一时段履行的履约义务，铁岭建筑公司采用投入法确定履约进度，增值税税率为 9%，不考虑其他相关因素。

假定铁岭建筑公司与甘南公司结算时即发生增值税纳税义务，甘南公司在实际支付工程价款的同时支付其对应的增值税款，下述价款均不含增值税额。相关数据见表 7-2。

表 7-2 工程结算单（不含增值税）

金额单位：元

项目	2023 年 6 月 30 日	2023 年 12 月 31 日	2024 年 6 月 30 日
累计实际发生成本	18 000 000	40 000 000	52 000 000
预计完成合同尚需发生成本	32 000 000	12 000 000	—
结算合同价款	30 000 000	26 000 000	3 000 000
实际收到价款	28 000 000	24 000 000	7 000 000

铁岭建筑公司编制会计分录如下：

(1) 2023 年 1 月 1 日至 6 月 30 日实际发生工程成本时。

借：合同履约成本　　　　18 000 000

　　贷：原材料、应付职工薪酬等　　　　18 000 000

(2) 2023 年 6 月 30 日，确认收入与成本。

履约进度＝1 800÷5 000×100%＝36%

合同收入＝5 900×36％ ＝2 124（万元）

借：合同结算——收入结转　　21 240 000

　　贷：主营业务收入　　21 240 000

借：主营业务成本　　18 000 000

　　贷：合同履约成本　　18 000 000

借：应收账款　　32 700 000

　　贷：合同结算——价款结算　　30 000 000

　　　　应交税费——应交增值税（销项税额）　　2 700 000

借：银行存款　　28 000 000

　　贷：应收账款　　28 000 000

当日，“合同结算”科目的余额为贷方876万元（3 000－2 124），表明铁岭建筑公司已经与客户结算但尚未支付款项，因此，应在资产负债表中作为合同负债列示。履约义务的金额为876万元，由于铁岭建筑公司预计该部分履约义务将在2023年内完成。

（3）2023年7月1日至12月31日实际发生工程成本为2 200万元（4 000－1 800）。

借：合同履约成本　　22 000 000

　　贷：原材料、应付职工薪酬等　　22 000 000

（4）2023年12月31日，确认收入与成本。

履约进度＝4 000÷5 000×100％＝80％

合同收入＝5 900×80％－2 124＝2 596（万元）

借：合同结算——收入结转　　25 960 000

　　贷：主营业务收入　　25 960 000

借：主营业务成本　　22 000 000

　　贷：合同履约成本　　22 000 000

借：应收账款　　28 340 000

　　贷：合同结算——价款结算　　26 000 000

　　　　应交税费——应交增值税（销项税额）　　2 340 000

借：银行存款　　24 000 000

　　贷：应收账款　　24 000 000

当日，“合同结算”科目的金额为贷方880万元（2 600－2 596－876），表明铁岭建筑公司已经履行履约义务但尚未与客户结算的金额为880万元，由于该部分金额将在2024年内结算，因此，应在资产负债表中作为合同负债列示。

（5）2024年1月1日至6月30日实际发生工程成本时。

借：合同履约成本　　　　　　　　　　　　　　12 000 000

　　贷：原材料、应付职工薪酬等　　　　　　　　　　12 000 000

（6）2024年6月30日，确认收入与成本。

由于当日该工程已竣工决算，其履约进度为100%。

合同收入＝5 900－2 124－2 596＝1 180（万元）

借：合同结算——收入结转　　　　　　　　　　11 800 000

　　贷：主营业务收入　　　　　　　　　　　　　　11 800 000

借：主营业务成本　　　　　　　　　　　　　　12 000 000

　　贷：合同履约成本　　　　　　　　　　　　　　12 000 000

借：应收账款　　　　　　　　　　　　　　　　 3 270 000

　　贷：合同结算——价款结算　　　　　　　　　　 3 000 000

　　　　应交税费——应交增值税（销项税额）　　　　 270 000

借：银行存款　　　　　　　　　　　　　　　　 7 000 000

　　贷：应收账款　　　　　　　　　　　　　　　　 7 000 000

当日，“合同结算”科目的余额为0元（1 180－300－880）。

借：合同结算——价款结算　　　　　　　　　　59 000 000

　　贷：合同结算——收入结转　　　　　　　　　　59 000 000

如果建造合同的结果不能可靠地估计，则不能采用投入法确认和计量合同收入及成本，而应区别以下两种情况进行会计处理：

（1）合同成本能够收回的，合同收入根据能够收回的实际合同成本予以确认，合同成本在其发生的当期确认为合同成本。

（2）合同成本不可能收回的，应在发生时立即确认为合同成本，不确认合同收入。

如果建造合同的结果不能可靠估计的不确定因素不复存在，就不应再按照上述规定确认合同收入和成本，而应转为按照投入法确认合同收入和成本。

【例7-3】南方建筑有限公司与吉福公司签订了一项总金额为480万元的建造合同。第一年实际发生工程成本340万元，双方均能履行合同规定的义务，但该公司在年末时对该工程的完工进度无法可靠确定。编制会计分录如下。

借：合同履约成本　　3 400 000

　　贷：原材料、应付职工薪酬等　　3 400 000

如果该公司当年与客户只办理价款结算 156 万元，其余款项可能收不回来。该公司只能将 140 万元确认为当年的收入，200 万元确认为当年的成本。

借：合同结算——收入结转　　1 400 000

　　贷：主营业务收入　　1 400 000

同时结转成本

借：主营业务成本　　3 400 000

　　贷：合同履约成本　　3 400 000

借：应收账款　　1 526 000

　　贷：合同结算——价款结算　　1 400 000

　　　　应交税费——应交增值税（销项税额）　　126 000

7.2.3　工程竣工价款结算

工程竣工结算分为单位工程竣工结算、单项工程竣工结算和建设项目竣工总结算。

(1) 单位工程竣工结算由承包人编制，发包人审查；实行总承包的工程，由具体承包人编制，在总包人审查的基础上，发包人审查。

(2) 单项工程竣工结算或建设项目竣工总结算由总（承）包人编制，发包人可直接进行审查，也可以委托具有相应资质的工程造价咨询机构进行审查。政府投资项目，由同级财政部门审查。单项工程竣工结算或建设项目竣工总结算经发、承包人签字盖章后有效。

发包人收到承包人递交的竣工结算报告及完整的结算资料后，应按本办法规定的期限（合同约定有期限的，从其约定）进行核实，给予确认或者提出修改意见。发包人根据确认的竣工结算报告向承包人支付工程竣工结算价款，保留 5%左右的质量保证（保修）金，待工程交付使用一年质保期到期后清算（合同另有约定的，从其约定），质保期内如有返修，发生费用应在质量保证（保修）金内扣除。

《财政部 建设部关于印发〈建设工程价款结算暂行办法〉的通知》（财建〔2004〕369 号）第十四条规定："工程完工后，双方应按照约定的合同价款及合同价款调整内容以及索赔事项，进行工程竣工结算……"

【例 7-4】绿地建筑工程公司为增值税一般纳税人。2023 年 1 月，与阳明房置业公司签订了工程承包合同，该项目为甲供项目，绿地建筑工程公司选择适用简易计税方法计税。2023 年 3 月，该工程竣工结算，最终含税结算金额为 927 万元，在结算协议中明确约定预留 5%作为工程质保金，即 46.35 万元（其中价款 45 万元，增值税额 1.35 万元），质保期为 2 年。结算协议签订后，绿地建筑工程公司除质保金以外的结算款均已收取，并向阳明房置业公司开具 880.65 万元增值税专用发票。竣工结算时，绿地建筑工程公司计提了 2 万元工程保修费；2024 年 2 月发生了 4 万元维修费用。2025 年 3 月，绿地建筑工程公司向阳明房置业公司开具了 49.05 万元增值税专用发票，收到了相应金额的质保金。

①结算时会计处理。

含税结算金额 927 万元中，880.65 万元已开票并收款。

不含税收入＝880.65÷（1＋3%）＝855（万元）

应缴纳增值税＝855 × 3% ＝25.65（万元）

借：银行存款　　8 806 500

　　贷：主营业务收入　　8 550 000

　　　　应交税费——简易计税　　256 500

质保金部分计入应收账款。

借：应收账款——质保金　　463 500

　　贷：合同负债——工程结算　　450 000

　　　　应交税费——待转销项税额　　13 500

②计提工程保修费、支付保修费。

借：管理费用——工程保修费　　20 000

　　贷：预计负债——质量保证　　20 000

借：预计负债——质量保证　　20 000

　　管理费用——工程维修费　　20 000

　　贷：银行存款　　40 000

③收回质保金确认收入。质保金 45 万元确认收入，增值税 1.35 万元从“待转销项税额”转出。

借：合同负债——工程结算　　4 500 000

　　应交税费——待转销项税额　　135 000

贷：主营业务收入　　　　　　　　　　　　4 500 000

　　应交税费——简易计税　　　　　　　　　　135 000

④收到质保金款项。

借：银行存款　　　　　　　　　　　　　　4 635 000

　　贷：应收账款——质保金　　　　　　　　　　463 500

借：应交税费——待转销项税额　　　　　　　　13 500

　　贷：应交税费——应交增值税（销项税额）　　　13 500

第 8 章 增值税的会计核算

建筑施工企业增值税业务比较复杂，涉及发包方、承包方、业务外包、跨地区施工等，本章根据《增值税法》及相关法律法规，介绍涉及增值税业务的会计处理与税务规定。

8.1　增值税征收基本规定

本节主要介绍增值税纳税人、税目、税率、征税范围等。

8.1.1　纳税人

《增值税法》第三条第一款规定："在中华人民共和国境内（以下简称境内）销售货物、服务、无形资产、不动产（以下称应税交易），以及进口货物的单位和个人（包括个体工商户），为增值税纳税人，应当依照本法规定缴纳增值税。"

《财政部 国家税务总局关于全面推开营业税改征增值税试点的通知》（〔2016〕36 号）附件 1《营业税改征增值税试点实施办法》第二条规定："单位以承包、承租、挂靠方式经营的，承包人、承租人、挂靠人（以下统称承包人）以发包人、出租人、被挂靠人（以下统称发包人）名义对外经营并由发包人承担相关法律责任的，以该发包人为纳税人。否则，以承包人为纳税人。"

采用承包、承租经营方式下，区分以下两种情况界定纳税人。

（1）如果同时满足两个条件的，以发包人为纳税人：一是以发包人名义对外经营；二是由发包人承担相关法律责任。

（2）如果以上两个条件有一个不满足，则以承包人为纳税人。

增值税纳税人按照类别分为一般纳税人和小规模纳税人。

《增值税一般纳税人登记管理办法》（国家税务总局令第 43 号）第二条第一款规定："增值税纳税人（以下简称'纳税人'），年应税销售额超过财政部、国家税务总局规定的小规模纳税人标准（以下简称"规定标准"）的，除本办法第四条规定外，应当向主管税务机关办理一般纳税人登记。"

第四条规定："下列纳税人不办理一般纳税人登记：（一）按照政策规定，选择按照小规模纳税人纳税的；（二）年应税销售额超过规定标准的其他个人。"

《财政部 税务总局关于统一增值税小规模纳税人标准的通知》（财税〔2018〕33号）第一条规定："增值税小规模纳税人标准为年应征增值税销售额500万元及以下。"

年应征增值税销售额超过500万元的纳税人，应办理增值税一般纳税人登记。

需要注意的是，年应税销售额是指纳税人在连续不超过12个月或四个季度的经营期内累计应征增值税销售额，包括纳税申报销售额、稽查查补销售额、纳税评估调整销售额。

8.1.2 税目

建筑服务是指各类建筑物、构筑物及其附属设施的建造、修缮、装饰，线路、管道、设备、设施等的安装，以及其他工程作业的业务活动。包括工程服务、安装服务、修缮服务、装饰服务和其他建筑服务。

1. 工程服务

工程服务是指新建、改建各种建筑物、构筑物的工程作业，包括与建筑物相连的各种设备或者支柱、操作平台的安装。

2. 安装服务

安装服务是指生产设备、动力设备、起重设备、运输设备、传动设备、医疗实验设备，以及其他各种设备、设施的装配、安置工程作业，包括与被安装设备相连的工作台、梯子、栏杆的装设工程作业，以及被安装设备的绝缘、防腐、保温、油漆等工程作业。固定电话、有线电视、宽带、水、电、燃气、暖气等经营者向用户收取的安装费、初装费、开户费、扩容费，以及类似收费项，均按照安装服务缴纳增值税。

3. 修缮服务

修缮服务是指对建筑物、构筑物进行修补、加固、养护、改善，使之恢复原来的使用价值或者延长其使用期限的工程作业。

4. 装饰服务

装饰服务是指对建筑物、构筑物进行修饰装修，使之美观或者具有特定用途的工程作业。

5. 其他建筑服务

其他建筑服务是指上列工程作业之外的各种工程作业服务，如钻井（打井）、拆除建筑物或者构筑物、平整土地、园林绿化、疏浚（不包括航道疏浚）、建筑物平移、搭脚手架、爆破、矿山穿孔、表面附着物（包括岩层、土层、沙层等）剥离和清理等工程作业。

8.1.3 税率

增值税税率分为基本税率和征收率。

1. 基本税率

《财政部 税务总局 海关总署关于深化增值税改革有关政策的公告》（财政部 税务总局 海关总署公告 2019 年第 39 号）第一条规定：“增值税一般纳税人（以下称纳税人）发生增值税应税销售行为或者进口货物，原适用 16%税率的，税率调整为 13%；原适用 10%税率的，税率调整为 9%。”第二条规定：“纳税人购进农产品，原适用 10%扣除率的，扣除率调整为 9%。纳税人购进用于生产或者委托加工 13%税率货物的农产品，按照 10%的扣除率计算进项税额。”第三条规定：“原适用 16%税率且出口退税率为 16%的出口货物劳务，出口退税率调整为 13%；原适用 10%税率且出口退税率为 10%的出口货物、跨境应税行为，出口退税率调整为 9%……”

2. 征收率

小规模纳税人增值税税款计算使用的是征收率。一般纳税人采用简易计税方法计税的也使用征收率。增值税征收率为 3%和 5%。小规模纳税人的征收率一般为 3%，但在一些特殊项目上也按照 5%征收，比如销售不动产。

建筑施工企业工程施工主要项目征税项目及税率见表 8-1。

表 8-1　工程施工主要项目征税项目及税率

成本费用	具体项目	是否可以抵扣	扣税凭证	税率（征收率）	备注
人工费	单位员工工资薪酬	否	—	—	—
	劳务派遣用工	是	增值税专用发票	6%或5%	提供劳务派遣服务可以选择差额纳税，并按照简易计税方法依5%的征收率计算缴纳增值税
材料费	钢材、水泥、混凝土	是	增值税专用发票	13%	—
	商品混凝土	是	增值税专用发票	3%	仅限于以水泥为原料生产的水泥混凝土
	油品、火工品	是	增值税专用发票	13%	—
	桥梁、支座、锚杆、锚具	是	增值税专用发票	13%	—
	地材（砂、土、石料）	是	增值税专用发票	13%	—
		是	增值税专用发票	3%	以自己采掘的砂、土、石料或其他矿物连续生产的砖、瓦、石灰（不含粘土实心砖、瓦）适用

续上表

成本费用	具体项目	是否可以抵扣	扣税凭证	税率（征收率）	备注
材料费	小型机具电料五金材料	是	增值税专用发票	13%	—
	方木、木板、竹胶板、木胶板	是	增值税专用发票	13%	—
	原木、原竹、苗木、花卉	是	农产品收购、销售发票	13%	购买价×13%
		是	增值税专用发票	13%	—
	压浆剂、灌浆料、粉煤灰	是	增值税专用发票	13%	—
	减水剂、速凝剂、石粉	是	增值税专用发票	13%	—
	机制砖、井盖、污水管、铸铁管	是	增值税专用发票	13%	—
	螺旋管、彩砖、栏杆、洞渣、路缘	是	增值税专用发票	13%	—
	伸缩缝、钢管、钢绞线、波纹管	是	增值税专用发票	13%	—
	钢纤维、挤压套	是	增值税专用发票	13%	—
	电器开关、电线电缆、照明设备	是	增值税专用发票	13%	—
	空调电梯电器设备	是	增值税专用发票	13%	—
	管材、塑料板材、塑料管材	是	增值税专用发票	13%	—
	钢管、铸铁管到、阀门	是	增值税专用发票	13%	—
	木门、防盗门、防火门防盗网、塑钢窗	是	增值税专用发票	13%	—

续上表

成本费用	具体项目	是否可以抵扣	扣税凭证	税率（征收率）	备注
材料费	瓷砖、大理石、火烧石、水泥预制件	是	增值税专用发票	13％	—
	玻璃幕墙、铝塑板、外墙装饰材料	是	增值税专用发票	13％	—
	给排水设备、消防设施	是	增值税专用发票	13％	—
	材料运费	是	增值税专用发票	9％	—
	材料加工费	是	增值税专用发票	13％	—
	自购周转材料	是	增值税专用发票	13％	—
	租赁周转材料	是	增值税专用发票	13％	—
	周转材料运费	是	增值税专用发票	9％	—
机械费	设备机械经营租赁	是	增值税专用发票	3％、13％	以纳入“营改增”试点之日前取得的有形动产为标的物提供的经营租赁服务；以纳入“营改增”试点之日前签订的尚未执行完毕的有形动产租赁合同，可以选择适用简易计税方法按3％计税
	设备机械融资租赁	是	增值税专用发票	3％、6％、13％	—
	设备机械折旧费	否	—	—	—

续上表

成本费用	具体项目	是否可以抵扣	扣税凭证	税率（征收率）	备注
机械费	电费	是	增值税专用发票	3%、13%	县级及县级以下小型水力发电单位生产的电力可选择按照简易办法依照3%征收率计算缴纳增值税
	燃油费	是	增值税专用发票	13%	—
	设备修理费	是	增值税专用发票	13%	—
	操作人员工资费用	否	增值税专用发票	—	—
	石油液化气、天然气	是	增值税专用发票	13%	—
	水费	是	增值税专用发票	13%、3%	简易征收3%

建筑施工企业建筑服务主要项目征税项目及税率见表8-2。

表8-2　建筑服务主要项目征税项目及税率

成本费用	具体项目	是否可以抵扣	扣税凭证	税率（征收率）	备注
分包支出	专业分包	是	增值税专用发票	9%	—
	劳务分包	是	增值税专用发票	9%	—
	清包工方式劳务分包	是	增值税专用发票	3%	—
其他直接费	征地拆迁	否	—	—	—
	青苗补偿	否	—	—	—

续上表

成本费用	具体项目	是否可以抵扣	扣税凭证	税率（征收率）	备注
其他直接费	施工水费	是	增值税专用发票	13%、3%	简易征收 3%
	施工电费	是	增值税专用发票	13%	—
	安全生产用品	是	增值税专用发票	13%	—
	检验试验费	是	增值税专用发票	6%	—
	二次搬运费	是	增值税专用发票	6%	—
	场地租赁费用	是	增值税专用发票	9%、5%	出租老项目可选择简易计税按 5%
	临时设施费	是	增值税专用发票	9%	—
	临时设施费	是	增值税专用发票	13%	—
	场地清理	是	增值税专用发票增值税专用发票	9%、3%	—
	工程保险	是	—	6%	—
	运输费	是	增值税专用发票	9%	—
	工程复测费	是	增值税专用发票	6%	—

建筑施工企业期间费用主要项目征税项目及税率见表 8-3。

表 8-3　期间费用主要项目征税项目及税率

成本费用	具体业务	是否可抵扣	扣税凭证	税率/征收率	备注
间接费用	职工工资奖金及“五险一金”	否	—	—	—
	会议费	是	增值税专用发票	6%	—
管理费用	场地租赁费	是	增值税专用发票	9%	—
	房屋建筑商业地产租赁	是	增值税专用发票	9%	—
	房屋建筑商业地产租赁	是	增值税专用发票	5%	出租老项目可选择简易计税按 5%
	办公用品	是	增值税专用发票	13%	—
	低值易耗品	是	增值税专用发票	13%	—
	住宿费	是	增值税专用发票	6%	—
	机票、车船费	否	—	—	—
	餐费	否	—	—	—
	电话费、网络使用费	是	增值税专用发票	9%/6%	—
	个人移动话费补贴	不得抵扣			—
	传真收发	是	增值税专用发票	9%	基础电信服务
	邮寄费	是	增值税专用发票	6%	物流辅助
	邮寄费	是	增值税专用发票	9%	交通运输
	车辆修理	是	增值税专用发票	13%	—
	网络硬件维修	是	增值税专用发票	13%	—
	软件、设施维护保养	是	增值税专用发票	6%	—

续上表

成本费用	具体业务	是否可抵扣	扣税凭证	税率/征收率	备注
管理费用	油料	是	增值税专用发票	13%	—
	停车费、路桥费、养路费	是	增值税专用发票	9%、3%、5%	—
	业务招待费	否	—	—	—
	劳动保护费	是	增值税专用发票	13%	—
	电费	是	增值税专用发票	13%	—
	水费	是	增值税专用发票	3%	自来水简易征收3%
	液化石油气、天然气	是	增值税专用发票	13%	—
	燃料煤气	是	增值税专用发票	13%	—
	租赁费用	是	增值税专用发票	13%	设备、车辆等有形动产租赁
	书报资料费	是	增值税专用发票	13%	—
	房屋及附属设施维修	是	增值税专用发票	9%、3%	如施工方适用清包工或甲供工程可适用简易3%
	机械设备备品备件维修	是	增值税专用发票	13%	—
	装卸搬运费	是	增值税专用发票	6%	—

续上表

成本费用	具体业务	是否可抵扣	扣税凭证	税率/征收率	备注
管理费用	仓储保管	是	增值税专用发票	6%	—
	职工培训费、招聘费	是	增值税专用发票	6%、3%	不含员工个人学历学位教育；非学历教育可选择简易计税3%
	印刷费	是	增值税专用发票	13%	—
	广告宣传展览	是	增值税专用发票	6%	—
	宣传材料	是	增值税专用发票	13%	—
	物料消耗	是	增值税专用发票	13%	—
	总部管理费用	是	增值税专用发票	6%	—
	咨询、鉴证	是	增值税专用发票	6%	—
	审计、评估、技术转让费、软件使用费	是	增值税专用发票	6%	—
	购置花卉苗木等	是	增值税专用发票	13%	—
	日常绿化养护	是	增值税专用发票	9%	其他建筑服务中的园林绿化
	试验检验费	是	增值税专用发票	6%	—
	保安费用	是	增值税专用发票	6%、5%	安全保护服务比照劳务派遣服务政策执行，即可以选择差额纳税，按照简易计税方法依5%的征收率计算缴纳增值税

续上表

成本费用	具体业务	是否可抵扣	扣税凭证	税率/征收率	备注
管理费用	保安器材	是	增值税专用发票	13%	—
	物业管理费	是	增值税专用发票	6%	—
	业务外包	是	增值税专用发票	6%	—
	工会经费	否	—	—	—
	党、团费	否	—	—	—
	行业协会会费、管理费	否	—	—	—
	旅游费	否	—	—	—
	折旧及摊销	否	—	—	—
	排污费	否	—	—	—
	保险费	是	增值税专用发票	6%	仅限于设备等财产险，人身保险不得抵扣
	各类税金	否	—	—	—
	资产减值	否	—	—	—
	坏账准备	否	—	—	—
	货运代理	是	增值税专用发票	6%	—
财务费用	贷款利息支出	否	—	—	含与该笔贷款直接相关的投融资顾问费、咨询、手续费等费用
	保函费用	是	增值税专用发票	6%	—
	担保费用	是	增值税专用发票	6%	—
	金融机构手续费	是	增值税专用发票	6%	—
	开户费	是	增值税专用发票	6%	—

续上表

成本费用	具体业务	是否可抵扣	扣税凭证	税率/征收率	备注
财务费用	账户管理费	是	增值税专用发票	6%	—
	结算费	是	增值税专用发票	6%	—
	过户费	是	增值税专用发票	6%	—
	授新费	是	增值税专用发票	6%	—

建筑施工企业固定资产征税项目及税率见表 8-4。

表 8-4　固定资产征税项目及税率

资产类别	具体业务	是否可抵扣	扣税凭证	税率	备注
有形动产	运输设备	是	增值税专用发票	13%	进项税额当期一次性全额；如果是专用于简易、免税项目、集体福利或者个人消费的固定资产，不得抵扣
	施工机械	是	增值税专用发票	13%	—
	仪器及实验设备	是	增值税专用发票	13%	—
	生产设备	是	增值税专用发票	13%	—
	电子设备	是	增值税专用发票	13%	—
	税控专用设备	是	增值税专用发票		价税合计全额抵减增值税应纳税额
不动产	房屋建筑	是	增值税专用发票	9%/5%	—
	在建工程	是	增值税专用发票	9%/5%	—
	构筑物	是	增值税专用发票	9%/5%	—
无形资产	软件	是	增值税专用发票	13%	当期一次性抵扣

续上表

资产类别	具体业务	是否可抵扣	扣税凭证	税率	备注
无形资产	专利	是	增值税专用发票	6%	—
	非专利技术	是	增值税专用发票	6%	—
	商标	是	增值税专用发票	6%	—
	著作权	是	增值税专用发票	6%	—
	土地使用权	是	增值税专用发票	9%、5%	—

需要注意的是，纳税人取得的增值税扣税凭证不符合法律、行政法规或者国家税务总局有关规定的，其进项税额不得从销项税额中抵扣。对于属于不得从销项税额中抵扣的进项税额，纳税人必须做好划分和处理，不得进行进项抵扣。

3. 纳税时间与地点

增值税纳税义务发生时间，按照下列规定确定：

（1）发生应税交易，纳税义务发生时间为收讫销售款项或者取得销售款项索取凭据的当日；先开具发票的，为开具发票的当日。

（2）发生视同应税交易，纳税义务发生时间为完成视同应税交易的当日。

（3）进口货物，纳税义务发生时间为货物报关进口的当日。

（4）增值税扣缴义务发生时间为纳税人增值税纳税义务发生的当日。

增值税纳税地点，按照下列规定确定：

（1）有固定生产经营场所的纳税人，应当向其机构所在地或者居住地主管税务机关申报纳税。总机构和分支机构不在同一县（市）的，应当分别向各自所在地的主管税务机关申报纳税；经省级以上财政、税务主管部门批准，可以由总机构汇总向总机构所在地的主管税务机关申报纳税。

（2）无固定生产经营场所的纳税人，应当向其应税交易发生地主管税务机关申报纳税；未申报纳税的，由其机构所在地或者居住地主管税务机关补征税款。

（3）进口货物的纳税人，应当按照海关规定的地点申报纳税。

（4）扣缴义务人，应当向其机构所在地或者居住地主管税务机关申报缴纳扣缴的税款；机构所在地或者居住地在境外的，应当向应税交易发生地主管税务机关申报缴纳扣缴的税款。

8.1.4 预征率

《财政部 税务总局关于建筑服务等营改增试点政策的通知》（财税〔2017〕58号）第三条规定："纳税人提供建筑服务取得预收款，应在收到预收款时，以取得的预收款扣除支付的分包款后的余额，按照本条第三款规定的预征率预缴增值税。"

1. 一般纳税人预缴增值税计算办法

适用一般计税方法的，计算公式为

应预缴税款=(全部价款和价外费用－支付的分包款)÷(1+9%)×2%

适用简易计税方法的计算法公式为

应预缴税款=(全部价款和价外费用－支付的分包款)÷(1+3%)×3%

(1) 一般纳税人跨县（市、区）提供建筑服务，适用一般计税方法的，以取得的全部价款和价外费用扣除支付的分包款后的余额，按照2%的预征率计算应预缴税款。

(2) 一般纳税人跨县（市、区）提供建筑服务，适用简易计税方法的，以取得的全部价款和价外费用扣除支付的分包款后的余额，按照3%的预征率计算应预缴税款。

2. 小规模纳税人预缴增值税计算方法

小规模纳税人跨县（市、区）提供建筑服务，以取得的全部价款和价外费用扣除支付的分包款后的余额按照3%的预征率2027年12月31日之前，预征率为1%①计算应预缴税款。

对跨县（市、区）提供的建筑服务，纳税人应自行建立预缴税款台账，区分不同县（市、区）和项目逐笔登记全部收入、支付的分包款、已扣除的分包款、扣除分包款的发票号码、已预交税款，以及预缴税款的完税凭证号码等相关内容，留存备查。

3. 建筑服务增值税预缴地点

(1) 纳税人跨地级行政区范围提供建筑服务取得预收款的，应在收到预收款时，向建筑服务发生地主管国税机关预缴税款。

(2) 纳税人在同一地级行政区范围（含在同一地级行政区范围内跨县、市、区）内提供建筑服务取得预收款的，应在收到预收款时，向机构所在地主管国税机关预缴税款。

4. 建筑服务预缴增值税的时点

纳税人提供租赁服务采取预收款方式的，其纳税义务发生时间为收到预收款的当天。

纳税人发生应税建筑服务行为并收讫销售款项（提供建筑服务过程中或者完成后收到款项）的当天，或者取得索取销售款项凭据的当天（书面合同确定的付款日期；未签订书面合同或者书面合同未确定付款日期的，为建筑服务完成之日）；先开具发票的，为开具发票的当天。

8.1.5 增值税计税方法

增值税的计税方法，包括一般计税方法和简易计税方法。

1. 一般计税方法

一般计税方法是指依据销项税额减去进项税额的差额计算应纳税额，适用于增值税一般纳税人。销项税额即为销售额乘以增值税税率；进项税额指纳税人购进货物、加工修理修配劳务、服务、无形资产或者不动产，支付或者负担的增值税额。

销项税额计算公式为

销项税额＝不含税销售额×税率

一般情况下，如果没有合同约定，支付的价款是含增值税的，含税金额需要换算成不含税金额，计算公式计为

不含税销售额＝含税销售额÷（1＋税率）

【例 8-1】虹飞水泥厂销售 100 吨水泥，含税价款 101 700 元，适用税率为 13%，则

不含税销售额＝含税销售额÷（1＋税率）＝101 700÷（1＋13%）＝90 000（元）

销项税额＝90 000×13%＝11 700（元）

本期购进原材料 200 吨，含税价款 67 800 元，取得增值税专用发票并于当月已认证。

不含税采购额＝含税采购额÷（1＋税率）＝67 800÷（1＋13%）＝60 000（元）

进项税额＝60 000×13%＝7 800（元）

假设当月无期末留抵税额。应纳税额计算公式为

应纳税额＝当期销项税额－当期进项税额＝11 700－7 800＝3 900（元）

2. 简易计税方法

简易计税方法是按照销售额与征收率的乘积计算应纳税额，一般适用于小规模纳税人。一般纳税人原则上适用一般计税方法，但是在一些特殊情形下可以使用简易计税方法，比如提供建筑服务（甲供工程、清包工）。一般纳税人以“清包工”、“甲供工程”、建筑工程“老项目”和部分“工程总承包”方式提供建筑服务，可以选择简易计税方法。

（1）清包工。清包工是指施工方仅收取人工费、管理费或者其他费用，不采购建筑工程所需的材料或只采购辅助材料，建筑工程所需的主要材料或全部材料由建设方或上一环节工程发包方采购。

“清包工”方式可以选用简易计税，主要考虑到施工方既不采购建筑工程所需材料或只采购辅助材料，且其大部分成本为人工成本，施工方可以取得用于抵扣的进项税额较少。

（2）甲供工程。甲供工程是指施工方可能采购部分设备、材料、动力，也可能完全不采购设备、材料、动力，工程所需全部或部分设备、材料、动力由工程发包方自行采购。《财政部 国家税务总局关于全面推开营业税改征增值税试点的通知》（财税〔2016〕36 号附件 2《营业税改征增值税试点有关事项的规定》第一条第七项“建筑服务”第 2 目规定：“一般纳税人为甲供工程提供的建筑服务，可以选择适用简易计税方法计税。”在建筑工程中，出于质量控制的考虑，甲方一般会自行采购主要建筑材料，也就是俗称的“甲供材”。

目前，甲供材主要有两种模式：第一，甲供材作为工程款的一部分，甲方采购后交给建筑企业使用，并抵减部分工程款；第二，甲供材与工程款无关，甲方采购后交给建筑企业使用，并另行支付工程款。

（3）建筑工程“老项目”。“建筑工程老项目是指：（1）建筑工程施工许可证注明的合同开工日期在 2016 年 4 月 30 日前的建筑工程项目；（2）未取得建筑工程施工许可证的，建筑工程承包合同注明的开工日期在 2016 年 4 月 30 日前的建筑工程项目”。

（4）部分工程总承包。《财政部 税务总局关于建筑服务等营改增试点政

策的通知》(财税〔2017〕58号)第一条第一款规定:“建筑工程总承包单位为房屋建筑的地基与基础、主体结构提供工程服务,建设单位自行采购全部或部分钢材、混凝土、砌体材料、预制构件的,适用简易计税方法计税。”

(5)建筑设备“湿租”。《财政部 税务总局关于明确金融 房地产开发 教育辅助服务等增值税政策的通知》(财税〔2016〕140号)第十六条规定:“纳税人将建筑施工设备出租给他人使用并配备操作人员的,按照‘建筑服务’缴纳增值税。”

(6)销售设备并提供安装服务。《国家税务总局关于明确中外合作办学等若干增值税征管问题的公告》(国家税务总局公告2018年第42号)第六条规定:“一般纳税人销售自产机器设备的同时提供安装服务,应分别核算机器设备和安装服务的销售额,安装服务可以按照甲供工程选择适用简易计税方法计税。

“一般纳税人销售外购机器设备的同时提供安装服务,如果已经按照兼营的有关规定,分别核算机器设备和安装服务的销售额,安装服务可以按照甲供工程选择适用简易计税方法计税。

“纳税人对安装运行后的机器设备提供的维护保养服务,按照‘其他现代服务’缴纳增值税。”

8.1.6 发票

发票是指在购销商品、提供或者接受服务以及从事其他经营活动中,开具、收取的收付款凭证。发票包括纸质发票和电子发票。电子发票与纸质发票具有同等法律效力。国家积极推广使用电子发票。下面具体介绍电子发票。

电子发票包括增值税电子发票、全面数字化电子发票(以下简称数电发票)。

1. 增值税电子发票

增值税电子发票是增值税电子普通发票和增值税电子专用发票的统称。

需要注意的是,增值税电子发票不得作废。如有需要,开具红字发票。纳税人发生销货退回、开票有误、应税服务中止、销售折让等情形,按照

《关于在新办纳税人中实行增值税专用发票电子化有关事项的公告》（国家税务总局公告2020年第22号）有关规定办理。

2. 数电发票

以数字电文形式（XML）交付的数电发票，破除了PDF、OFD等文档格式限制。数电发票不再有单张开票额度和票种的限制，实行开具金额总额度管理。

电子发票服务平台可以提供建筑服务、旅客运输服务、货物运输服务、不动产销售、不动产经营租赁服务、农产品收购、光伏收购、代收车船税、自产农产品销售、差额征税等发票。

标签处可根据业务填写，如建筑服务、旅客运输服务、货物运输服务、不动产销售、不动产经营租赁服务、农产品收购、光伏收购、代收车船税、自产农产品销售、差额征税。图8-1为建筑服务数电发票。

动态二维码	建筑服务	电子发票（增值税专用发票）	发票号码：××××× 开票日期：2025年3月2日

购买方信息	名　　称：恒原建筑工程有限公司 统一社会信用代码/纳税人识别号：11042813756H	销售方信息	名　　称：康泰设备有限公司 统一社会信用代码/纳税人识别号：452064549363597H

项目名称	规格型号	单位	数量	单价	金额	税率/征收率	税额
推土机	XML5	台	1	500 000	500 000	13%	65 000
合计					¥500 000		¥65 000

价款合计（大写）	⊗伍拾陆万伍仟元整	（小写）¥565 000
备注	（略）	

图8-1　建筑服务数电发票

8.2 建筑工程项目增值税会计核算

建筑企业的纳税义务发生时间以收款、业主批复验工计价、发票开具时间孰早来确认。当然，业主验工计价并不立即向建筑施工企业支付工程款，但并不影响纳税义务时间的确定。

《财政部 税务总局关于建筑服务等营改增试点政策的通知》（财税〔2017〕58号）第三条第一款规定："纳税人提供建筑服务取得预收款，应在收到预收款时，以取得的预收款扣除支付的分包款后的余额，按照本条第三款规定的预征率预缴增值税。"第三条第三款规定："适用一般计税方法计税的项目预征率为2%，适用简易计税方法计税的项目预征率为3%。"

8.2.1 一般计税方法下预缴税款

跨县（市）提供建筑服务要在项目所在地进行预缴，并取得完税凭证，作为机构所在地抵扣税款依据。

《纳税人跨县（市、区）提供建筑服务增值税征收管理暂行办法》第六条第一款规定："纳税人按照上述规定从取得的全部价款和价外费用中扣除支付的分包款，应当取得符合法律、行政法规和国家税务总局规定的合法有效凭证，否则不得扣除。"

有效凭证是指从分包方取得的2016年5月1日后开具的，备注栏注明建筑服务发生地所在县（市、区）、项目名称的增值税发票。需要注意的是，扣除金额为含税金额。

（1）扣除的分包款应当取得分包方开具给总包方的增值税发票（普通发票或专用发票）。

（2）纳税人取得的全部价款和价外费用扣除支付的分包款后的余额为负数的，可结转下次预缴税款时继续扣除。

（3）纳税人应按照工程项目分别计算应预缴税款，分别预缴。

（4）纳税人预缴的税款可以在当期增值税应纳税额中抵减，抵减不完的，结转下期继续抵扣。以预缴税款抵减应纳税额，应以完税凭证作为合法有效凭证。

一般计税方法下预缴税款计算公式为

预缴税金＝（全部价款和价外费用－支付并取得发票的分包款）÷（1＋9%）×2%

收到预收款当月产生纳税义务，当月预交增值税会计分录如下。

借：应交税费——预交增值税

贷：银行存款

【例 8-2】 远大建筑有限公司属于一般纳税人，有两个建筑项目均采用一般计税方法，统一核算。2024 年 5 月，注册地 A 项目与工程发包方办理验工计价 468.70 万元，合同约定实际付款为结算金额的 80%，应收款 374.96 万元，已开具发票，但未收款。接受小规模纳税人乙公司提供的清运服务 6.06 万元，款项已支付，取得增值税专用发票。

按照施工合同，异地 B 项目进场时收取预付款 348.80 万元（含税），未开具发票；预付专业分包甲企业价款含税金额 207.10 万元，未取得增值税专用发票；预付专业分包丁企业价款含税金额 87.2 万元，取得增值税专用发票。

（1）5 月，编制 A 项目会计分录如下。

①验工计价，确认工程结算。

由于 A 项目不属于跨区项目，无须预缴税款，且已经开具发票，因此直接计提销项税额。

借：应收账款	3 749 600	
贷：合同结算		3 440 000
应交税费——应交增值税（销项税额）［A 项目］		309 600

②从乙公司外购服务。

借：合同履约成本——合同成本	60 000	
应交税费——应交增值税（进项税额）	600	
贷：银行存款		60 600

（2）5 月，编制 B 项目会计分录如下。

①建筑服务项目收到预付款，不需要计提增值税销项税额。因为 207.10 万元分包款没有取得合法凭证，所以不能在预缴时扣除。应交增值税 4.80［（348.80－87.20）÷（1＋9%）×2%］万元。

应缴纳城市维护建设税＝48 000×7%＝3 360（元）

应缴纳教育费附加＝48 000×3%＝1 440（元）

应缴纳地方教育附加＝48 000×2%＝960（元）

借：税金及附加	5 760	
贷：应交税费——应交城市维护建设税		3 360
——应交教育费附加		1 440
——应交地方教育附加		960
借：银行存款	3 488 000	
贷：预收账款		3 488 000

借：应交税费——预交增值税　48 000
——应交城市维护建设税　3 360
——应交教育费附加　1 440
——应交地方教育附加　960
贷：银行存款　53 760

②支付专业分包款

由于87.20万元预付款已经取得增值税专用发票，则该笔款项要计提进项税额。

借：预付账款——甲企业　2 071 000
——丁企业　872 000
贷：银行存款　2 943 000

借：合同履约成本——合同成本（专业分包成本）　800 000
应交税费——应交增值税（进项税额）　72 000
贷：预付账款　872 000

③6月，计算远大建筑有限公司汇总应纳税额。

销项税额＝309 600（元）

进项税额＝600＋72 000＝72 600（元）

已交税金＝48 000（元）

当月应纳税增值税额＝销项税额－进项税额－预缴税金＝309 600－72 600－48 000＝189 000（元）

借：应交税费——应交增值税（转出未交增值税）　189 000
贷：应交税费——未交增值税　189 000

应缴纳城市维护建设税＝189 000×7％＝13 230（元）

应缴纳教育费附加＝189 000×3％＝5 670（元）

应缴纳地方教育附加＝189 000×2％＝3 780（元）

借：税金及附加　22 680
贷：应交税费——应交城市维护建设税　13 230
——应交教育费附加　5 670
——应交地方教育附加　3 780

借：应交税费——应交增值税（已交税金）　189 000
——应交城市维护建设税　13 230
——应交教育费附加　5 670
——应交地方教育附加　3 780
贷：银行存款　211 680

根据计算，填写增值税及附加税费申报表，见表8-5至表8-7。

表 8-5 增值税及附加税费申报表

（一般纳税人适用）

根据国家税收法律法规及增值税相关规定制定本表。纳税人不论有无销售额，均应按税务机关核定的纳税期限填写本表，并向当地税务机关申报。

税款所属时间：自 2024 年 5 月 1 日至 2024 年 5 月 31 日　　填表日期：2024 年 6 月 5 日　　金额单位：元至角分

<table>
<tr><td>纳税人识别号</td><td>8</td><td>1</td><td>2</td><td>3</td><td>4</td><td>6</td><td>7</td><td>0</td><td>0</td><td>4</td><td>3</td><td>1</td><td>5</td><td>3</td><td>4</td><td>2</td><td>5</td><td colspan="4">所属行业：建筑业</td></tr>
<tr><td>纳税人名称</td><td colspan="9">远大建筑有限公司（公章）</td><td colspan="4">法定代表人姓名</td><td colspan="3">××</td><td>注册地址</td><td>××</td><td>生产经营地址</td><td>××</td></tr>
<tr><td>开户银行及账号</td><td colspan="12">××</td><td colspan="4">登记注册类型</td><td colspan="2">××</td><td>电话号码</td><td>××</td></tr>
</table>

<table>
<tr><td colspan="2" rowspan="2">项　目</td><td rowspan="2">栏次</td><td colspan="2">一般项目</td><td colspan="2">即征即退项目</td></tr>
<tr><td>本月数</td><td>本年累计</td><td>本月数</td><td>本年累计</td></tr>
<tr><td rowspan="10">销售额</td><td>（一）按适用税率计税销售额</td><td>1</td><td>—</td><td>—</td><td>—</td><td>—</td></tr>
<tr><td>其中：应税货物销售额</td><td>2</td><td>3 440 000</td><td>—</td><td>—</td><td>—</td></tr>
<tr><td>应税劳务销售额</td><td>3</td><td>—</td><td>—</td><td>—</td><td>—</td></tr>
<tr><td>纳税检查调整的销售额</td><td>4</td><td>—</td><td>—</td><td>—</td><td>—</td></tr>
<tr><td>（二）按简易办法计税销售额</td><td>5</td><td>—</td><td>—</td><td>—</td><td>—</td></tr>
<tr><td>其中：纳税检查调整的销售额</td><td>6</td><td>—</td><td>—</td><td>—</td><td>—</td></tr>
<tr><td>（三）免、抵、退办法出口销售额</td><td>7</td><td>—</td><td>—</td><td>—</td><td>—</td></tr>
<tr><td>（四）免税销售额</td><td>8</td><td>—</td><td>—</td><td>—</td><td>—</td></tr>
<tr><td>其中：免税货物销售额</td><td>9</td><td>—</td><td>—</td><td>—</td><td>—</td></tr>
<tr><td>免税劳务销售额</td><td>10</td><td>—</td><td>—</td><td>—</td><td>—</td></tr>
</table>

续上表

项目		栏次	一般项目		即征即退项目	
			本月数	本年累计	本月数	本年累计
税款计算	销项税额	11	309 600	—	—	—
	进项税额	12	72 600	—	—	—
	上期留抵税额	13	—	—	—	—
	进项税额转出	14	—	—	—	—
	免、抵、退应退税额	15	—	—	—	—
	按适用税率计算的纳税检查应补缴税额	16	—	—	—	—
	应抵扣税额合计	17=12+13−14−15+16	—	—	—	—
	实际抵扣税额	18(如17<11,则为17,否则为11)	—	—	—	—
	应纳税额	19=11−18	237 000	—	—	—
	期末留抵税额	20=17−18	—	—	—	—
	简易计税办法计算的应纳税额	21	—	—	—	—
	按简易计税办法计算的纳税检查应补缴税额	22	—	—	—	—
	应纳税额减征额	23	—	—	—	—
	应纳税额合计	24=19+21−23	237 000	—	—	—

续上表

项目		栏次	一般项目		即征即退项目	
			本月数	本年累计	本月数	本年累计
税款缴纳	期初未缴税额(多缴为负数)	25	—	—	—	—
	实收出口开具专用缴款书退税额	26	—	—	—	—
	本期已缴税额	27=28+29+30+31	48 000	—	—	—
	①分次预缴税额	28	48 000	—	—	—
	②出口开具专用缴款书预缴税额	29	—	—	—	—
	③本期缴纳上期应纳税额	30	—	—	—	—
	④本期缴纳欠缴税额	31	—	—	—	—
	期末未缴税额(多缴为负数)	32=24+25+26−27	—	—	—	—
	其中:欠缴税额(≥0)	33=25+26−27	—	—	—	—
	本期应补(退)税额	34=24−28−29	189 000	—	—	—
	即征即退实际退税额	35	—	—	—	—
	期初未缴查补税额	36	—	—	—	—
	本期入库查补税额	37	—	—	—	—
	期末未缴查补税额	38=16+22+36−37	—	—	—	—

续上表

<table>
<tr><td colspan="2" rowspan="2">项　目</td><td rowspan="2">栏次</td><td colspan="2">一般项目</td><td colspan="2">即征即退项目</td></tr>
<tr><td>本月数</td><td>本年累计</td><td>本月数</td><td>本年累计</td></tr>
<tr><td rowspan="3">附加税款</td><td>城市维护建设税本期应补(退)税额</td><td>39</td><td>13 230</td><td>—</td><td>—</td><td>—</td></tr>
<tr><td>教育费附加本期应补(退)费税</td><td>40</td><td>5 670</td><td>—</td><td>—</td><td>—</td></tr>
<tr><td>地方教育附加本期应补(退)费额</td><td>41</td><td>3 780</td><td>—</td><td>—</td><td>—</td></tr>
<tr><td colspan="7">声明:此表是根据国家税收法律法规及相关规定填写的,本人(单位)对填报内容(及附带资料)的真实性、可靠性、完整性负责。

纳税人(签章):2024 年 6 月 5 日</td></tr>
<tr><td colspan="4">经办人:××
经办人身份证号:××××
代理机构签章:(略)
代理机构统一社会信用代码:××××××</td><td colspan="3">受理人:××
受理税务机关(章):(略)
受理日期:2024 年 6 月 5 日</td></tr>
</table>

表 8-6　增值税及附加税费申报表附列资料(一)

(本期销售情况明细)

税款所属时间:2024 年 5 月 1 日至 2024 年 5 月 31 日

纳税人名称:(公章)远大建筑有限公司　　　　金额单位:元至角分

项目及栏次				开具增值税专用发票		开具其他发票		未开具发票		纳税检查调整		合计			服务、不动产和无形资产扣除项目本期实际扣除金额	扣除后	
				销售额	销项(应纳)税额	销售额	销项(应纳)税额	销售额	销项(应纳)税额	销售额	销项(应纳)税额	销售额	销项(应纳)税额	价税合计		含税(免税)销售额	销项(应纳)税额
				1	2	3	4	5	6	7	8	9=1+3+5+7	10=2+4+6+8	11=9+10	12	13=11−12	14=13÷(100%+税率或征收率)×税率或征收率
一、一般计税方法计税	全部征税项目	13%税率的货物及加工修理修配劳务	1	—	—	—	—	—	—	—	—	—	—	—	—	—	—
		13%税率的服务、不动产和无形资产	2	—	—	—	—	—	—	—	—	—	—	—	—	—	—
		9%税率的货物及加工修理修配劳务	3	3 440 000	309 600							3 440 000	309 600	3 749 600	—	3 749 600	309 600
		9%税率的服务、不动产和无形资产	4	—	—	—	—	—	—	—	—	—	—	—	—	—	—
		6%税率	5	—	—	—	—	—	—	—	—	—	—	—	—	—	—

续上表

项目及栏次				开具增值税专用发票		开具其他发票		未开具发票		纳税检查调整		合计			服务、不动产和无形资产扣除项目本期实际扣除金额	扣除后	
				销售额	销项（应纳）税额	销售额	销项（应纳）税额	销售额	销项（应纳）税额	销售额	销项（应纳）税额	销售额	销项（应纳）税额	价税合计		含税（免税）销售额	销项（应纳）税额
				1	2	3	4	5	6	7	8	9＝1＋3＋5＋7	10＝2＋4＋6＋8	11＝9＋10	12	13＝11－12	14＝13÷（100%＋税率或征收率）×税率或征收率
一、一般计税方法计税	其中：即征即退项目	即征即退货物及加工修理修配劳务	6	—	—	—	—	—	—	—	—	—	—	—	—	—	—
		即征即退服务、不动产和无形资产	7	—	—	—	—	—	—	—	—	—	—	—	—	—	—
二、简易计税方法计税	全部征税项目	6%征收率	8							—	—			—	—	—	—
		5%征收率的货物及加工修理修配劳务	9a	—	—	—	—	—	—	—	—	—	—	—	—	—	—
		5%征收率的服务、不动产和无形资产	9b	—	—	—	—	—	—	—	—	—	—	—	—	—	—
		4%征收率	10		—	—		—	—	—	—	—	—	—	—	—	—
		3%征收率的货物及加工修理修配劳务	11	—	—	—	—	—	—	—	—	—	—	—	—	—	—
		3%征收率的服务、不动产和无形资产	12	—	—	—	—	—	—	—	—	—	—	—	—	—	—
		预征率　%	13a	—	—	—	—	—	—	—	—	—	—	—	—	—	—
		预征率　%	13b	—	—	—	—	—	—	—	—	—	—	—	—	—	—
		预征率　%	13c	—	—	—	—	—	—	—	—	—	—	—	—	—	—

续上表

项目及栏次				开具增值税专用发票		开具其他发票		未开具发票		纳税检查调整		合计			服务、不动产和无形资产扣除项目本期实际扣除金额	扣除后	
				销售额	销项(应纳)税额	销售额	销项(应纳)税额	销售额	销项(应纳)税额	销售额	销项(应纳)税额	销售额	销项(应纳)税额	价税合计		含税(免税)销售额	销项(应纳)税额
				1	2	3	4	5	6	7	8	9=1+3+5+7	10=2+4+6+8	11=9+10	12	13=11−12	14=13÷(100%+税率或征收率)×税率或征收率
二、简易计税方法计税	其中：即征即退项目	即征即退货物及加工修理修配劳务	14	—	—	—	—	—	—	—	—	—	—	—	—	—	—
		即征即退服务、不动产和无形资产	15	—	—	—	—	—	—	—	—	—	—	—	—	—	—
三、免抵退税	货物及加工修理修配劳务		16	—	—		—		—	—	—	—	—	—	—	—	—
	服务、不动产和无形资产		17	—	—		—		—	—	—	—	—				—
四、免税	货物及加工修理修配劳务		18				—		—	—	—	—	—	—	—	—	—
	服务、不动产和无形资产		19	—	—		—		—	—	—	—	—	—	—	—	—

表 8-7　增值税纳税申报表附列资料(二)

(本期进项税额明细)

税款所属时间：2024 年 5 月 1 日至 2024 年 5 月 31 日

纳税人名称:(公章)远大建筑有限公司　　　　金额单位:元至角分

一、申报抵扣的进项税额				
项目	栏次	份数	金额	税额
(一)认证相符的增值税专用发票	1=2+3	1	860 000	72 600
其中:本期认证相符且本期申报抵扣	2	1	860 000	72 600
前期认证相符且本期申报抵扣	3	—	—	—
(二)其他扣税凭证	4=5+6+7+8a+8b	—	—	—
其中:海关进口增值税专用缴款书	5	—	—	—
农产品收购发票或者销售发票	6	—	—	—
代扣代缴税收缴款凭证	7	—	—	—
加计扣除农产品进项税额	8a	—	—	—
其他	8b	—	—	—
(三)本期用于购建不动产的扣税凭证	9	—	—	—
(四)本期不动产允许抵扣进项税额	10	—	—	—
(五)外贸企业进项税额抵扣证明	11	—	—	—
当期申报抵扣进项税额合计	12=1+4+11		860 000	72 600
二、进项税额转出额				
项目	栏次	税额		
本期进项税额转出额	13=14 至 23 之和	—		

续上表

其中:免税项目用	14	—		
集体福利、个人消费	15	—		
非正常损失	16	—		
简易计税方法征税项目用	17	—		
免抵退税办法不得抵扣的进项税额	18	—		
纳税检查调减进项税额	19	—		
红字专用发票信息表注明的进项税额	20	—		
上期留抵税额抵减欠税	21	—		
上期留抵税额退税	22	—		
异常凭证转出进项税额	23a	—		
其他应作进项税额转出的情形	23b			
三、待抵扣进项税额				
项目	栏次	份数	金额	税额
(一)认证相符的增值税专用发票	24	—	—	—
期初已认证相符但未申报抵扣	25	—	—	—
本期认证相符且本期未申报抵扣	26	—	—	—
期末已认证相符但未申报抵扣	27	—	—	—
其中:按照税法规定不允许抵扣	28	—	—	—
(二)其他扣税凭证	29=30 至 33 之和	—	—	—
其中:海关进口增值税专用缴款书	30	—	—	—

续上表

农产品收购发票或者销售发票	31	—	—	—
代扣代缴税收缴款凭证	32	—	—	—
其他	33	—	—	—
—	34	—	—	—
四、其他				
项目	栏次	份数	金额	税额
本期认证相符的增值税专用发票	35	—	—	—
代扣代缴税额	36	—	—	—

8.2.2 简易计税方法下分包款的扣除

简易计税项目按照总包扣除分包后的差额作为销售额时，按照应抵减的增值税记入“销项税额抵减”科目处理，当然也可以在计提增值税税金时直接抵减。会计处理如下：

借：应交税费——应交增值税（销项税额抵减）

　　贷：主营业务成本

简易计税项目应预缴税款计算公式为

应预缴税款＝（全部价款和价外费用－支付的分包款）÷（1＋3%）×3%

简易计税方法下的建筑服务在所在地预缴3%税款，而后期在机构所在地也是按照3%计算申报税款，其预缴税额的计算和应纳税额的计算一致。采用简易计税方法计税的纳税人所有的增值税实际上都是在建筑服务所在地缴纳，在机构所在地实际缴纳税款为零。

【例8-3】通工建筑有限公司为一般纳税人，承包南街旧城改造建筑项目，适用简易计税方法核算。2025年2月，按照建筑承包合同约定的日期收到预收工程款154 000元，接受采用简易征收方式计税的丙公司提供的建筑服务，价值47 000元，款项已支付，取得普通发票。根据上述业务，编制会计分录如下。

（1）收到预付款。

借：银行存款　　154 000

　　贷：预收账款　　154 000

预交增值税＝（154 000－47 000）÷（1＋3%）×3%＝3116.50（元）

借：应交税费——预交增值税　　3 116.50

　　贷：银行存款　　3 116.50

（2）支付分包款。

借：合同履约成本——合同成本　　47 000

　　贷：银行存款　　47 000

（3）冲减分包业务的增值税额＝47 000÷（1＋3%）×3%＝1 368.93（元）

借：应交税费——简易计税　　1 368.93

　　贷：合同履约成本　　1 368.93

8.2.3 暂未收到结算款的会计处理

企业提供建筑服务，在向业主办理工程价款结算时，借记“应收账款”

等科目，贷记“合同结算”科目，贷记“应交税费——应交增值税（销项税额）”等科目。企业向业主办理工程价款结算的时点早于增值税纳税义务发生的时点的，贷记“应交税费——待转销项税额”等科目，待增值税纳税义务发生时再转入“应交税费——应交增值税（销项税额）”等科目。

“应交税费——待转销项税额”明细科目只用于一般计税方法计税项目。收入或利得已经达到确认的条件，但按照税法的规定，纳税人现实纳税义务尚未发生，应通过“应交税费——待转销项税额”明细科目核算。待转销项税额会计处理如图 8-2 所示。

企业计量时

借：应收账款
　　贷：合同结算等
　　　　应交税费——待转销项税额

纳税义务发生时

借：应交税费——待转销项税额
　　贷：应交税费——应交增值税（销项税额）
　　　　——简易计税

图 8-2　待转销项税额会计处理

【例 8-4】天宇建筑工程公司承接甲工程项目，适用一般计税方法计税。2024 年 11 月，业主对其 10 月已完工程量计量金额 1 526 万元，款项尚未支付。因合同约定的付款日期未到，天宇建筑工程公司未对业主开具发票。

11 月末，天宇建筑工程公司甲项目部编制会计分录如下。

借：应收账款	15 260 000	
贷：合同结算——价款结算		14 000 000
应交税费——待转销项税额		1 260 000

若 2024 年 12 月 30 日，收取工程款 1 199 万元。同日开具增值税专用发票，金额 1 100 万元，税额 99 万元，纳税义务发生。编制会计分录如下。

借：银行存款	11 990 000	
贷：应收账款		11 990 000
借：应交税费——待转销项税额	990 000	
贷：应交税费——应交增值税（销项税额）		990 000

8.2.4　质保金、押金增值税的会计处理

根据《国家税务总局关于在境外提供建筑服务等有关问题的公告》（国家

税务总局公告2016年第69号）第四条规定："纳税人提供建筑服务，被工程发包方从应支付的工程款中扣押的质押金、保证金，未开具发票的，以纳税人实际收到质押金、保证金的当天为纳税义务发生时间。"实务中，业务流程比较复杂，开票、收款不能完全匹配，存在属于"会计上已经确认收入而未达到增值税纳税义务发生时间"的情况。按照增值税会计处理规定，可以使用"应交税费——待转销项税额"科目进行核算。

【例 8-5】甲公司承建乙公司住宅楼装修工程，2023年7月开工，按照一般计税方法计税。2024年10月10日，工程项目完工后与乙公司办理工程结算，不含税工程价款为2 200万元。甲公司发生人工费、材料费等1 850万元。乙公司支付了90%的工程价款，其余23 980万元作为质保金于2025年4月10日支付。

甲公司增值税会计如何处理？若其他条件不变，2024年10月10日，乙公司通知甲公司，由于装修工程出现缺陷，决定扣除质保金21.8万元并自行维修，2025年4月10日支付剩余质保金218万元。则甲公司编制会计分录如下。

(1) 2024年10月10日，甲公司办理工程价款结算，收到部分工程款时。

当日结算工程款＝2 200×(1＋9%)×90%＝2 158.20（万元）

销项税额＝2 158.2÷(1＋9%)×9%＝178.20（万元）

待转销项税额＝239.8÷(1＋9%)×9%＝19.80（万元）

①2024年10月10日，归集实际发生工程成本，确认收入。

借：合同履约成本——工程施工　　18 500 000

　　贷：原材料、应付职工薪酬、银行存款、应付账款等

　　　　18 500 000

借：应收账款——工程进度款　　23 980 000

　　贷：合同结算——价款结算　　22 000 000

　　　　应交税费——应交增值税（销项税额）　　1 782 000

　　　　　　　　——待转销项税额　　198 000

借：合同结算——收入结转　　22 000 000

　　贷：主营业务收入　　22 000 000

借：主营业务成本　　18 500 000

　　贷：合同履约成本——工程施工　　18 500 000

②收到工程款。

借：银行存款　　21 582 000

贷：应收账款　　　　　　　　　　　　　　21 582 000

(2) 如果2025年4月10日，扣除质保金21.8万元并自行维修。

借：营业外支出　　　　　　　　　　　　　　218 000

应交税费——待转销项税额　　　　　　　　18 000

贷：应收账款　　　　　　　　　　　　　　218 000

应交税费——应交增值税（销项税额）　　　18 000

(3) 2025年4月10日，甲公司收到剩余质保金218万元（239.80－21.8）时。

借：银行存款　　　　　　　　　　　　　　2 180 000

贷：应收账款　　　　　　　　　　　　　　2 180 000

如果甲公司通过“甲供材”“清包工”等方式采用简易计税方法，则核算时需要把“应交税费——应交增值税（销项税额）”科目换为“应交税费——简易计税”。

8.2.5　附加税费的会计处理

企业跨地区提供建筑服务、销售和出租不动产的，计提预交增值税的同时企业应计提附加税费，设置明细科目。会计处理如下。

借：税金及附加

贷：应交税费——应交城市维护建设税

——应交教育费附加

——应交地方教育附加

预缴增值税的纳税人在其机构所在地申报缴纳增值税时，以其实际缴纳的增值税税额为计税依据，并按机构所在地的城市维护建设税适用税率和教育费附加征收率就地计算缴纳城市维护建设税和教育费附加。

【例8-6】江苏省昆山市朗玥建筑工程公司（一般纳税人）2024年7月在天津市宝坻区提供建筑服务，适用一般计税方法。该公司当月取得建筑服务收入（含税）3 270万元，支付购入建筑材料款价税合计为1 039.60万元（取得增值税专用发票上注明的增值税额为119.6万元）。天津市宝坻区所在地城市维护建设税税率为7%，教育费附加为3%，地方教育附加为2%；昆山市所在地城市维护建设税税率为5%，教育费附加为3%，地方教育附加为2%。假定不考虑其他涉税因素，则附加税费计算如下。

（1）天津市宝坻区提供建筑服务发生税费。

预交增值税＝3 270÷（1＋9％）×2％＝60（万元）

缴纳城市维护建设税、教育费附加和地方教育附加＝60×（7％＋3％＋2％）＝7.2（万元）

借：银行存款	32 700 000	
贷：合同结算——价款结算		30 000 000
应交税费——应交增值税（销项税额）		2 700 000
借：应交税费——预交增值税	600 000	
贷：银行存款		600 000
借：税金及附加	72 000	
贷：应交税费——应交城市维护建设税		42 000
——应交教育费附加		18 000
——应交地方教育附加		12 000
借：应交税费——应交城市维护建设税	42 000	
——应交教育费附加	18 000	
——应交地方教育附加	12 000	
贷：银行存款		72 000

（2）在昆山市汇算清缴。

实际申报缴纳增值税＝3 270÷（1＋9％）×9％－60－119.6＝90.4（万元）

缴纳城市维护建设税、教育费附加和地方教育附加＝90.4×（5％＋3％＋2％）＝9.04（万元）

借：合同履约成本	9 200 000	
应交税费——应交增值税（进项税额）	1 196 000	
贷：银行存款		10 396 000

当月应交未交增值税。

借：应交税费——应交增值税（转出未交增值税）（2 700 000－1 196 000）	1 504 000	
贷：应交税费——未交增值税		1 504 000

缴纳当月应交增值税。

借：应交税费——应交增值税（已交税金）	1 504 000	
贷：银行存款		1 504 000
借：应交税费——未交增值税	600 000	

贷：应交税费——预交增值税　　　　600 000

借：税金及附加　　　　90 400

贷：应交税费——应交城市维护建设税　　　　45 200

——应交教育费附加　　　　27 120

——应交地方教育附加　　　　18 080

借：应交税费——应交城市维护建设税　　　　45 200

——应交教育费附加　　　　27 120

——应交地方教育附加　　　　18 080

贷：银行存款　　　　90 400

8.2.6　项目部汇总纳税的账务处理

1. 明细科目设置

汇总纳税方式下，会计科目“应交税费——应交增值税”应增设明细科目“结转进项税额”“结转销项税额”“结转进项税转出”“预缴税款”等，在“内部往来”或“其他应收款”科目增设“增值税专项”等。

2. 项目部月末往来账的处理

项目部、事业部月末把本期发生的可抵扣进项税额、销项税额、预缴增值税额、进项税额转出应结转到总机构增值税专项，结转时项目部会计分录为

借：内部往来——总机构增值税专项

贷：应交税费——应交增值税（进项税额）

借：应交税费——应交增值税（销项税额）

贷：内部往来——总机构增值税专项

借：内部往来——总机构增值税专项

贷：应交税费——应交增值税（已交税金）

借：应交税费——应交增值税（进项税额转出）

贷：内部往来——总机构增值税专项

3. 总机构账务处理

（1）对与项目部的往来账处理。月末，项目部把本期的应交税费相关科目发生额结转到总机构时，总机构做相反的分录。

（2）汇总缴纳增值税计算公式。

总机构当期应纳税额＝总机构汇总的当期销项税额－总机构汇总的当期

进项税额－总机构汇总的当期已交税额（含预征税额）－总机构本部上期留抵进项税额

第一种情况，当期应纳税额大于零，则

借：应交税费——应交增值税（转出未交增值税）

　　贷：应交税费——未交增值税

同时，计提税金及附加。月末应按各项目部当月汇总应补缴的增值税税额计算各自应分配的税金及附加，并结转到每个项目。

借：税金及附加（红字）

　　贷：内部往来——××项目部

次月交上月增值税时，借记“应交税费——未交增值税”，贷记“银行存款”科目。

第二种情况，当期应纳税额小于零，当期应纳增值税为零，则

月底，将本月发生的多交增值税税额自“应交税费——应交增值税”科目转入“应交税费——未交增值税”明细科目，

借：应交税费——未交增值税

　　贷：应交税费——应交增值税（转出多交增值税）

第三种情况，当月销项税额小于当月进项税额和上期进项留抵税额之和，则

当月应纳增值税为零。如当月没有已缴税额（含预征税额），不需要进行账务处理。

8.3　跨县（市、区）建筑服务会计处理

《国家税务总局发布〈纳税人跨县（市、区）提供建筑服务增值税征收管理暂行办法〉的公告》（国家税务总局公告2016年第17号）第二条规定：“本办法所称跨县（市、区）提供建筑服务，是指单位和个体工商户（以下简称纳税人）在其机构所在地以外的县（市、区）提供建筑服务。纳税人在同一直辖市、计划单列市范围内跨县（市、区）提供建筑服务的，由直辖市、计划单列市国家税务局决定是否适用本办法。其他个人跨县（市、区）提供建筑服务，不适用本办法。”

《国家税务总局关于进一步明确营改增有关征管问题的公告》（国家税务

总局公告 2017 年第 11 号）第三条规定：“纳税人在同一地级行政区范围内跨县（市、区）提供建筑服务，不适用《纳税人跨县（市、区）提供建筑服务增值税征收管理暂行办法》（国家税务总局公告 2016 年第 17 号印发）。”

纳税人跨县（市、区）提供建筑服务，向建筑服务发生地主管税务机关预缴的增值税税款，可以在当期增值税应纳税额中抵减，抵减不完的，结转下期继续抵减。纳税人以预缴税款抵减应纳税额，应以完税凭证作为合法有效凭证。

第一，明确了预缴税款可以结转扣除。由于纳税人在申报当期可能应税收入较少，或者其他项目的进项税额较多，汇总之后当期纳税申报税额不足以递减后期。

第二，预缴税款要取得税务机关合法的完税证明。取得的预缴税款的完税凭证作为合法有效凭证才能够结转到下期扣减。当然在这种情况下，意味着预缴税款的完税凭证需要在结转扣减的当期多次使用，要注意保存原件及复印件。

一般纳税人跨省（自治区、直辖市或者计划单列市）提供建筑服务，在机构所在地申报纳税时，计算的应纳税额小于已预缴税额，且差额较大的，由国家税务总局通知建筑服务发生地省级税务机关，在一定时期内暂停预交增值税。

同时，注意以下几点：

（1）暂停预缴必须是一般纳税人才适用，但不一定必须要使用一般计税方法；

（2）一定是跨省（自治区、直辖市或者计划单列市）的项目，不是跨县（市、区）的不执行暂停预缴；

（3）暂停预缴中的“差额较大”目前政策上还没有给出具体标准与范围；

（4）暂停预缴也只是在一定时期内，不是无限期。

8.3.1　建立跨县（市、区）建筑工程项目台账

对跨县（市、区）提供的建筑服务，纳税人应自行建立预缴税款台账，区分不同县（市、区）和项目逐笔登记全部收入、支付的分包款、已扣除的分包款、扣除分包款的发票号码、已预缴税款及预缴税款的完税凭证号码等相关内容，留存备查，具体内容见表 8-8。

表 8-8 跨县（市、区）建筑工程项目预缴税款台账

单位名称：　　　　　　　　　　　　年度：　　　　　　　　　　　　单位：元

<table>
<tr><th rowspan="2">序号</th><th rowspan="2">日期</th><th rowspan="2">工程地址</th><th rowspan="2">项目名称</th><th rowspan="2">开票或收款金额</th><th rowspan="2">支付分包款</th><th colspan="2">扣除分包款</th><th rowspan="2">已预缴税款</th><th rowspan="2">完税凭证号码</th><th rowspan="2">备注</th></tr>
<tr><th>已扣除分包款</th><th>发票号码</th></tr>
<tr><td></td><td></td><td></td><td></td><td></td><td></td><td></td><td></td><td></td><td></td><td></td></tr>
<tr><td></td><td></td><td></td><td></td><td></td><td></td><td></td><td></td><td></td><td></td><td></td></tr>
</table>

项目负责人：××　　　　　　　　　　　　　　　　经手人：××

8.3.2 跨县（市、区）建筑工程项目预缴税款计算

纳税人跨县（市、区）提供建筑服务增值税处理具体见表 8-9。

表 8-9 建筑服务增值税处理

<table>
<tr><th>纳税人</th><th colspan="2">计税方法</th><th>税率或征收率</th><th>预缴税率</th><th>预缴税款的确认</th><th>销项税额的确定</th><th>进项抵扣</th><th>发票开具</th></tr>
<tr><td rowspan="4">一般纳税人</td><td colspan="2">一般计税</td><td>9%</td><td>2%</td><td>应预缴税款＝（全部价款和价外费用－支付的分包款）÷（1＋9%）×2%</td><td>销项税额＝（以取得的全部价款＋价外费用）÷（1＋9%）×9%</td><td>可以抵扣进项</td><td>1. 自行开具增值税发票；
2. 可以是专票也可以是普票；
3. 以销售全额开具</td></tr>
<tr><td rowspan="3">简易计税</td><td>甲供工程</td><td>3%</td><td rowspan="3">3%</td><td rowspan="4">应预缴税款＝（全部价款和价外费用－支付的分包款）÷（1＋3%）×3%</td><td rowspan="4">应纳税额＝（以取得的全部价款＋价外费用－分包款后的余额）÷（1＋3%）×3%</td><td rowspan="4">不得抵扣进项</td><td rowspan="3">1. 自行开具增值税发票；
2. 可以是专票也可以是普票；
3. 以销售全额开具</td></tr>
<tr><td>清包工</td><td>3%</td></tr>
<tr><td>老项目</td><td>3%</td></tr>
<tr><td>小规模纳税人</td><td colspan="2">简易计税</td><td>3%</td><td>3%</td><td>可以自行开具增值税专用发票和普通发票</td></tr>
</table>

【例 8-7】深圳天都建筑工程集团公司（增值税一般纳税人），机构所在地为深圳市福田区。2024 年 6 月发生的相关交易如下：

①在福建省福州市为甲项目提供建筑服务，当月分别取得建筑服务收入（含税）1 308 万元，支付分包款 545 万元，取得增值税专用发票上注明的增值税额为 45 万元，该项目采用一般计税方法。

②在湖南省益阳市某区提供乙项目的建筑服务，当月分别取得建筑服务收入（含税）1 854 万元，支付分包款 824 万元，取得增值税普通发票。该项目为 2016 年之前老项目，适用简易计税方法。

③在深圳市支付办公用房租金 436 万元，为公司总部使用，取得增值税专用发票上注明的增值税额为 36 万元。

④购入建筑材料 565 万元，取得增值税专用发票上注明的增值税额为56 万元。

⑤支付劳务派遣公司（一般纳税人）的建筑工人劳务费用 320 万元，取得增值税专用发票含税金额为 233.2 万元，增值税税率为 6%；增值税普通发票金额为 86.8 万元。

1. 预缴异地税款

按照纳税人跨县（市、区）提供建筑服务预缴税款纳税义务时间，7 月应该分别对深圳天都建筑工程集团公司在福建省和湖南省的项目进项预缴税款。

（1）就福建省福州建筑服务计算并向福建省福州市的主管税务机关预交增值税：

当期预缴税款＝（1 308－545）÷（1＋9%）×2%＝14（万元）

（2）就湖南省益阳市的建筑服务计算并向湖南益阳某市的主管税务机关预交增值税：

当期预缴税款＝（1 854－824）÷（1＋3%）×3%＝30（万元）。

2. 天都建筑工程集团公司 7 月应该在机构所在地深圳市福田区申报纳税

（1）就福建省福州市建筑服务计算并向深圳市福田区主管税务机关申报的增值税：

当期应纳税额＝1 308÷（1＋9%）×9%－14＝94（万元）

（2）就湖南省益阳市的建筑服务计算并向深圳市福田区主管税务机关申报的增值税：

当期应纳税额＝1 854÷（1＋3%）×3%＝54（万元）

申报增值税预缴税款表见表 8-10、表 8-11。

（3）其他进项税额合计＝36＋56＋233.2÷（1＋6%）×6%＝105.20（万元）

（4）应纳税额合计＝跨省项目机构所在地应纳税款－当月进项税额合计－预缴税款合计＝（94＋54）－105.20－（14＋30）＝－1.2（万元）

经过计算，7 月当月增值税应纳税款为－1.2 万元，7 月深圳天都建筑工程集团公司实际在深圳市福田区缴纳的增值税额为零，可进行零申报。同时，存在 1.2 万元的预缴税款没有扣减完毕，按照政策规定，可以结转到 8 月或以后月份继续税前扣除。

表 8-10　增值税预缴税款表

税款所属时间：2024 年 6 月 1 日至 2024 年 6 月 30 日

纳税人识别号：1 3 2 1 5 7 8 9 2 8 1 1 3 4 5 9 7 H

是否适用一般计税方法　　是 ☑　否 ☐　　　　金额单位：元（列至角分）

纳税人名称：（公章）	深圳天都建筑工程集团公司				
项目编号		HS78561	项目名称	甲项目	
项目地址		福州市×××			
预征项目和栏次		销售额	扣除金额	预征率	预征税额
		1	2	3	4
建筑服务	1	13 080 000	5 450 000	2%	140 000
销售不动产	2				
出租不动产	3				
	4				
	5				
合计	6	13 080 000	5 450 000		140 000
授权声明	如果你已委托代理人填报，请填写下列资料： 为代理一切税务事宜，现授权＿＿＿＿（地址）＿＿＿＿为本次纳税人的代理填报人，任何与本表有关的往来文件，都可寄予此人。 授权人签字：	填表人申明	以上内容是真实的、可靠的、完整的。 纳税人签字：××		

表 8-11 增值税预缴税款表

税款所属时间：2024 年 6 月 1 日至 2024 年 6 月 30 日

是否适用一般计税方法　　　　　　　　是 ☑ 否□　　金额单位：元（列至角分）

<table>
<tr><td colspan="2">纳税人名称：（公章）</td><td colspan="4">深圳天都建筑工程集团公司</td></tr>
<tr><td colspan="2">项目编号</td><td>XJM2343</td><td>项目名称</td><td colspan="2">乙项目</td></tr>
<tr><td colspan="2">项目地址</td><td colspan="4">湖南省某市某区</td></tr>
<tr><td colspan="2" rowspan="2">预征项目和栏次</td><td>销售额</td><td>扣除金额</td><td>预征率</td><td>预征税额</td></tr>
<tr><td>1</td><td>2</td><td>3</td><td>4</td></tr>
<tr><td>建筑服务</td><td>1</td><td>18 540 000</td><td>8 240 000</td><td>3%</td><td>300 000</td></tr>
<tr><td>销售不动产</td><td>2</td><td>—</td><td>—</td><td>—</td><td>—</td></tr>
<tr><td>出租不动产</td><td>3</td><td>—</td><td>—</td><td>—</td><td>—</td></tr>
<tr><td>—</td><td>4</td><td>—</td><td>—</td><td>—</td><td>—</td></tr>
<tr><td>—</td><td>5</td><td>—</td><td>—</td><td>—</td><td>—</td></tr>
<tr><td>合计</td><td>6</td><td>18 540 000</td><td>8 240 000</td><td></td><td>300 000</td></tr>
<tr><td>授权声明</td><td colspan="2">如果你已委托代理人填报，请填写下列资料：
为代理一切税务事宜，现授权＿＿＿＿＿＿（地址）＿＿＿＿＿为本次纳税人的代理填报人，任何与本表有关的往来文件，都可寄予此人。
授权人签字：××</td><td>填表人申明</td><td colspan="2">以上内容是真实的、可靠的、完整的。
纳税人签字：××</td></tr>
</table>

8.4 小规模纳税人的会计处理

增值税小规模纳税人提供建筑服务，“应交税费——应交增值税”下不设专栏，按规定扣减销售额而减少的应交增值税应直接冲减“应交税费——应交增值税”科目，其他处理与一般纳税人的简易计税项目基本相同。

一般纳税人销售自产的下列货物，可选择按照简易办法依照 3%征收率计算缴纳增值税：

（1）建筑用和生产建筑材料所用的砂、土、石料。

（2）以自己采掘的砂、土、石料或其他矿物连续生产的砖、瓦、石灰

（不含黏土实心砖、瓦）。

（3）商品混凝土（仅限于以水泥为原料生产的水泥混凝土）。

《财政部 税务总局关于增值税小规模纳税人减免增值税政策的公告》（财政部 税务总局公告 2023 年第 19 号）规定："一、对月销售额 10 万元以下（含本数）的增值税小规模纳税人，免征增值税。二、增值税小规模纳税人适用 3%征收率的应税销售收入，减按 1%征收率征收增值税；适用 3%预征率的预缴增值税项目，减按 1%预征率预缴增值税。三、本公告执行至 2027 年 12 月 31 日。"

《财政部 税务总局关于进一步支持小微企业和个体工商户发展有关税费政策的公告》（财政部 税务总局公告 2023 年第 12 号）第二条规定："自 2023 年 1 月 1 日至 2027 年 12 月 31 日，对增值税小规模纳税人、小型微利企业和个体工商户减半征收资源税（不含水资源税）、城市维护建设税、房产税、城镇土地使用税、印花税（不含证券交易印花税）、耕地占用税和教育费附加、地方教育附加。"

小规模纳税人原则适用简易计税方法，不适用一般计税方法。小规模纳税人一般不需要取得增值税专用发票，因为不涉及抵扣问题。

简易计税方法的销售额不包括其应纳税额，计算公式为

不含税销售额＝含税销售额÷（1＋征收率）

简易计税方法的应纳税额，是指按照销售额和增值税征收率计算的增值税额，不得抵扣进项税额。应纳税额计算公式为

应纳税额＝不含税销售额×征收率

8.5 增值税留抵退税新政运用

期末留抵税额，是指纳税人销项税额不足以抵扣进项税额而未抵扣完的税额。

8.5.1 留抵退税满足的条件

留抵退税适用对象包括符合条件的微型企业、小型企业，具体行业为制造业，科学研究和技术服务业，电力、热力、燃气及水生产和供应业，软件

和信息技术服务业，生态保护和环境治理业，交通运输、仓储和邮政业（含个体工商户）及“批发和零售业，农、林、牧、渔业，住宿和餐饮业，居民服务、修理和其他服务业，教育，卫生和社会工作和文化、体育和娱乐业”（含个体工商户），生产销售空载重量大于25吨的民用喷气式飞机的纳税人。

纳税信用等级为A级或者B级；申请退税前36个月未发生骗取留抵退税、骗取出口退税或虚开增值税专用发票情形；申请退税前36个月未因偷税被税务机关处罚两次及以上等，均可申请期末留抵退税。

8.5.2 留抵退税额的核算

1. 计算公式

纳税人当期允许退还的增量留抵税额，计算公式为

允许退还的增量留抵税额＝增量留抵税额×进项构成比例×100％

允许退还的存量留抵税额＝存量留抵税额×进项构成比例×100％

其中，“进项构成比例”为2019年4月至申请退税前一税款所属期内已抵扣的增值税专用发票（含带有“增值税专用发票”字样全电发票、税控机动车销售统一发票）、收费公路通行费增值税普通发票、海关进口增值税专用缴款书、解缴税款完税凭证注明的增值税额占同期全部已抵扣进项税额的比重。

【例8-8】假设甲公司2023年4月至9月共计申报抵扣进项税额500万元，而这500万元包括了两部分：一部分是增值税专用发票注明的增值税额280万元，另一部分为取得其他扣税凭证可抵扣的进项税额220万元；2023年3月期末留抵税额30万元，9月期末留抵税额90万元。则

（1）进项构成比例＝280÷500＝56％

（2）计算增量留抵税额＝90－30＝60（万元）

（3）允许退还的增量留抵税额＝增量留抵税额×进项构成比例×100％＝60×56％×100％＝33.60（万元）

（4）纳税人在税务机关准予留抵退税时，按税务机关核准允许退还的留抵税额，编制会计分录如下。

借：应交税费——增值税留抵税额　　　　336 000

贷：应交税费——应交增值税（进项税额转出）　　336 000

在实际收到留抵退税款项时，按收到留抵退税款项的金额，编制会计分录如下。

借：银行存款　　336 000

贷：应交税费——增值税留抵税额　　336 000

2. 留抵退税后附加税费的计算基础

根据规定，对实行增值税期末留抵退税的纳税人，允许其从城市维护建设税、教育费附加和地方教育附加的计税（征）依据中扣除退还的增值税税额。

【例 8-9】 假设乙企业为增值税一般纳税人（城市维护建设税税率为5%）。2024 年 9 月应缴纳增值税 120 万元，其中按照一般计税方法 80 万元，按照简易计税方法 40 万元，9 月收到增值税留抵退税 60 万元。

留抵退税额仅允许在按照增值税一般计税方法确定的城市维护建设税计税依据中扣除。

本期城建税计税依据＝（80－60）＋40＝60（万元）

应缴纳城市维护建设税＝60×5%＝3（万元）

8.6 增值税检查调整的会计处理

增值税检查后的账务调整，应设立“应交税费——增值税检查调整”明细科目。凡检查后应调减账面进项税额或调增销项税额和进项税额转出的数额，借记有关科目，贷记本科目；凡检查后应调增账面进项税额或调减销项税额和进项税额转出的数额，借记本科目，贷记有关科目；全部调账事项入账后，应结出本账户的余额，并对该余额进行处理：

（1）若余额在借方，全部视同留抵进项税额，按借方余额数，借记“应交税费——应交增值税（进项税额）”科目，贷记本科目。

（2）若余额在贷方，且“应交税费——应交增值税”账户无余额，按贷方余额数，借记本科目，贷记“应交税费——未交增值税”科目。

（3）若本账户余额在贷方，“应交税费——应交增值税”账户有借方余额且等于或大于贷方余额，按贷方余额数，借记本科目，贷记“应交税费——应交增值税”科目。

（4）若本账户余额在贷方，“应交税费——应交增值税”账户有借方余额但小于增值税检查调整贷方余额，应将这两个账户的余额冲出，其差额贷记“应交税费——未交增值税”科目。

上述账务调整应按纳税期逐期进行。

【例 8-10】 嘉兴公司为一般纳税人，2024 年 8 月接受税务机关检查。税务人员在检查中发现企业其他应付款科目有一笔挂账两年的应付款项，金额为 87.20 万元。经检查，确认此款项为隐瞒收入，税务机关要求该企业在本月调账，并于 9 月 30 日前补缴税款入库（不考虑其他因素）。

企业编制会计分录如下。

借：其他应付款　　872 000

　　贷：以前年度损益调整　　800 000

　　　　应交税费——增值税检查调整　　72 000

借：应交税费——增值税检查调整　　72 000

　　贷：应交税费——未交增值税　　72 000

补缴税款时。

借：应交税费——已交税金　　72 000

　　贷：银行存款　　72 000

8.7 增值税减免税款的会计处理

《财政部关于印发〈增值税会计处理规定〉的通知》（财会〔2016〕22 号）第二条第七项第 4 目规定：“减免增值税的财务处理。对于当期直接减免的增值税，借记‘应交税费——应交增值税（减免税款）’科目，贷记损益类相关科目。”

企业按照现行增值税政策规定，取得或者应取得的上述即征即退收入，在满足确认条件时，编制会计分录如下。

借：其他应收款或银行存款

　　贷：其他收益

【例 8-11】 长江建筑材料有限公司为增值税一般纳税人。2024 年 5 月，该公司销售自行利用废渣生产保温材料，取得不含税销售额 120 万元，增值税税率为 13%。另外，本月取得可抵扣进项税额为 7.9 万元。

①发生了销售服务时，编制会计分录如下。

借：银行存款　　1 356 000

　　贷：主营业务收入　　1 200 000

　　　　应交税费——应交增值税（销项税额）　　156 000

则该企业应缴纳增值税额为7.7（15.6－7.9）万元，实际税负为7.7÷120＝6.4％＞3％，可享受先征即退的增值税税额为7.7－120×3％＝4.1（万元）。

②退税时，编制会计如下。

借：银行存款　　41 000

　　贷：其他收益　　41 000

8.8 差额征税的会计处理

建筑施工企业增值税差额征税是指建筑企业总承包方发生分包业务时，在工程项目所在税务局进行差额预缴增值税的纳税业务。

根据规定，建筑施工企业差额征税分为两类：第一类是工程施工所在地差额预交增值税，计税方法有一般计税和简易计税两种方法；第二类是公司注册地差额申报增值税，采用简易计税方法计算差额并申报增值税。

建筑施工企业差额征税必须同时具备以下条件。

（1）建筑施工企业总承包方必须发生分包行为，其中分包包括专业分包、清包工分包和劳务分包行为。

（2）如果是在工程施工所在地差额预缴增值税，则建筑施工企业必须跨县（市、区）提供建筑服务。如果建筑施工企业公司注册地与建筑服务发生地是同一个国税局管辖地，则不在建筑服务发生地预交增值税。

（3）建筑施工企业跨县（市、区）提供建筑服务或建筑施工企业公司注册地与建筑服务发生地是同一个税务局管辖地，简易计税方法计税的总承包方，只要发生分包业务行为，总承包方都在公司注册地差额零申报增值税。

（4）分包方向总承包方开具增值税发票时，在增值税发票上的“备注栏”中必须注明建筑服务发生地所在县（市、区）、项目的名称。

（5）建筑施工企业跨县（市、区）提供建筑服务，在向建筑服务发生地主管国税机关预缴税款时，需填报增值税预缴税款表，并出示以下资料：

①与发包方签订的建筑合同复印件（加盖纳税人公章）；

②与分包方签订的分包合同复印件（加盖纳税人公章）；

③从分包方取得的发票复印件（加盖纳税人公章）。

企业发生相关成本费用允许扣减销售额的账务处理，按现行增值税制度规定，企业发生相关成本费用允许扣减销售额的，发生成本费用时，按应付或实际支付的金额，借记“主营业务成本”“存货”“合同履约成本”等科目，贷记“应付账款”“应付票据”“银行存款”等科目。待取得合规增值税扣税凭证且纳税义务发生时，按照允许抵扣的税额，借记“应交税费——应交增值税（销项税额抵减）”或“应交税费——简易计税”科目（小规模纳税人应借记“应交税费——应交增值税”科目），贷记“主营业务成本”“存货”等科目。

企业预缴增值税时：

借：应交税费——预交增值税

　　贷：银行存款

月末，企业将“预交增值税”明细科目余额转入“未交增值税”明细科目。

借：应交税费——未交增值税

　　贷：应交税费——预交增值税

【例 8-12】深圳康兴建筑工程公司中标湖南郴州丽城小区改造工程，合同标的额为 3 914 万元（含增值税），该公司将部分项目分包给具有相应资质的吉隆公司，标的额 824 万元。工程完工后，该工程项目最终结算金额为 3 914 万元（含增值税）。假设该项目属于老项目，两家公司均采取简易计税。深圳康兴建筑工程公司完成工程累计发生合同成本 2 650 万元。

（1）总承包方深圳康兴建筑工程公司编制会计分录如下。

①完成合同成本。

借：合同履约成本——工程施工——合同成本	26 500 000	
贷：原材料等		26 500 000

②收到总承包款 3 914 万元，应交税费为 114 万元。

借：银行存款	39 140 000	
贷：合同结算——价款结算		38 000 000

应交税费——简易计税 1 140 000

③分包工程结算。

借：合同履约成本——工程施工——合同成本 8 240 000

贷：应付账款——吉隆公司 8 240 000

④全额支付分包工程款并取得分包方开具的增值税普通发票时。

借：应付账款——吉隆公司 8 240 000

贷：银行存款 8 240 000

同时，借：应交税费——简易计税 240 000

贷：合同履约成本——工程施工——合同成本 240 000

深圳康兴建筑工程公司确认该项目成本＝2 650＋824－24＝3 450（万元）

收入＝3 914－114＝3 800（万元）

借：合同结算——收入结转 38 000 000

贷：主营业务收入 38 000 000

借：主营业务成本 34 500 000

贷：合同履约成本 3 450 000

结平“合同结算”科目。

借：合同结算——价款结算 38 000 000

贷：合同结算——收入结转 38 000 000

向项目所在地郴州市税务局预缴税款＝（3 914－824）÷（1＋3%）×3%＝900 000（万元）

借：应交税费——预交增值税 900 000

贷：银行存款 900 000

借：应交税费——未交增值税 900 000

贷：应交税费——预交增值税 900 000

（2）全额开票，差额计税。

深圳康兴建筑工程公司纳税申报按差额计算税额＝（3 914－824）÷（1＋3%）×3%＝90（万元）。

发票备注栏填写：税额为 114 万元［3 914÷（1＋3%）×3%］，销售金额为 3 800 万元（3 914－114）以及建筑服务发生地所在县（市、区）及项目名称。简易计税的情况下，一般预缴税款等于向机构所在地主管税务机关纳税申报的税额。

小贴士

《国家税务总局关于增值税 消费税与附加税费申报表整合有关事项的公告》（国家税务总局公告 2021 年第 20 号）规定："……自 2021 年 8 月 1 日起，增值税、消费税分别与城市维护建设税、教育费附加、地方教育附加申报表整合，启用《增值税及附加税费申报表（一般纳税人适用）》《增值税及附加税费申报表（小规模纳税人适用）》《增值税及附加税费预缴表》及其附列资料和《消费税及附加税费申报表》（附件 1—附件 7），《废止文件及条款清单》（附件 8）所列文件、条款同时废止。"

第9章
所得税的相关规定与核算

在中华人民共和国境内，企业和其他取得收入的组织为企业所得税的纳税人，依法缴纳企业所得税，但个人独资企业、合伙企业除外。个人独资企业、合伙企业纳入《中华人民共和国个人所得税法》的征收范畴。本章主要介绍企业所得税与个人所得税相关法律法规及核算方法。

9.1 企业所得税基本规定

本节主要介绍企业所得税税率、征收方式和征收时间与地点。

9.1.1 税率

企业所得税税率有以下几种。

1. 25%基本税率

企业所得税基本税率为 25%。《中华人民共和国企业所得税法》第四条规定："企业所得税的基本税率为 25%。"

2. 适用 20%税率的企业（此项优惠政策延续至 2027 年 12 月 31 日）

小型微利企业年应纳税所得额不超过 100 万元的部分，减按 25%计入应纳税所得额，适用 20%税率。

年应纳税所得额在 100 万元至 300 万元之间的部分，同样减按 25%计入应纳税所得额，适用 20%税率。

3. 适用 15%税率的企业

（1）高新技术企业：国家重点扶持的高新技术企业适用 15%税率。

（2）技术先进型服务企业：经认定的技术先进型服务企业享受 15%税率。

（3）《财政部 税务总局 国家发展改革委关于延续西部大开发企业所得税政策的公告》（财政部 公告 2020 年第 23 号）第一条规定："自 2021 年 1 月 1 日至 2030 年 12 月 31 日，对设在西部地区的鼓励类产业企业减按 15%的税率征收企业所得税……"

（4）横琴粤澳深度合作区企业：符合条件的产业企业适用 15%税率。

（5）《财政部 税务总局关于中国（上海）自贸试验区临港新片区重点产业企业所得税政策的通知》（财税〔2020〕38号）第一条规定：“对新片区内从事集成电路、人工智能、生物医药、民用航空等关键领域核心环节相关产品（技术）业务，并开展实质性生产或研发活动的符合条件的法人企业，自设立之日起5年内减按15%的税率征收企业所得税。”

4. 适用10%税率的企业

《中华人民共和国企业所得税法实施条例》第九十一条第一款规定：“非居民企业取得企业所得税法第二十七条第（五）项规定的所得，减按10%的税率征收企业所得税。”

《中华人民共和国企业所得税法》第二十七条第（五）项为“本法第三条第三款规定的所得”。第三条第三款“非居民企业在中国境内未设立机构、场所的，或者虽设立机构、场所但取得的所得与其所设机构、场所没有实际联系的，应当就其来源于中国境内的所得缴纳企业所得税。”

9.1.2　征税方式

企业所得税的征收方式主要有两种：查账征收与核定征收。

1. 查账征收

实行查账征收方式申报企业所得税的居民企业（包括境外注册中资控股居民企业）应当在纳税处度终了之日起5个月内，在年度中间终止经营活动的应当在实际终止经营之日起60日内，依照税收法律、法规、规章及其他有关规定，自行计算本纳税年度应纳税所得额、应纳所得税额和本纳税年度应补（退）税额，向税务机关提交《中华人民共和国企业所得税年度纳税申报表（A类，2017年版）》（2024年修订）及其他有关资料，进行年度纳税申报。

查账征收适用于财务制度健全，能够准确计算收入、核算成本、费用和利润，并能按照规定申报缴纳税款的企业。

2. 核定征收

核定征收又分为定额征收和核定应税所得率征收。定额征收是指税务机关根据一定的标准、程序和办法，直接核定纳税人年度应纳企业所得税额，纳税人按规定申报缴纳。核定应税所得率征收是指税务机关根据企业的经营规模、收入水平等因素，预先核定一个应税所得率，企业按照这个比率计算应纳税所得额后，乘以税率缴纳税款。

《企业所得税核定征收办法（试行）》第三条第一款规定："纳税人具有下列情形之一的，核定征收企业所得税：（一）依照法律、行政法规的规定可以不设置账簿的；（二）依照法律、行政法规的规定应当设置但未设置账簿的；（三）擅自销毁账簿或者拒不提供纳税资料的；（四）虽设置账簿，但账目混乱或者成本资料、收入凭证、费用凭证残缺不全，难以查账的；（五）发生纳税义务，未按照规定的期限办理纳税申报，经税务机关责令限期申报，逾期仍不申报的；（六）申报的计税依据明显偏低，又无正当理由的。"

核定征收应税所得率按表 9-1 规定的幅度标准确定。

表 9-1 核定征收应税所得率

行　业	应税所得率（%）
农、林、牧、渔业	3～10
制造业	5～15
批发和零售贸易业	4～15
交通运输业	7～15
建筑业	8～20
饮食业	8～25
娱乐业	15～30
其他行业	10～30

未来，核定征收政策可能会在全国范围内进一步收紧或取消。各地税务部门正在逐步取消核定征收，转向查账征收。

9.1.3 纳税时间与地点

1. 纳税时间

《中华人民共和国企业所得税法》第五十三条规定："企业所得税按纳税年度计算。纳税年度自公历 1 月 1 日起至 12 月 31 日止。企业在一个纳税年度中间开业，或者终止经营活动，使该纳税年度的实际经营期不足 12 个月的，应当以其实际经营期为一个纳税年度。企业依法清算时，应当以清算期间作为一个纳税年度。”

第五十四条规定：“企业所得税分月或者分季预缴。企业应当自月份或者季度终了之日起十五日内，向税务机关报送预缴企业所得税纳税申报表，预缴税款。企业应当自年度终了之日起五个月内，向税务机关报送年度企业所得税纳税申报表，并汇算清缴，结清应缴应退税款……”

2. 纳税地点

建筑企业所得税缴纳分两种情况：一种是未跨地区施工，另一种是跨地区施工。

(1) 建筑公司以总机构名义与建设单位直接签订施工合同，且由总机构直接施工的：①持有外出经营活动税收管理证明的，一律在机构所在地缴纳企业所得税。②未持有外出经营活动税收管理证明的，一律就地缴纳企业所得税。

(2) 建筑公司在外地设立的由总机构直接管理的项目部，应当就其取得的经营收入就地预缴 0.2%企业所得税，这部分企业所得税在总机构汇算清缴时可以减除。

(3) 总分机构符合汇总缴纳企业所得税条件的，必须采取汇总缴纳企业所得税。

9.2 收入总额与法定扣除项目

计算企业所得税需要先确定收入总额与法定扣除项目。

9.2.1 收入总额

《中华人民共和国企业所得税法》第六条规定：“企业以货币形式和非货币形式从各种来源取得的收入，为收入总额。包括：（一）销售货物收入；（二）提供劳务收入；（三）转让财产收入；（四）股息、红利等权益性投资收益；（五）利息收入；（六）租金收入；（七）特许权使用费收入；（八）接受捐赠收入；（九）其他收入。”第七条规定：“收入总额中的下列收入为不征税收入：（一）财政拨款；（二）依法收取并纳入财政管理的行政事业性收费、政府性基金；（三）国务院规定的其他不征税收入。”

9.2.2 法定扣除项目

企业实际发生的与取得收入有关的、合理的支出，包括成本、费用、税金、损失和其他支出，准予在计算应纳税所得额时扣除。具体扣除项目如下。

1. 工资薪金支出

企业发生的合理的工资薪金支出，包括基本工资、奖金、津贴、补贴、年终加薪、加班工资，以及与员工任职或者受雇有关的其他支出，准予扣除。

企业在年度汇算清缴结束前向员工实际支付的已预提汇缴年度工资薪金，准予在汇缴年度按规定扣除。

2. 职工福利费

企业发生的职工福利费支出，不超过工资薪金总额14%的部分，准予扣除。

企业职工福利费，包括以下内容：

（1）尚未实行分离办社会职能的企业，其内设福利部门所发生的设备、设施和人员费用，包括职工食堂、职工浴室、理发室、医务所、托儿所、疗养院等集体福利部门的设备、设施及维修保养费用和福利部门工作人员的工资薪金、社会保险费、住房公积金、劳务费等。

（2）为职工卫生保健、生活、住房、交通等所发放的各项补贴和非货币性福利，包括企业向职工发放的因公外地就医费用、未实行医疗统筹企业职工医疗费用、职工供养直系亲属医疗补贴、供暖费补贴、职工防暑降温费、职工困难补贴、救济费、职工食堂经费补贴、职工交通补贴等。

（3）按照其他规定发生的其他职工福利费，包括丧葬补助费、抚恤费、安家费、探亲假路费等。

3. 职工教育经费

企业发生的职工教育经费支出，不超过工资薪金总额8%的部分，准予在计算企业所得税应纳税所得额时扣除；超过部分，准予在以后纳税年度结转扣除。

4. 工会经费

企业拨缴的工会经费，不超过工资薪金总额2%的部分，准予扣除。

5. 社会保险费、住房公积金

企业依照国务院有关主管部门或者省级人民政府规定的范围和标准为职

工缴纳的基本养老保险费、基本医疗保险费、失业保险费、工伤保险费、生育保险费等基本社会保险费和住房公积金，准予扣除。

企业为投资者或者职工支付的补充养老保险费、补充医疗保险费，在国务院财政、税务主管部门规定的范围和标准内，准予扣除。

6. 借款费用

企业在生产经营活动中发生的合理的不需要资本化的借款费用，准予扣除。企业为购置、建造固定资产、无形资产和经过12个月以上的建造才能达到预定可销售状态的存货发生借款的，在有关资产购置、建造期间发生的合理的借款费用，应当作为资本性支出计入有关资产的成本，并依照本条例的规定扣除。

7. 汇兑损失

企业在货币交易中，以及纳税年度终了时将人民币以外的货币性资产、负债按照期末即期人民币汇率中间价折算为人民币时产生的汇兑损失，除已经计入有关资产成本，以及向所有者进行利润分配相关的部分外，准予扣除。

8. 业务招待费

企业发生的与生产经营活动有关的业务招待费支出，按照发生额的60%扣除，但最高不得超过当年销售（营业）收入的5‰。

9. 广告费和业务宣传费

企业发生的符合条件的广告费和业务宣传费支出，除国务院财政、税务主管部门另有规定外，不超过当年销售（营业）收入15%的部分，准予扣除；超过部分，准予在以后纳税年度结转扣除。

10. 环境保护、生态恢复专项资金

企业依照法律、行政法规有关规定提取的用于环境保护、生态恢复等方面的专项资金，准予扣除。上述专项资金提取后改变用途的，不得扣除。

11. 租赁费

企业根据生产经营活动的需要租入固定资产支付的租赁费，按照以下方法扣除：①以经营租赁方式租入固定资产发生的租赁费支出，按照租赁期限均匀扣除；②以融资租赁方式租入固定资产发生的租赁费支出，按照规定构成融资租入固定资产价值的部分应当提取折旧费用，分期扣除。

12. 劳动保护费

企业发生的合理的劳动保护支出，准予扣除。

13. 公益性捐赠

企业发生的公益性捐赠支出，在年度利润总额12%以内的部分，准予在计算应纳税所得额时扣除；超过年度利润总额12%的部分，准予结转以后三年内在计算应纳税所得额时扣除。

14. 手续费及佣金

企业发生与生产经营有关的手续费及佣金支出，不超过以下规定计算限额以内的部分，准予扣除；超过部分，不得扣除。

（1）保险企业：财产保险企业按当年全部保费收入扣除退保金等后余额的15%（含本数，下同）计算限额；人身保险企业按当年全部保费收入扣除退保金等后余额的10%计算限额。（该条款于2019年1月1日废止）

（2）他企业：按与具有合法经营资格中介服务机构或个人（不含交易双方及其雇员、代理人和代表人等）所签订服务协议或合同确认的收入金额的5%计算限额。

15. 准备金

除财政部和国家税务总局核准计提的准备金可以税前扣除外，其他行业、企业计提的各项资产减值准备、风险准备等准备金均不得税前扣除。

16. 开（筹）办费

企业可以在开始经营之日的当年一次性扣除，也可以按税法有关长期待摊费用的处理规定处理，但一经选定，不得改变。

企业在筹建期间，发生的与筹办活动有关的业务招待费支出，可按实际发生额的60%计入企业筹办费，并按有关规定在税前扣除；发生的广告费和业务宣传费，可按实际发生额计入企业筹办费，并按有关规定在税前扣除。

17. 政府性基金和行政事业性收费

企业按照规定缴纳的、由国务院或财政部批准设立的政府性基金，以及由国务院和省、自治区、直辖市人民政府及其财政、价格主管部门批准设立的行政事业性收费，准予在计算应纳税所得额时扣除。

18. 母子公司费用支付

属于不同独立法人的母子公司之间提供服务支付费用有关企业所得税处理如下：

（1）母公司为其子公司提供各种服务而发生的费用，应按照独立企业之间公平交易原则确定服务的价格，作为企业正常的劳务费用进行税务处理。

母子公司未按照独立企业之间的业务往来收取价款的，税务机关有权予以调整。

（2）母公司以管理费形式向子公司提取费用，子公司因此支付给母公司的管理费，不得在税前扣除。

（3）子公司申报税前扣除向母公司支付的服务费用，应向主管税务机关提供与母公司签订的服务合同或者协议等与税前扣除该项费用相关的材料。不能提供相关材料的，支付的服务费用不得税前扣除。

9.3 企业所得税前不得扣除项目

税法对企业所得税前不得扣除项目作出详细规定。

9.3.1 税前不得扣除项目

在计算应纳税所得额时，下列支出不得扣除：

（1）资本性支出是指纳税人购置、建造固定资产，以及对外投资的支出。企业的资本性支出，不得直接在税前扣除，应以提取折旧的方式逐步摊销。在计算应纳税所得额时，企业按照规定计算的固定资产折旧，准予扣除。

《中华人民共和国企业所得税法》第十一条第二款规定："下列固定资产不得计算折旧扣除：（一）房屋、建筑物以外未投入使用的固定资产；（二）以经营租赁方式租入的固定资产；（三）以融资租赁方式租出的固定资产；（四）已足额提取折旧仍继续使用的固定资产；（五）与经营活动无关的固定资产；（六）单独估价作为固定资产入账的土地；（七）其他不得计算折旧扣除的固定资产。"

（2）无形资产受让、开发支出，是指纳税人购置无形资产以及自行开发无形资产的各项费用支出。无形资产受让、开发支出也不得直接扣除，应在其受益期内分期摊销。

（3）违法经营的罚款和被没收财物的损失。纳税人违反国家法律、法规和规章，被有关部门处以的罚款及被没收财物的损失，不得扣除。

（4）各项税收的滞纳金、罚金和罚款。纳税人违反国家税收法规，被税务部门处以的滞纳金和罚款、司法部门处以的罚金，以及上述以外的各项罚款，不得在税前扣除。

（5）自然灾害或者意外事故损失有赔偿的部分。纳税人遭受自然灾害或者意外事故，保险公司给予赔偿的部分，不得在税前扣除。

（6）超过国家允许扣除的公益、救济性捐赠，以及非公益、救济性捐赠。

（7）各种赞助支出。

（8）与取得收入无关的其他各项支出。

9.3.2 税前扣除凭证

2018年6月6日，《国家税务总局关于发布〈企业所得税税前扣除凭证管理办法〉的公告》（国家税务总局公告2018年第28号）放宽了税前扣除凭证的范围，财政票据、完税凭证、收款凭证、分割单等也可以作为税前扣除凭证，但是发票仍然是最重要的税前扣除凭证。

税前扣除凭证根据取得来源可分为内部凭证和外部凭证。内部凭证是指企业自制用于成本、费用、损失和其他支出核算的会计原始凭证，其填制和使用应当符合国家会计法律、法规等相关规定。外部凭证是企业从其他单位、个人取得的凭证，包括发票（包括纸质发票和电子发票）、财政票据、完税凭证、收款凭证、分割单等，具体内容见表9-2。

表9-2 税前扣除凭证

支出类别	对象	税前扣除凭证
增值税应税项目	对方已经办理税务登记（例如采购货物、服务）	增值税专用发票、增值税普通发票
	对方为依法无须办理税务登记，或者是从事小额零星经营业务的个人	税务机关代开的发票
		收款凭证（须载明收款单位名称、个人姓名及身份证号、支出项目、收款金额等信息）
		内部凭证（与收款凭证兼有）
非增值税应税项目	支付给单位的（例如政府性基金、行政事业类收费、税金、“五险一金”、土地出让金、工会经费、公益性捐赠支出等）	对开具发票以外的其他外部凭证，但是如果可以开具发票的，发票仍然可以作为税前扣除凭证（比如财政票据、完税凭证、相关部门收款凭证等）
	支付给个人	内部凭证

续上表

支出类别	对象	税前扣除凭证
境外发生的支出	支付给境外货物或者劳务供应商	对方开具的发票
		具有发票性质的收款凭证
		相关税费缴纳凭证

9.4 所得税的会计处理方法

企业所得税核算应采用资产负债表债务法，对当期应交所得税加以调整计算后，据此确认应从当期利润总额中扣除的所得税费用，通过“所得税费用”科目核算。

会计所得与应纳税所得额，由于存在永久性和时间性的差异，应采用不同的会计处理方法。

采用资产负债表债务法核算时，利润表中的所得税费用是由当期所得税和递延所得税两部分组成。

9.4.1 当期所得税

当期所得税是指企业按照税法规定计算确定的针对当期发生的交易和事项，应缴纳税务部门的所得税金额，即当期应交所得税。

当期应交所得税＝当期应纳税所得额×适用税率

当期所得税不是利润表中的所得税费用，而是当期确认的应交所得税。企业在确定当期应交所得税时，对于当期发生的交易或事项，会计处理与税收处理不同的，应在会计利润的基础上，按照适用税收法规的规定进行调整，计算出当期应纳税所得额。

应纳税所得额的计算公式有不同的表述方法。

公式1：

应纳税所得额＝每一纳税年度的收入总额－不征税收入－免税收入－各项扣除－允许弥补的以前年度亏损

公式2：

应纳税所得额＝会计利润±纳税调整额＝会计利润±永久性差异纳税调整额±暂时性差异纳税调整额＝会计利润＋纳税调整增加项目金额－纳税调

整减少项目金额

应纳税额计算公式为

当期应缴所得税（应纳税额）＝应纳税所得额×适用税率－减免税额－抵免税额

会计处理如图所示。

计算

借：所得税费用

　　贷：应交税费——应交所得税

交纳

借：应交税费——应交所得税

　　贷：银行存款

结转入本年利润

借：本年利润

　　贷：所得税费用

9.4.2 递延所得税

递延所得税根据企业会计准则规定来确定：①递延所得税负债，核算企业在未来期间应缴纳的所得税；②递延所得税资产，核算企业在未来期间可以抵减的所得税。计算公式如下：

递延所得税费用＝（递延所得税负债的期末余额－递延所得税负债的期初余额）－（递延所得税资产的期末余额－递延所得税资产的期初余额）

利润表中的所得税费用＝当期所得税＋递延所得税费用（或收益）

【例 9-1】天通公司适用的所得税税率为10％，2024 年 12 月 31 日，由于该公司业务规模扩大，年销售额达到 500 万元以上，所得税率变更为 25％。

（1）2024 年 12 月 1 日，期初余额资料见表 9-3。

表 9-3　期初余额资料　　　　金额单位：元

期初余额	应纳税暂时性差异	可抵扣暂时性差异	递延所得税资产	递延所得税负债
交易性金融资产	450	—	—	45
预计负债	—	180	18	—

（2）2024 年 12 月 31 日期末余额资料：交易性金融资产账面价值为3 500万元，计税基础为 2 800 万元；预计负债账面价值为 220 万元，计税基础为 0 万元。

除上述项目外，该企业其他资产、负债的账面价值与其计税基础不存在差异。该企业预计在未来期间能够产生足够的应纳税所得额用来抵扣可抵扣暂时性差异。2024 年 12 月税前会计利润为 2 300 万元，调整后应纳税所得额 2 090 万元。

递延所得税负债发生额＝(3 500－2 800)×25％－45＝130（万元）

递延所得税资产发生额＝(220－0)×25％－18＝37（万元）

应交所得税＝2 090×25％＝522.50（万元）

递延所得税费用＝130－37＝93（万元）

所得税费用＝522.50＋93＝615.50（万元）

借：所得税费用　　6 155 000

　　递延所得税资产　　370 000

　　贷：应交税费——应交所得税　　5 225 000

　　　　递延所得税负债　　1 300 000

根据上述资料，填写申报表，见表 9-4。

表 9-4　中华人民共和国企业所得税月（季）度预缴纳税申报表（A 类）

税款所属期间：2024 年 12 月 1 日至 2024 年 12 月 31 日

纳税人识别号（统一社会信用代码）：　□□□□□□□□□□□□□□□□□□□□□□□□

纳税人名称：天通公司　　　　金额单位：人民币元（列至角分）

<table>
<tr><td>预缴方式</td><td colspan="9">☑ 按照实际利润额预缴　　□按照上一纳税年度应纳税所得额平均额预缴　　□按照税务机关确定的其他方法预缴</td></tr>
<tr><td>企业类型</td><td colspan="9">☑ 一般企业　　□跨地区经营汇总纳税企业总机构　　□跨地区经营汇总纳税企业分支机构</td></tr>
<tr><td colspan="10">按季度填报信息</td></tr>
<tr><td rowspan="2">项　　目</td><td colspan="2">一季度</td><td colspan="2">二季度</td><td colspan="2">三季度</td><td colspan="2">四季度</td><td rowspan="2">季度平均值</td></tr>
<tr><td>季初</td><td>季末</td><td>季初</td><td>季末</td><td>季初</td><td>季末</td><td>季初</td><td>季末</td></tr>
<tr><td>从业人数</td><td>—</td><td>—</td><td>—</td><td>—</td><td>—</td><td>—</td><td>—</td><td>—</td><td>—</td></tr>
<tr><td>资产总额（万元）</td><td>—</td><td>—</td><td>—</td><td>—</td><td>—</td><td>—</td><td>—</td><td>—</td><td>—</td></tr>
<tr><td>国家限制或禁止行业</td><td colspan="4">□是☑ 否</td><td colspan="4">小型微利企业</td><td>□是☑ 否</td></tr>
</table>

续上表

预缴税款计算		
行次	项目	本年累计金额
1	营业收入	103 000 000
2	营业成本	80 000 000
3	利润总额	23 000 000
4	加：特定业务计算的应纳税所得额	
5	减：不征税收入	
6	减：免税收入、减计收入、所得减免等优惠金额（填写 A201010）	
7	减：资产加速折旧、摊销（扣除）调减额（填写 A201020）	
8	减：弥补以前年度亏损	
9	实际利润额（3＋4－5－6－7－8）＼按照上一纳税年度应纳税所得额平均额确定的应纳税所得额	20 900 000
10	税率（25％）	
11	应纳所得税额（9×10）	5 225 000
12	减：减免所得税额（填写 A201030）	—
13	减：实际已缴纳所得税额	—
14	减：特定业务预缴（征）所得税额	—
L15	减：符合条件的小型微利企业延缓缴纳所得税额（是否延缓缴纳所得税 □是 □否）	—
15	本期应补（退）所得税额（11－12－13－14－L15）＼税务机关确定的本期应纳所得税额	—
汇总纳税企业总分机构税款计算		
16	总机构填报：总机构本期分摊应补（退）所得税额（17＋18＋19）	—
17	总机构填报：其中：总机构分摊应补（退）所得税额（15×总机构分摊比例____％）	—
18	总机构填报：财政集中分配应补（退）所得税额（15×财政集中分配比例____％）	—
19	总机构填报：总机构具有主体生产经营职能的部门分摊所得税额（15×全部分支机构分摊比例____％×总机构具有主体生产经营职能部门分摊比例____％）	—

续上表

20	分支机构填报	分支机构本期分摊比例		—
21		分支机构本期分摊应补（退）所得税额		—
附报信息				
高新技术企业		□是☑否	科技型中小企业	□是☑否
技术入股递延纳税事项		□是☑否		
谨声明：本纳税申报表是根据国家税收法律法规及相关规定填报的，是真实的、可靠的、完整的。 纳税人（签章）：×× 2025年1月5日				
经办人：××× 经办人身份证号：××××× 代理机构签章：（略） 代理机构统一社会信用代码：××××××			受理人：××× 受理税务机关（章）：（略） 受理日期：2025年1月5日	

国家税务总局监制

纳税人不能提供完整的、准确的收入及成本、费用凭证，不能正确计算应纳税所得额的税务机关核定应纳税所得额。计算公式为

应纳企业所得税税额＝税务机关核定应纳税所得额×25％

本期应预缴的企业所得税＝本期利润总额×25％－本年度已预缴的企业所得税额

9.5 企业所得税汇算清缴

企业所得税汇算清缴，是指纳税人自纳税年度终了之日起5个月内或实际经营终止之日起60日内，依照税收法律、法规、规章及其他有关企业所得税的规定。自行计算本纳税年度应纳税所得额和应纳所得税额，根据月度或季度预缴企业所得税的数额，确定该纳税年度应补或者应退税额，并填写企业所得税年度纳税申报表，向主管税务机关办理企业所得税年度纳税申报，提供税务机关要求提供的有关资料，结清全年企业所得税税款的行为。

《企业所得税汇算清缴管理办法》第八条规定：“纳税人办理企业所得税年度纳税申报时，应如实填写和报送下列有关资料：（一）企业所得税年度纳税申报表及其附表；（二）财务报表；（三）备案事项相关资料；（四）总机构

及分支机构基本情况、分支机构征税方式、分支机构的预缴税情况；（五）委托中介机构代理纳税申报的，应出具双方签订的代理合同，并附送中介机构出具的包括纳税调整的项目、原因、依据、计算过程、调整金额等内容的报告；（六）涉及关联方业务往来的，同时报送《中华人民共和国企业年度关联业务往来报告表》；（七）主管税务机关要求报送的其他有关资料。纳税人采用电子方式办理企业所得税年度纳税申报的，应按照有关规定保存有关资料或附报纸质纳税申报资料。”

9.5.1 汇算清缴的一般规定

建筑施工企业应对以下项目进行核查。

（1）收入，核查企业收入是否全部入账，特别是往来款项是否存在应确认为收入而没有入账的款项。

（2）成本，核查企业成本结转与收入是否匹配，是否真实反映企业成本水平。

（3）费用，核查企业费用支出是否符合相关税法规定，计提费用项目和税前列支项目是否超过税法规定标准。

（4）税收，核查企业各项税款是否提取并缴纳。

（5）补亏，用企业当年实现的利润对以前年度发生亏损的合法弥补（5年内）。

（6）调整，对以上项目按税法规定分别进行调增和调减后，依法计算本企业年度应纳税所得额，从而计算并缴纳本年度实际应当缴纳的所得税税额。

对所属年度的所得税费用的调整，属于对所属年度财务报表信息的更正，应通过“以前年度损益调整——所得税费用”科目，进而结转计入“利润分配——未分配利润”科目，并调整计提的“盈余公积”等科目。

企业财务人员应确认是否享受税收优惠政策。

9.5.2 跨地区企业所得税汇算清缴

跨地区经营汇总纳税是指居民企业在中国境内跨省、自治区、直辖市和计划单列市，设立不具有法人资格分支机构，实行“统一计算、分级管理、就地预缴、汇总清算、财政调库”的企业所得税征收管理办法。《国家税务总局关于印发〈跨地区经营汇总纳税企业所得税征收管理办法〉的公告》（国家税务总局公告 2012 年第 57 号）对跨地区经营汇总纳税作出了具体规定。

该文件第十三条规定："总机构按以下公式计算分摊税款：总机构分摊税款＝汇总纳税企业当期应纳所得税额×50％"

第十四条规定："分支机构按以下公式计算分摊税款：所有分支机构分摊税款总额＝汇总纳税企业当期应纳所得税额×50％

"某分支机构分摊税款＝所有分支机构分摊税款总额×该分支机构分摊比例"

第十五条规定："总机构应按照上年度分支机构的营业收入、职工薪酬和资产总额三个因素计算各分支机构分摊所得税款的比例；三级及以下分支机构，其营业收入、职工薪酬和资产总额统一计入二级分支机构；三因素的权重依次为 0.35、0.35、0.30。

"计算公式如下：

"某分支机构分摊比例＝（该分支机构营业收入/各分支机构营业收入之和）×0.35＋（该分支机构职工薪酬/各分支机构职工薪酬之和）×0.35＋（该分支机构资产总额/各分支机构资产总额之和）×0.30

"分支机构分摊比例按上述方法一经确定后，除出现本办法第五条第（四）项和第十六条第二、三款情形外，当年不作调整。"

【例 9-2】甲建筑集团公司机构所在地为深圳，该公司适用 25％企业所得税，下属 A、B、C 三个子公司。A 公司位于长沙，适用 25％企业所得税税率；B 公司位于福州，适用 25％企业所得税税率；C 公司位于天津，适用 25％企业所得税税率。2024 年，甲建筑集团公司汇总应纳税所得额 3 000 万元，总机构分摊 1 500 万元，三个分公司共分摊 1 500 万元。经测算，A、B、C 三家子公司企业所得税分摊比例分别是 0.25、0.4、0.35。

根据上述资料，计算各公司应分摊的企业所得税额。

（1）总机构分摊税额。

总机构应纳税额＝总机构分摊应纳税所得额×总机构适用税率

甲建筑集团公司＝3 000×50％×25％＝375（万元）

（2）分支机构按分摊比例分摊税额。

各分支机构应纳税额＝分支机构分摊应纳税所得额合计数×各分支机构分摊比例×适用税率

A 公司应纳税额＝3 000×50％×0.25×25％＝93.75（万元）

B 公司应纳税额＝3 000×50％×0.4×25％＝150（万元）

C公司应纳税额＝3 000×50%×0.35×25%＝131.25（万元）

(3) 计算总应纳税额。

总分机构总应纳税额＝总机构应纳税额＋各分支机构应纳税额合计

＝375＋93.75＋150＋131.25＝750（万元）

根据上述资料，填写分支机构所得税分配，见表9-5。

表9-5 企业所得税汇总纳税分支机构所得税分配表（仅供参考）

金额单位：元

<table>
<tr><td colspan="2">本年实际应纳所得税额</td><td>总机构分摊所得税额</td><td colspan="3">总机构财政集中分配所得税额</td><td colspan="2">分支机构分摊所得税额</td></tr>
<tr><td colspan="2">30 000 000</td><td>3 750 000</td><td colspan="3">—</td><td colspan="2">3 750 000</td></tr>
<tr><td rowspan="9">分支机构情况</td><td rowspan="2">统一社会信用代码（纳税人识别号）</td><td rowspan="2">机构名称</td><td colspan="3">三项因素</td><td rowspan="2">分配比例</td><td rowspan="2">分配所得税额</td></tr>
<tr><td>营业收入</td><td>职工薪酬</td><td>资产总额</td></tr>
<tr><td>3252934-28</td><td>A公司</td><td>1 500</td><td></td><td></td><td>0.25</td><td>937 500</td></tr>
<tr><td>742036270</td><td>B公司</td><td>1 500</td><td></td><td></td><td>0.4</td><td>1 500 000</td></tr>
<tr><td>746924262</td><td>C公司</td><td>1 500</td><td></td><td></td><td>0.35</td><td>1 312 500</td></tr>
<tr><td>—</td><td>—</td><td>—</td><td>—</td><td>—</td><td>—</td><td>—</td></tr>
<tr><td>—</td><td>—</td><td>—</td><td>—</td><td>—</td><td>—</td><td>—</td></tr>
<tr><td>—</td><td>—</td><td>—</td><td>—</td><td>—</td><td>—</td><td>—</td></tr>
<tr><td colspan="2">合计</td><td>4 500</td><td>—</td><td>—</td><td>—</td><td>3 750 000</td></tr>
</table>

小贴士

◎ 自2024年1月1日至2027年12月31日期间，企业对专用设备进行数字化及智能化改造的投入，若不超过购置时原计税基础的50%，可按10%的比例抵免当年应纳税额。若当年应纳税额不足以抵免，此部分可结转至未来五年内使用。

◎年应纳税所得额不超过300万元的小型微利企业，统一减按25%计入应纳税所得额，并按20%的税率缴纳企业所得税，持续至2027年12月31日。

◎ 研发费用加计扣除政策变化

统一行业：所有非负面清单行业中，企业实际发生但未形成无形资产的研发费用，可在税前加计扣除100%；若形成无形资产，则按200%的比例摊销，且摊销年限不得少于10年。

自 2023 年 1 月 1 日至 2027 年 12 月 31 日，集成电路及工业母机行业的研发费用可按 120% 在税前扣除，或按 220%摊销无形资产。企业可通过预缴或年度汇算清缴享受此政策。

◎ 新购设备一次性税前扣除

自 2024 年 1 月 1 日至 2027 年 12 月 31 日，企业新购进的单位价值不超过 500 万元的设备及器具，可一次性全额计入当期成本费用，无须分年度折旧。单位价值超过 500 万元的资产，仍按原税法规定处理。

9.6 个人所得税税前扣除项目

个人所得税扣除项目分为两类：一类是基本扣除项目；另一类是专项扣除项目。

9.6.1 基本扣除项目

基本扣除项目具体如下。

(1) 按照规定，单位为个人缴付和由个人缴付的基本养老保险费、基本医疗保险费、失业保险费、住房公积金，从纳税义务人的应纳税所得额中扣除。未超过国家或省（自治区、直辖市）人民政府规定的缴费比例或办法的，免征个人所得税。

超过了按其本人上一年度月平均工资 300%计算的社会保险费部分，应并入个人当期的工资、薪金收入，计征个人所得税。

(2) 企业为员工缴纳的商业保险不免个人所得税。应在向保险公司缴付时并入员工当期的工资收入，按“工资、薪金所得”项目计征个人所得税。

但是，对于商业保险中的企业年金，根据《财政部 人力资源社会保障部 国家税务总局关于企业年金 职业年金个人所得税有关问题的通知》（财税〔2013〕103 号）第一条规定：“……1. 企业和事业单位（以下统称‘单位’）根据国家有关政策规定的办法和标准，为在本单位任职或者受雇的全体职工缴付的企业年金或职业年金（以下统称‘年金’）单位缴费部分，在计入个人账户时，个人暂不缴纳个人所得税……”

9.6.2 专项附加扣除项目

专项附加扣除项目见表 9-6。

表 9-6 专项附加扣除项目

<table>
<tr><th>项目</th><th colspan="2">扣除条件</th><th>扣除标准</th><th>扣除方式</th></tr>
<tr><td rowspan="4">子女教育</td><td rowspan="3">子女接受全日制学历教育</td><td>义务教育（小学、初中）</td><td rowspan="4">每个子女 2 000 元/月</td><td rowspan="4">父母各扣 50%或指定一方扣 100%</td></tr>
<tr><td>高中（普通高中、中等职业、技工教育）</td></tr>
<tr><td>高等教育（大专、本科、硕士、博士）</td></tr>
<tr><td>子女接受学前教育</td><td>年满 3 岁至小学前</td></tr>
<tr><td rowspan="2">继续教育</td><td colspan="2">在中国境内接受学历（学位）继续教育</td><td>400 元/月</td><td>本科以下的，本人/父母扣</td></tr>
<tr><td colspan="2">接受技能人员职业资格继续教育、专业技术人员职业资格继续教育，并取得相关证书</td><td>3 600 元/年</td><td>本人扣</td></tr>
<tr><td>大病医疗</td><td colspan="2">一个纳税年度内，与基本医保相关的医药费用支出，扣除医保报销后个人负担累计超过 15 000 元的部分</td><td>据实扣除，限额 80 000元</td><td>本人/配偶扣：未成年子女费用，可由父母一方扣</td></tr>
<tr><td>住房贷款利息</td><td colspan="2">购买中国境内住房，享受“首套住房贷款利率”的住房贷款利息</td><td>1 000 元/月</td><td>本人扣，夫妻可选择一方扣</td></tr>
<tr><td rowspan="3">住房租金</td><td rowspan="3">在主要工作城市没有自有住房</td><td>直辖市、省会（首府）城市、计划单列市以后国务院确定的其他城市</td><td>1 500 元/月</td><td rowspan="3">承租人扣。夫妻双方同城的，只能一方扣</td></tr>
<tr><td>市辖区户籍人口超过 100 万的</td><td>1 100 元/月</td></tr>
<tr><td>市辖区户籍人口不超过 100 万的</td><td>800 元/月</td></tr>
<tr><td rowspan="2">赡养老人</td><td rowspan="2">赡养一位及以上被赡养人(年满 60 岁的父母，子女均已过世的年满 60 岁的祖父母、外祖父母)</td><td>独生子女</td><td>3 000 元/月</td><td>本人扣</td></tr>
<tr><td>非独生子女</td><td>每人分摊额度不超过 1 500 元/月</td><td>均摊/约定分摊/指定分摊</td></tr>
</table>

续上表

项目	扣除条件	扣除标准	扣除方式
3 岁以下婴幼儿子女	按照每个婴幼儿每月 2 000 元的标准定额扣除	2 000 元/人	父母各扣 50%或指定一方扣除 100%，在一个纳税年度内不能变更

9.6.3 税率及计算方法

工资、薪金所得七级超额累计税率见表 9-7。

表 9-7 工资、薪金所得个人所得税税率表

级 数	月应纳税所得额	税率（%）	速算扣除数（元）
1	不超过 3 000 元部分	3	0
2	超过 3 000～12 000 元	10	210
3	超过 12 000～25 000 元	20	1 410
4	超过 25 000～35 000	25	2 660
5	超过 35 000～55 000	30	4 410
6	超过 55 000～80 000	35	7 160
7	超过 80 000 元部分	45	15 160

1. 一般计算方法

居民个人的综合所得，以每一纳税年度的收入额减除费用 60 000 元与基本扣除项目、专项附加扣除和依法确定的其他扣除后的余额，为应纳税所得额。计算公式为

应纳税所得额＝月收入－5 000 元（起征点）－基本扣除项目－专项附加扣除项目－依法确定的其他扣除

【例 9-3】职工张研在深圳一家建筑公司工作，本月税前收入 14 000 元，社会保险费与住房公积金为 3 400 元；住房贷款 7 800 元，按规定可税前扣除 1 000 元；张研为非独生子女，父母均已退休，赡养老人可扣除 1 500 元（与妹妹共同分担）。计算本月张研本月应交个人所得税。

应纳税额＝（14 000－3 400－1 000－1 500－5 000）×10%－210＝100（元）

2. 预缴个人所得税计算公式

《国家税务总局关于完善调整部分纳税人个人所得税预扣预缴方法的公告》（国家税务总局公告 2020 年第 13 号）旨在减轻当年新入职人员个人所得税预扣预缴阶段的税收负担，针对年度中间首次取得工资、薪金所得等人员有关个人所得税预扣预缴方法。

本期应预扣预缴税额计算公式为

本期应预扣预缴税额＝（累计收入额－累计减除费用）×预扣率－速算扣除数－累计减免税额－累计已预扣预缴税额

其中，累计减除费用按照 5 000 元/月乘以纳税人在本单位开始实习月份起至本月实习月份数计算。

上述公式中的预扣率、速算扣除数，按照《国家税务总局关于发布〈个人所得税扣缴申报管理办法（试行）〉的公告》（国家税务总局公告 2018 年第 61 号）附件《个人所得税税率表及预扣率表》执行。

9.7 年度汇算清缴

取得收入的居民个人应于第二年 3 月至 6 月办理汇算清缴。

9.7.1 需要办理年度汇算清缴的几种情形

依据税法规定，年度终了后，居民个人需要汇总上一年取得的工资薪金、劳务报酬、稿酬、特许权使用费等四项所得（以下称“综合所得”）的收入额，减除费用 60 000 元及专项扣除、专项附加扣除，依法确定的其他扣除和符合条件的公益慈善事业捐赠后，计算本年度最终应纳税额，再减去上一年度已预缴税额，得出本年度应退或应补税额，向税务机关申报并办理退税或补税。具体计算公式为

年度汇算应退或应补税额＝［（综合所得收入额－60 000 元－“社会保险费、公积金”等专项扣除－子女教育等专项附加扣除－依法确定的其他扣除－捐赠）×适用税率－速算扣除数］－已预缴税额

下列情形，需要办理年度汇算。

(1) 预缴税额高于应纳税额，需要申请退税的纳税人。

（2）符合享受条件的专项附加扣除，但预缴税款时没有申报扣除的。

（3）因年中就业、退休或者部分月份没有收入等原因，减除费用60 000元，“社会保险费及住房公积金”等专项扣除、子女教育等专项附加扣除、企业（职业）年金及商业健康保险、税收递延型养老保险等扣除不充分的。

例如，罗缨2019年8月底退休，退休前每月工资10 000元，个人缴付“三险一金”2 000元，退休后领取基本养老金。假设没有专项附加扣除，1至8月预缴个人所得税720元；后4个月基本养老金按规定免征个人所得税。从全年看，该纳税人仅扣除了40 000元减除费用（8×5 000），未充分扣除60 000元减除费用。年度汇算足额扣除后，该纳税人可申请退税720元。

（4）没有任职受雇单位，仅取得劳务报酬、稿酬、特许权使用费所得，需要通过年度汇算办理各种税前扣除的；

（5）纳税人取得劳务报酬、稿酬、特许权使用费所得，年度中间适用的预扣率高于全年综合所得年适用税率的；

例如，张琳是自由职业者，专职从事写作。全年取得稿酬收入60 000元，假定出版社代扣代缴稿酬个人所得税8 400元。第二年汇算清缴时，减除60 000元费用（不考虑其他扣除）后，无须缴纳税费。因此，可申请退税8 400元。

（6）预缴税款时，未申报享受或者未足额享受综合所得税收优惠的，如残疾人减征个人所得税优惠等。

（7）有符合条件的公益慈善事业捐赠支出，但预缴税款时未办理扣除的。

纳税人可优先通过网上税务局（包括手机个人所得税App）办理年度汇算，税务机关将按规定为纳税人提供申报表预填服务；不方便通过上述方式办理的，也可以通过邮寄方式或到办税服务厅办理。

9.7.2 无须办理年度汇算的条件

按照相关规定，纳税人在本年度已依法预缴个人所得税且符合下列情形之一的，无须办理年度汇算：

（1）纳税人年度汇算需补税但年度综合所得收入不超过12万元的；

（2）纳税人年度汇算需补税金额不超过400元的；

（3）纳税人已预缴税额与年度应纳税额一致或者不申请年度汇算退税的。

第10章 其他税种的相关规定

其他税费包括城市维护建设税、教育费附加、车辆购置税、印花税、契税、环境保护税、土地增值税、耕地占用税、城镇土地使用税、房产税等。本章主要介绍相关税费涉及的法律法规的基本规定。

10.1 城市维护建设税

《中华人民共和国城市维护建设税法》已于2021年9月1日施行。

1. 纳税人

在中华人民共和国境内缴纳增值税、消费税的单位和个人，为城市维护建设税的纳税人。

2. 计税依据

城市维护建设税以纳税人依法实际缴纳的增值税、消费税税额为计税依据。城市维护建设税的计税依据应当按照规定扣除期末留抵退税退还的增值税税额。

3. 税率

城市维护建设税税率如下：

（1）纳税人所在地在市区的，税率为7%；

（2）纳税人所在地在县城、镇的，税率为5%；

（3）纳税人所在地不在市区、县城或者镇的，税率为1%。

4. 纳税时间

城市维护建设税的纳税义务发生时间与增值税、消费税的纳税义务发生时间一致，分别与增值税、消费税同时缴纳。

10.2 车辆购置税

2018年12月29日，第十三届全国人民代表大会常务委员会第七次会议通过《中华人民共和国车辆购置税法》。

1. 纳税人

在中华人民共和国境内购置汽车、有轨电车、汽车挂车、排气量超过150毫升的摩托车（以下统称应税车辆）的单位和个人，为车辆购置税的纳税人。

2. 税率

车辆购置税实行一次性征收。购置已征车辆购置税的车辆，不再征收车辆购置税。车辆购置税的税率为10%。

3. 应纳税额的计算

车辆购置税的应纳税额按照应税车辆的计税价格乘以税率计算。

4. 计税价格

应税车辆的计税价格，按照下列规定确定：

（1）纳税人购买自用应税车辆的计税价格，为纳税人实际支付给销售者的全部价款，不包括增值税税款；

（2）纳税人进口自用应税车辆的计税价格，为关税完税价格加上关税和消费税；

（3）纳税人自产自用应税车辆的计税价格，按照纳税人生产的同类应税车辆的销售价格确定，不包括增值税税款；

（4）纳税人以受赠、获奖或者其他方式取得自用应税车辆的计税价格，按照购置应税车辆时相关凭证载明的价格确定，不包括增值税税款。

5. 税收优惠

下列车辆免征车辆购置税：

（1）依照法律规定应当予以免税的外国驻华使馆、领事馆和国际组织驻华机构及其有关人员自用的车辆；

（2）中国人民解放军和中国人民武装警察部队列入装备订货计划的车辆；

（3）悬挂应急救援专用号牌的国家综合性消防救援车辆；

（4）设有固定装置的非运输专用作业车辆；

（5）城市公交企业购置的公共汽、电车辆。

6. 纳税时间与地点

车辆购置税的纳税义务发生时间为纳税人购置应税车辆的当日。纳税人应当自纳税义务发生之日起60日内申报缴纳车辆购置税。纳税人应当在向公安机关交通管理部门办理车辆注册登记前，缴纳车辆购置税。

10.3 印花税

《中华人民共和国印花税法》自 2022 年 7 月 1 日起施行。

1. 计税依据

印花税的计税依据见表 10-1。

表 10-1 印花税计税依据

计税依据	含义
应税合同的计税依据	为合同列明的价款或者报酬，不包括增值税税款；合同中价款或者报酬与增值税税款未分开列明的，按照合计金额确定
应税产权转移书据的计税依据	为产权转移书据列明的价款，不包括增值税税款；产权转移书据中价款与增值税税款未分开列明的，按照合计金额确定
应税营业账簿的计税依据	为营业账簿记载的实收资本（股本）、资本公积合计金额
证券交易的计税依据	为成交金额

2. 税目、税率

印花税税目、税率见表 10-2。

表 10-2 印花税税目、税率表

<table>
<tr><th colspan="2">税目</th><th>税率</th><th>备注</th></tr>
<tr><td rowspan="6">合同</td><td>买卖合同</td><td>支付价款的万分之三</td><td>指动产买卖合同</td></tr>
<tr><td>借款合同</td><td>借款金额的万分之零点五</td><td>指银行业金融机构和借款人（不包括银行同业拆借）订立的借款合同</td></tr>
<tr><td>融资租赁合同</td><td>租金的万分之零点五</td><td>—</td></tr>
<tr><td>租赁合同</td><td>租金的千分之一</td><td>—</td></tr>
<tr><td>承揽合同</td><td>支付报酬的万分之三</td><td>—</td></tr>
<tr><td>建设工程合同</td><td>支付价款的万分之三</td><td>—</td></tr>
</table>

续上表

税目		税率	备注
合同	运输合同	运输费用的万分之三	指货运合同和多式联运合同（不包括管道运输合同）
	技术合同	支付价款、报酬或者使用费的万分之三	（不包括专利权、专有技术使用权转让书据）
	保管合同	保管费的千分之一	—
	仓储合同	仓储费的千分之一	—
	财产保险合同	保险费的千分之一	不包括再保险合同
产权转移书据	土地使用权出让书据	支付价款的万分之五	转让包括买卖（出售）、继承、赠与、互换、分割
	土地使用权、房屋等建筑物、构筑物所有权转让书据（不包括土地承包经营权和土地经营权转移）	支付价款的万分之五	
	股权转让书据（不包括应缴纳的证券交易印花税的）	支付价款的万分之五	
	商标专用权、著作权、专利权、专有技术使用权转让书据	支付价款的万分之三	
营业账簿		实收资本（股本）、资本公积合计金额的万分之二点五	—
证券交易		成交金额的千分之一	对证券交易的出让方征收，不对证券交易的受让方征收

免征或者减征印花税的情形如下：

（1）应税凭证的副本或者抄本，免征印花税；

（2）农民、农民专业合作社、农村集体经济组织、村民委员会购买农业生产资料或者销售自产农产品订立的买卖合同和农业保险合同，免征印花税；

（3）无息或者贴息借款合同、国际金融组织向我国提供优惠贷款订立的借款合同、金融机构与小型微型企业订立的借款合同，免征印花税；

（4）财产所有权人将财产赠予政府、学校、社会福利机构订立的产权转移书据，免征印花税；

（5）军队、武警部队订立、领受的应税凭证，免征印花税；

（6）转让、租赁住房订立的应税凭证，免征个人（不包括个体工商户）应当缴纳的印花税；

（7）国务院规定免征或者减征印花税的其他情形。

前款第七项免征或者减征印花税的规定，由国务院报全国人民代表大会常务委员会备案。

3. 纳税时间与地点

印花税按季、按年或者按次计征。实行按季、按年计征的，纳税人应当自季度、年度终了之日起 15 日内申报缴纳税款；实行按次计征的，纳税人应当自纳税义务发生之日起 15 日内申报缴纳税款。

纳税人为单位的，应当向其机构所在地的主管税务机关申报缴纳印花税；纳税人为个人的，应当向应税凭证书立地或者纳税人居住地的主管税务机关申报缴纳印花税。

10.4 契税

《中华人民共和国契税法》自 2021 年 9 月 1 日起施行。

1. 纳税人

在中华人民共和国境内转移土地、房屋权属，承受的单位和个人为契税的纳税人。

2. 税率

契税实行幅度比例税率，税率幅度为 3%～5%。具体执行税率，由各省、自治区、直辖市人民政府在规定的幅度内，根据本地区的实际情况确定。

3. 计税依据

（1）土地使用权出让、出售，房屋买卖，为土地、房屋权属转移合同确定的成交价格，包括应交付的货币以及实物、其他经济利益对应的价款。

（2）土地使用权互换、房屋互换，为所互换的土地使用权、房屋价格的差额。

（3）土地使用权赠予、房屋赠予以及其他没有价格的转移土地、房屋权属行为，为税务机关参照土地使用权出售、房屋买卖的市场价格依法核定的价格。

纳税人申报的成交价格、互换价格差额明显偏低且无正当理由的，由税务机关依照《中华人民共和国税收征收管理法》的规定核定。

4. 应纳税额的计算

应纳税额＝计税依据×税率

5. 优惠政策

有下列情形之一的，免征契税：

（1）国家机关、事业单位、社会团体、军事单位承受土地、房屋权属用于办公、教学、医疗、科研、军事设施；

（2）非营利性的学校、医疗机构、社会福利机构承受土地、房屋权属用于办公、教学、医疗、科研、养老、救助；

（3）承受荒山、荒地、荒滩土地使用权用于农、林、牧、渔业生产；

（4）婚姻关系存续期间夫妻之间变更土地、房屋权属；

（5）法定继承人通过继承承受土地、房屋权属；

（6）依照法律规定应当予以免税的外国驻华使馆、领事馆和国际组织驻华代表机构承受土地、房屋权属。

根据国民经济和社会发展的需要，国务院对居民住房需求保障、企业改制重组、灾后重建等情形可以规定免征或者减征契税，报全国人民代表大会常务委员会备案。

6. 纳税时间与地点

契税的纳税义务发生时间，为纳税人签订土地、房屋权属转移合同的当日，或者纳税人取得其他具有土地、房屋权属转移合同性质凭证的当日。

纳税人应当在依法办理土地、房屋权属登记手续前申报缴纳契税。

10.5 环境保护税

在中华人民共和国领域和中华人民共和国管辖的其他海域，直接向环境排放应税污染物的企业、事业单位和其他生产经营者为环境保护税的纳税人。

1. 计税依据和应纳税额

《中华人民共和国环境保护税法》第七条规定："应税污染物的计税依据，按照下列方法确定：（一）应税大气污染物按照污染物排放量折合的污染当量数确定；（二）应税水污染物按照污染物排放量折合的污染当量数确定；（三）应税固体废物按照固体废物的排放量确定；（四）应税噪声按照超过国家规定标准的分贝数确定。"第十一条规定："环境保护税应纳税额按照下列方法计算：（一）应税大气污染物的应纳税额为污染当量数乘以具体适用税额；（二）应税水污染物的应纳税额为污染当量数乘以具体适用税额；（三）应税固体废物的应纳税额为固体废物排放量乘以具体适用税额；（四）应税噪声的应纳税额为超过国家规定标准的分贝数对应的具体适用税额。"

2. 免征环境保护税的情形

下列情形，暂予免征环境保护税：

（1）农业生产（不包括规模化养殖）排放应税污染物的；

（2）机动车、铁路机车、非道路移动机械、船舶和航空器等流动污染源排放应税污染物的；

（3）依法设立的城乡污水集中处理、生活垃圾集中处理场所排放相应应税污染物，不超过国家和地方规定的排放标准的；

（4）纳税人综合利用的固体废物，符合国家和地方环境保护标准的；

（5）国务院批准免税的其他情形。

3. 纳税时间与地点

纳税义务发生时间为纳税人排放应税污染物的当日。环境保护税按月计算，按季申报缴纳。不能按固定期限计算缴纳的，可以按次申报缴纳。纳税人应当向应税污染物排放地的税务机关申报缴纳环境保护税。

10.6 土地增值税

转让国有土地使用权、地上的建筑物及房地产并取得收入的单位和个人，为土地增值税的纳税人，应当缴纳土地增值税。

1. 增值额

增值额是指企业转让房地产所取得的收入减除定扣除项目金额后的余额。

2. 收入

企业转让房地产所取得的收入，包括货币收入、实物收入和其他收入。

3. 扣除项目

（1）取得土地使用权所支付的金额。

（2）开发土地和新建房及配套设施的成本，包括土地征用及拆迁补偿费、前期工程费、建筑安装工程费、基础设施费、公共配套设施费、开发间接费用。

（3）开发土地和新建房及配套设施的费用，包括与房地产开发项目有关的销售费用、管理费用、财务费用。

（4）旧房及建筑物的评估价格是指在转让已使用的房屋及建筑物时，由政府批准设立的房地产评估机构评定的重置成本价乘以成新度折扣率后的价格。评估价格须经当地税务机关确认。

（5）与转让房地产有关的税金是指在转让房地产时缴纳的增值税、城市维护建设税、印花税。因转让房地产交纳的教育费附加，也可视同税金予以扣除。

4. 税率

《中华人民共和国土地增值税暂行条例》第七条规定："土地增值税实行四级超率累进税率：增值额未超过扣除项目金额50%的部分，税率为30%。增值额超过扣除项目金额50%、未超过扣除项目金额100%的部分，税率为40%。增值额超过扣除项目金额100%、未超过扣除项目金额200%的部分，税率为50%。增值额超过扣除项目金额200%的部分，税率为60%。"

《国家税务总局关于降低土地增值税预征率下限的公告》（国家税务总局公告2024年第10号）规定："为更好发挥土地增值税调节作用，根据《中华人民共和国土地增值税暂行条例》及其实施细则等有关规定，将土地增值税预征率下限降低0.5个百分点。调整后，除保障性住房外，东部地区省份预征率下限为1.5%，中部和东北地区省份预征率下限为1%，西部地区省份预征率下限为0.5%（地区的划分按照国务院有关文件的规定执行）……"

5. 免征情形

《中华人民共和国土地增值税暂行条例》第八条规定："有下列情形之一的，免征土地增值税：（一）纳税人建造普通标准住宅出售，增值额未超过扣除项目金额20%的；（二）因国家建设需要依法征收、收回的房地产。"

6. 预征

采取预收款方式销售自行开发的房地产项目的，按照以下方法计算预缴土地增值税：

应预缴土地增值税＝（预收款－应预缴增值税税款）×土地增值税预征率

采取非预收款方式销售自行开发的房地产项目的，按照以下方法计算预缴土地增值税：

应预缴土地增值税＝销售收入÷（1＋增值税适用税率或者征收率）×土地增值税预征率

7. 纳税时间与地点

企业应当自转让房地产合同签订之日起7日内向房地产所在地主管税务机关办理纳税申报，并在税务机关核定的期限内缴纳土地增值税。

10.7 耕地占用税

在中华人民共和国境内占用耕地建设建筑物、构筑物或者从事非农业建设的单位和个人，为耕地占用税的纳税人，

1. 税额

《中华人民共和国耕地占用税法》第四条第一款规定："耕地占用税的税额如下：（一）人均耕地不超过一亩的地区（以县、自治县、不设区的市、市辖区为单位，下同），每平方米为十元至五十元；（二）人均耕地超过一亩但不超过二亩的地区，每平方米为八元至四十元；（三）人均耕地超过二亩但不超过三亩的地区，每平方米为六元至三十元；（四）人均耕地超过三亩的地区，每平方米为五元至二十五元。"

2. 免征或减征的情形

军事设施、学校、幼儿园、社会福利机构、医疗机构占用耕地，免征耕

地占用税。

铁路线路、公路线路、飞机场跑道、停机坪、港口、航道、水利工程占用耕地，减按每平方米 2 元的税额征收耕地占用税。

农村居民在规定用地标准以内占用耕地新建自用住宅，按照当地适用税额减半征收耕地占用税；其中农村居民经批准搬迁，新建自用住宅占用耕地不超过原宅基地面积的部分，免征耕地占用税。

农村烈士遗属、因公牺牲军人遗属、残疾军人以及符合农村最低生活保障条件的农村居民，在规定用地标准以内新建自用住宅，免征耕地占用税。

3. 其他情形

《中华人民共和国耕地占用税法》第十一条规定："纳税人因建设项目施工或者地质勘查临时占用耕地，应当依照本法的规定缴纳耕地占用税。纳税人在批准临时占用耕地期满之日起一年内依法复垦，恢复种植条件的，全额退还已经缴纳的耕地占用税。"

第十二条规定："占用园地、林地、草地、农田水利用地、养殖水面、渔业水域滩涂以及其他农用地建设建筑物、构筑物或者从事非农业建设的，依照本法的规定缴纳耕地占用税。占用前款规定的农用地的，适用税额可以适当低于本地区按照本法第四条第二款确定的适用税额，但降低的部分不得超过百分之五十。具体适用税额由省、自治区、直辖市人民政府提出，报同级人民代表大会常务委员会决定，并报全国人民代表大会常务委员会和国务院备案。占用本条第一款规定的农用地建设直接为农业生产服务的生产设施的，不缴纳耕地占用税。"

4. 纳税时间与地点

耕地占用税的纳税义务发生时间为纳税人收到自然资源主管部门办理占用耕地手续的书面通知的当日。纳税人应当自纳税义务发生之日起 30 日内申报缴纳耕地占用税。耕地占用税由税务机关负责征收。

10.8 城镇土地使用税

在城市、县城、建制镇、工矿区范围内使用土地的单位和个人，为城镇土地使用税（以下简称土地使用税）的纳税人。

1. 税额

《中华人民共和国城镇土地使用税暂行条例》（2019 年修订）第四条规定："土地使用税每平方米年税额如下：（一）大城市 1.5 元至 30 元；（二）中等城市 1.2 元至 24 元；（三）小城市 0.9 元至 18 元；（四）县城、建制镇、工矿区 0.6 元至 12 元。"

2. 免征土地使用税的情形

《中华人民共和国城镇土地使用税暂行条例》（2019 年修订）第六条规定："下列土地免缴土地使用税：（一）国家机关、人民团体、军队自用的土地；（二）由国家财政部门拨付事业经费的单位自用的土地；（三）宗教寺庙、公园、名胜古迹自用的土地；（四）市政街道、广场、绿化地带等公共用地；（五）直接用于农、林、牧、渔业的生产用地；（六）经批准开山填海整治的土地和改造的废弃土地，从使用的月份起免缴土地使用税 5 年至 10 年；（七）由财政部另行规定免税的能源、交通、水利设施用地和其他用地。"

3. 纳税时间与地点

土地使用税按年计算、分期缴纳。缴纳期限由省、自治区、直辖市人民政府确定。

《中华人民共和国城镇土地使用税暂行条例》第九条规定："新征收的土地，依照下列规定缴纳土地使用税：（一）征收的耕地，自批准征收之日起满 1 年时开始缴纳土地使用税；（二）征收的非耕地，自批准征收次月起缴纳土地使用税。"

10.9 房产税

房产税由产权所有人缴纳。产权属于全民所有的，由经营管理的单位缴纳。产权出典的，由承典人缴纳。产权所有人、承典人不在房产所在地的，或者产权未确定及租典纠纷未解决的，由房产代管人或者使用人缴纳。

1. 计税依据

《中华人民共和国房产税暂行条例》第三条规定："房产税依照房产原值一次减除 10%至 30%后的余值计算缴纳。具体减除幅度，由省、自治区、直辖市人民政府规定。没有房产原值作为依据的，由房产所在地税务机关参考同类房产核定。房产出租的，以房产租金收入为房产税的计税依据。”

2. 税率

《中华人民共和国房产税暂行条例》第四条规定：“房产税的税率，依照房产余值计算缴纳的，税率为1.2%；依照房产租金收入计算缴纳的，税率为12%。”第五条规定：“下列房产免纳房产税：一、国家机关、人民团体、军队自用的房产；二、由国家财政部门拨付事业经费的单位自用的房产；三、宗教寺庙、公园、名胜古迹自用的房产；四、个人所有非营业用的房产；五、经财政部批准免税的其他房产。”

3. 纳税时间与地点

房产税按年征收、分期缴纳。

第 11 章
财务报表

财务报表是对企业财务状况、经营成果和现金流量的结构性表述。一套完整的财务报表至少应当包括“四表一注”：①资产负债表；②利润表；③现金流量表；④所有者权益（或股东权益）变动表；⑤附注。本章介绍“四表”的内容，附注的内容可查看《企业会计准则第 30 号——财务报表列报》的规定。本章主要介绍资产负债表、利润表、现金流量表、所有者权益（或股东权益）变动表编制要求与项目填列。

11.1 财务报表基本规定

财务报表所提供的财务信息主要表现在投资决策、经营管理、利润分配、政府调控等方面。

11.1.1 编制要求

财务报表编制基本要求如下：

1. 以持续经营为基础编制

企业应当以持续经营为基础，对实际发生的交易和事项进行确认和计量。破产的企业除外。破产企业要编制清算利润表 、清算资产负债表、债务清偿表等。

2. 按照正确的会计核算基础编制

除现金流量表按照收付实现制原则编制之外，企业应当按照权责发生制原则编制资产负债表、利润表等。

3. 至少按年编制财务报表

一般企业至少应当按年编制财务报表。年度财务报表涵盖的期间短于一年的，应当披露年度财务报表的涵盖期间，短于一年的原因以及报表数据不具可比性的事实。

上市公司的财务报表一年公布四次，一般称作第一季报、半年报、第三季报、年报。第一季报公告时间是在每年的 4 月。半年报公告时间是在每年 7 月到 8 月。第三季报公告时间是在每年的 10 月。年报公告时间是在次年的 1 到 4 月。

4. 项目列报遵守重要性原则

重要性原则应当根据企业所处的环境，从项目的性质和金额两方面予以判断：一是该项目是否属于企业日常活动，是否显著影响企业的财务状况、经营成果和现金流量等因素；二是项目金额的大小，该项目金额占资产总额、负债总额、所有者权益总额、营业收入总额、营业成本总额、净利润、综合收益总额等直接相关项目金额的比重或所属报表单列项目金额的比重。

（1）基本方法。通常先选定一个基准，再乘以某一百分比作为财务报表整体的重要性。

（2）选择基准。实务中较为常用的基准见表 11-1。

表 11-1　选择基准条件

企业情况	可能选择的基准
1. 企业盈利状况比较稳定	经常性业务的税前利润
2. 企业近年经营不稳定，经常亏损	过去三到五年经常性业务的税前利润/亏损绝对数的平均值
3. 企业设立新公司，目前正在建造厂房及购买机器设备	总资产
4. 企业处于新兴行业，目前侧重于抢占市场份额、扩大企业知名度和影响力	主营业务收入
5. 企业为下属各企业提供研发服务，并收取费用	成本与营业费用总额

（3）选择百分比。为选定的基准确定百分比需要运用职业判断。百分比和选定的基准之间存在一定的联系，如经常性业务的税前利润对应的百分比通常比营业收入对应的百分比要高，表 11-2 为判断标准。

表 11-2　选择百分比

选择的基准	通常可选择的百分比
经常性业务的税前利润	不超过 10%
主营业务收入	不超过 2%

续上表

选择的基准	通常可选择的百分比
总资产	不超过2%
非营利机构：收入或费用总额	不超过2%

《企业会计准则第30号——财务报表列报》规定在财务报表中单独列报的项目，应当单独列报。其他会计准则规定单独列报的项目，应当增加单独列报项目。

5. 保持各个会计期间财务报表项目列报的一致性

财务报表项目的列报应当在各个会计期间保持一致，除会计准则要求改变财务报表项目的列报或企业经营业务的性质发生重大变化后，变更财务报表项目的列报能够提供更可靠、更相关的会计信息外，不得随意变更。

6. 各项目之间的金额不得相互抵销

财务报表中的资产项目和负债项目的金额，收入项目和费用项目的金额，直接计入当期利润的利得项目和损失项目的金额不得相互抵销，但其他会计准则另有规定的除外。

一组类似交易形成的利得和损失应当以净额列示，但具有重要性的除外。

资产或负债项目按扣除备抵项目后的净额列示，不属于抵销。

非日常活动产生的利得和损失，以同一交易形成的收益扣减相关费用后的净额列示更能反映交易实质的，不属于抵销。

7. 至少应当提供所有列报项目上一个可比会计期间的比较数据

当期财务报表的列报，至少应当提供所有列报项目上一个可比会计期间的比较数据，以及与理解当期财务报表相关的说明，但其他会计准则另有规定的除外。

财务报表的列报项目发生变更的，应当至少对可比期间的数据按照当期的列报要求进行调整，并在附注中披露调整的原因和性质，以及调整的各项目金额。对可比数据进行调整不切实可行的，应当在附注中披露不能调整的原因。

8. 应当在财务报表的显著位置披露编报企业的名称等重要信息

企业应当在财务报表的显著位置（如表首）至少披露：①编报企业的名称；②资产负债表日或财务报表涵盖的会计期间；③人民币金额单位；④财

务报表是合并财务报表的，应当予以标明。

11.1.2 三大财务报表钩稽关系

企业的股东、债权人、管理者、供应商和客户、政府部门、企业内部财务人员通常要用到财务报表。

企业的财报是对其财务状况、经营成果和现金流量的高度概括总结。从企业经营状况可分析报表项目三大财务报表钩稽关系，如图 11-1 所示。

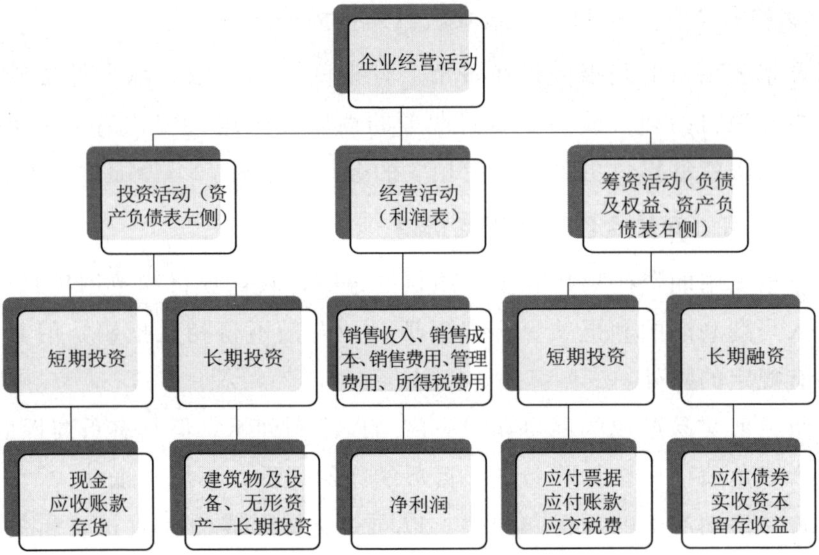

图 11-1 三大财务报表钩稽关系

11.2 资产负债表

资产负债表是企业在某一特定时日（通常为各会计期末）财务状况（即资产、负债和所有者权益的状况）的主要会计报表。一般以一个月最后一天的日期为节点。

资产负债表各项目均需填列“年初余额”和“期末余额”两栏。

资产负债表“年初余额”栏内各项数字，应根据上年年末资产负债表的“期末余额”栏内所列数字填列。如果上年度资产负债表规定的各个项目的名称和内容与本年度不一致，应对上年年末资产负债表各项目的名称和数字按照本年度的规定进行调整，填入本表“年初余额”栏内。

11.2.1 资产项目的填列说明

资产负债表的“期末余额”栏内各项数字，其填列方法见表11-3。

表11-3 资产项目的填列说明

项目	填列说明
货币资金	本项目应根据“库存现金”“银行存款”“其他货币资金”科目期末余额的合计数填列
交易性金融资产	本项目应当根据“交易性金融资产”科目的相关明细科目的期末余额分析填列
应收票据	本项目应根据“应收票据”科目的期末余额，减去“坏账准备”科目中有关坏账准备期末余额后的金额分析填列
应收账款	本项目应根据“应收账款”期末余额，减去“坏账准备”科目中有关坏账准备期末余额后的金额分析填列
预付款项	本项目应根据“预付账款”和“应付账款”科目所属各明细科目的期末借方余额合计数，减去“坏账准备”科目中有关预付款项计提的坏账准备期末余额后的净额填列。如“预付账款”科目所属各明细科目期末有贷方余额的，应在资产负债表“应付账款”项目内填列
合同资产	本项目根据“合同资产”科目的相关明细科目的期末余额分析填列，同一合同下的合同资产和合同负债应当以净额列示，其中净额为借方余额的，应当根据其流动性在“合同资产”或“其他非流动资产”项目中填列，已计提减值准备的，还应减去“合同资产减值准备”科目中相关的期末余额后的金额填列
其他应收款	本项目应根据“应收利息”“应收股利”“其他应收款”科目的期末余额，减去“坏账准备”科目中相关坏账准备期末余额后的金额填列
其他流动资产	是指除货币资金、短期投资、应收票据、应收账款、其他应收款、存货等流动资产以外的流动资产。 合同取得成本，初始确认时摊销期限不超过一年或一个正常营业周期的，在资产负债表中计入“其他流动资产”项目

续上表

项目	填列说明
存货	本项目应根据“材料采购”“原材料”“低值易耗品”“库存商品”“周转材料”“委托加工物资”“委托代销商品”“生产成本”等科目的期末余额合计，减去“代销商品款”“存货跌价准备”科目期末余额后的净额填列。材料采用计划成本核算，以及库存商品采用计划成本核算或售价核算的企业，还应按加或减材料成本差异、商品进销差价后的金额填列。 合同履约成本初始确认时摊销期限不超过一年或一个正常营业周期的，在资产负债表中计入“存货”项目
一年内到期的非流动资产	本项目应根据有关科目的期末余额分析填列
长期股权投资	本项目应根据“长期股权投资”科目的期末余额，减去“长期股权投资减值准备”科目的期末余额后的净额填列
固定资产	本项目应根据“固定资产”科目的期末余额，减去“累计折旧”和“固定资产减值准备”科目期末余额后的金额，以及“固定资产清理”科目余额填列
在建工程	本项目应根据“在建工程”科目的期末余额，减去“在建工程减值准备”科目期末余额后的金额，以及“工程物资”科目的期末余额，减去“工程物资减值准备”科目的期末余额后的金额填列
无形资产	本项目应根据“无形资产”的期末余额，减去“累计摊销”和“无形资产减值准备”科目期末余额后的金额填列
长期待摊费用	本项目应根据“长期待摊费用”科目的期末余额减去将于一年内（含一年）摊销的数额后的金额分析填列
其他非流动资产	本项目应根据有关科目的期末余额填列 合同履约成本初始确认时摊销期限在一年或一个正常营业周期以上的，在资产负债表中计入“其他非流动资产”项目。 合同取得成本初始确认时摊销期限在一年或一个正常营业周期以上的，在资产负债表中计入“其他非流动资产”项目

11.2.2 负债项目的填列说明

负债项目的填列说明见表 11-4。

表 11-4 负债项目填列说明

项目	填列说明
短期借款	本项目应根据“短期借款”科目的期末余额填列
应付票据	本项目应根据“应付票据”科目的期末余额填列
应付账款	本项目应根据“应付账款”和“预付账款”科目所属的相关明细科目的期末贷方余额合计数填列
预收款项	本项目应根据“预收账款”和“应收账款”科目所属各明细科目的期末贷方余额合计数填列
合同负债	本项目根据“合同负债”科目的相关明细科目的期末余额分析填列，同一合同下的合同资产和合同负债应当以净额列示，其中净额为贷方余额的，应当根据其流动性在“合同负债”或“其他非流动负债”项目中填列
应付职工薪酬	反映企业根据有关规定应付给职工的工资、职工福利、社会保险费、住房公积金、工会经费、职工教育经费、非货币性福利、辞退福利等各种薪酬。外商投资企业按规定从净利润中提取的职工奖励及福利基金，也在本项目列示
其他应付款	本项目应根据“应付利息”、“应付股利”和“其他应付款”科目的期末余额合计数填列
应交税费	本项目应根据“应交税费”科目的期末贷方余额填列，如“应交税费”科目期末为借方余额，应以“—”号填列。需要说 明的是，“应交税费”科目下的“应交增值税”“未交增值税”“待抵扣进项税额”“待认证进项税额”“增值税留抵税额”等明细科目期末借方余额应根据情况，在资产负债表中的“其他流动资产”或“其他非流动资产”项目列示；“应交税费——待转销项税额”等科目期末贷方余额应根据情况，在资产负债表中 的“其他流动负债”或“其他非流动负债”项目列示；“应交税费”科目下的“未交增值税”“简易计税”“转让金融商品应交增值税”“代扣代交增值税”等科目期末贷方余额应在资产负债表中的“应交税费”项目列示
一年内到期的非流动负债	本项目应根据有关科目的期末余额分析填列
长期借款	本项目应根据“长期借款”科目的期末余额填列
应付债券	本项目应根据“应付债券”科目的期末余额填列
其他非流动负债	本项目应根据有关科目的期末余额填列。其他非流动负债项目应根据有关科目期末余额减去将于 1 年内（含 1 年）到期偿还数后的余额分析填列。非流动负债各项目中将于 1 年内（含 1 年）到期的非流动负债，应在“一年内到期的非流动负债”项目内反映

续上表

项目	填列说明
长期应付款	本项目应根据“长期应付款”科目的期末余额，减去相关的“未确认融资费用”科目的期末余额后的金额，以及“专项应付款”科目的期末余额填列
递延收益	摊销期限只剩一年或不足一年的，或预计在一年内（含一年）进行摊销的部分，不得归类为流动负债，仍在该项目中填列，不转入“一年内到期的非流动负债”项目

11.2.3 所有者权益项目的填列说明

(1)“实收资本（或股本)”项目，反映企业各投资者实际投入的资本（或股本）总额。本项目应根据“实收资本”(或“股本”）科目的期末余额填列。

(2)“资本公积”项目，反映企业资本公积的期末余额。本项目应根据“资本公积”科目的期末余额填列。

(3)“盈余公积”项目，反映企业盈余公积的期末余额。本项目应根据“盈余公积”科目的期末余额填列。

(4)“未分配利润”项目，反映企业尚未分配的利润。本项目应根据“本年利润”科目和“利润分配”科目的余额计算填列。未弥补的亏损在本项目内以“—”号填列。

【例 11-1】2025 年 1 月 31 日，科达建筑工程有限公司总账及明细余额见表 11-5。

表 11-5 总账及明细账期末余额表

金额单位：元

资产账户	总账及明细账期末余额		负债及权益账户	总账及明细账期末余额	
	借方余额	贷方余额		借方余额	贷方余额
库存现金	3 000	—	短期借款	—	0
银行存款	29 586 120	—	应付票据	—	500 000
其他货币资金	1 000 000	—	应付账款	—	239 000
银行汇票	800 000	—	惠民建筑公司	—	239 000
信用证	100 000	—	其他应付款	—	950 000

续上表

资产账户	总账及明细账期末余额		负债及权益账户	总账及明细账期末余额	
	借方余额	贷方余额		借方余额	贷方余额
应收票据	180 000	—	预收账款	—	240 000
应收账款	5 700 000	—	昌城混凝土厂	—	240 000
天星建筑公司	3 400 000	—	合同负债	—	740 000
梅州工程公司	2 300 000	—	正通建筑公司	—	740 000
预付账款	239 000	—	应付职工薪酬	—	1 280 000
如捷机械设备公司	239 000	—	应付税费	—	890 000
其他应收款	89 400	—	递延所得税负债	—	389 000
坏账准备（应收账款）	—	0	工程结算	—	109 000 000
坏账准备（其他应收款）	—	54 300	实收资本	—	60 000 000
合同资产	760 000	—	盈余公积	—	6 760 860
梅州交通银行	450 000	—	利润分配	—	31 200 000
宏德商贸公司	310 000	—	资本公积	—	8 451 240
合同履约成本	151 450 000	—			
原材料	1 680 000	—			
周转材料	260 000	—			
存货跌价准备	—	45 000			
固定资产	9 000 000	—			
累计折旧	—	2 348 000			
固定资产减值准备	—	72 000			
在建工程	—	—			
无形资产	450 000	—			
累计摊销	—	152 000			

根据上述资料，编制资产负债表见表 11-6。

表 11-6　资产负债表

编制单位：科达建筑工程有限公司　　　2025 年 1 月 31 日　　　金额单位：元

资　产	期末余额	年初余额	负债和所有者权益（或股东权益）	期末余额	年初余额
流动资产：			流动负债：		
货币资金	30 589 120	21 459 600	短期借款	0	
应收票据	180 000	220 000	应付票据	500 000	670 000
应收账款	5 700 000	6 540 000	应付账款	239 000	490 000
预付账款	239 000	456 000	预收款项	240 000	150 000
其他应收款	35 100	55 400	合同负债	40 000	74 500
存货	44 345 000	25 227 320	应交税费	890 000	912 500
合同资产	760 000	629 000	应付职工薪酬	1 280 000	993 400
持有待售资产	—	—	其他应付款	950 000	760 000
一年内到期的非流动资产	—	—	一年内到期的非流动负债	—	—
其他流动资产	22 213 880	24 330 080	其他流动负债		
流动资产合计	104 062 100	78 917 400	流动负债合计	4 139 000	4 050 400
非流动资产：			非流动负债：		
债权投资	—	—	长期借款	—	—
其他债权投资	—	—	应付债券	—	—
长期应收款	—	—	其中：优先股	—	—
	—	—	永续债	—	—
长期股权投资	—	—	长期应付款	—	—
投资性房地产	—	—	预计负债	—	—
固定资产	6 580 000	6 690 000	递延收益		
在建工程	—	—	递延所得税负债	389 000	448 900
生产性生物资产	—	—	其他非流动负债	—	—
油气资产	—	—	非流动负债合计	389 000	448 900
无形资产	298 000	332 000	负债合计	4 528 000	4 499 300

续上表

资　产	期末余额	年初余额	负债和所有者权益（或股东权益）	期末余额	年初余额
开发支出	—	—	所有者权益（或股东权益）：		
商誉	—	—	实收资本(或股本)	60 000 000	60 000 000
长期待摊费用	—	—	其他权益工具	—	—
递延所得税资产	—	—	其中：优先股	—	—
其他非流动资产	—	—	永续债	—	—
非流动资产合计	6 878 000	7 022 000	资本公积	8 451 240	6 134 987
—	—	—	减：库存股	—	—
—	—	—	其他综合收益	—	—
—	—	—	盈余公积	6 760 860	4 755 047
—	—	—	未分配利润	31 200 000	10 750 066
—	—	—	所有者权益（或股东权益）合计	106 412 100	81 640 100
资产总计	110 940 100	86 139 400	负债和所有者权益（或股东权益）总计	110 940 100	86 139 400

11.3　利润表

利润表是反映企业在一定会计期间的经营成果的报表。

11.3.1　利润表结构与项目填列

通过利润表，可以反映企业在一定会计期间收入、费用、利润（或亏损）、其他综合收益的数额构成情况，帮助财务报表使用者全面了解企业的经营成果，分析企业的获利能力及盈利增长趋势，从而为其作出经济决策提供依据。

1. 利润表的结构

我国企业的利润表采用多步式格式，多步式利润表通常分为如下几步：

第一步，以营业收入为基础，减去营业成本、税金及附加、销售费用、管理费用、财务费用、资产减值损失，加上公允价值变动收益（减去公允价值变动损失）和投资收益（减去投资损失），计算出营业利润；

第二步，以营业利润为基础，加上营业外收入，减去营业外支出，计算出利润总额；

第三步，以利润总额为基础，减去所得税费用，计算出净利润（或净亏损）。

2. 利润表项目列示

利润表各项目均需填列“本期金额”和“上期金额”两栏。利润表“本期金额”“上期金额”栏内各项数字，应当按照相关科目的发生额分析填列。

利润表项目的填列说明，见表 11-7。

表 11-7 利润表项目填列说明

项目	填列说明
营业收入	本项目应根据“主营业务收入”和“其他业务收入”科目的发生额分析填列
营业成本	本项目应根据“主营业务成本”和“其他业务成本”科目的发生额分析填列
税金及附加	本项目应根据“税金及附加”科目的发生额分析填列
销售费用	本项目应根据“销售费用”科目的发生额分析填列
管理费用	本项目应根据“管理费用”科目的发生额分析填列
研发费用	本项目根据“管理费用”科目下的“研究费用”明细科目的发生额，以及“管理费用”科目下的“无形资产摊销”明细科目的发生额分析填列
财务费用	本项目应根据“财务费用”科目的发生额分析填列
利息收入	本项目应根据“财务费用”科目的相关明细科目的发生额分析填列
利息费用	本项目应根据“利息费用”科目的相关明细科目的发生额分析填列
其他收益	本项目应根据“其他收益”科目的发生额分析填列
资产减值损失	本项目应根据“资产减值损失”科目发生额分析填列

续上表

项目	填列说明
信用减值损失	本项目应根据“信用减值损失”科目发生额分析填列
资产处置损益	本项目应根据“资产处置损益”科目发生额分析填列，如为处置损失，则以“—”号填列
公允价值变动收益	本项目应根据“公允价值变动损益”科目的发生额分析填列，如为净损失，本项目以“—”号填列
投资收益	本项目应根据“投资收益”科目的发生额分析填列。如为投资损失，本项目用“—”号填列
营业利润	反映企业实现的营业利润。如为亏损，本项目以“—”号填列
营业外收入	本项目应根据“营业外收入”科目的发生额分析填列
营业外支出	本项目应根据“营业外支出”科目的发生额分析填列
利润总额	反映企业实现的利润。如为亏损，本项目以“—”号填列
所得税费用	本项目应根据“所得税费用”科目的发生额分析填列
净利润	反映企业实现的净利润。如为亏损，本项目以“—”号填列
每股收益	包括基本每股收益和稀释每股收益两项指标，反映普通股或潜在普通股已公开交易的企业，以及正在公开发行普通股或潜在普通股过程中的企业的每股收益信息
其他综合收益	反映企业根据《企业会计准则》规定未在损益中确认的各项利得和损失扣除所得税影响后的净额
综合收益总额	反映企业净利润与其他综合收益的合计金额

11.3.2 具体示例

【例 11-2】2025 年 1 月 31 日，科达建筑工程有限公司损益类账户发生额见表 11-8。

表 11-8 账户发生额

账户名称	借方发生额（元）	贷方发生额（元）
主营业务收入	—	220 969 380
主营业务成本	98 700 000	—

续上表

账户名称	借方发生额（元）	贷方发生额（元）
其他业务收入	—	1 120 000
其他业务成本	765 000	—
税金及附加	869 000	—
销售费用	9 854 000	—
管理费用	5 290 000	—
研发费用	3 270 000	—
财务费用	155 600	—
其中：利息费用	155 600	—
利息收入	0	—
投资收益	—	252 000
营业外收入	—	82 800
营业外支出	732 000	—
资产减值损失	554 000	—
所得税费用	22 782 490	—

营业收入＝220 969 380 ＋1 120 000＝222 089 380（元）

营业成本＝98 700 000＋765 000＝99 465 000（元）

根据上述资料，编制利润表，见表 11-9。

表 11-9 利润表

编制单位：科达建筑工程有限公司　　2024 年 1 月 31 日　　金额单位：元

项目	本期金额	上期金额（略）
一、营业收入	222 089 380	—
减：营业成本	99 465 000	—
税金及附加	869 000	—
销售费用	9 854 000	—
管理费用	5 290 000	—
研发费用	3 270 000	—
财务费用	155 600	—
其中：利息费用	155 600	—

续上表

项目	本期金额	上期金额（略）
利息收入	0	—
资产减值损失	554 000	—
加：其他收益	—	—
投资收益（损失以“—”号填列）	252 000	—
其中：对联营企业和合营企业的投资收益	—	—
公允价值变动收益（损失以“—”号填列）	—	—
信用减值损失（损失以“—”号填列）	—	—
资产减值损失	—	—
资产处置收益（损失以“—”号填列）	—	—
二、营业利润（亏损以“—”号填列）	102 883 780	—
加：营业外收入	82 800	—
减：营业外支出	732 000	—
三、利润总额（亏损总额以“—”号填列）	102 234 580	—
减：所得税费用	22 782 490	—
四、净利润（净亏损以“—”号填列）	79 452 090	—
（一）持续经营净利润（净亏损以“—”号填列）	—	—
（二）终止经营净利润（净亏损以“—”号填列）	—	—
五、其他综合收益的税后净额	—	—
（一）不能重分类进损益的其他综合收益	—	—
1. 重新计量设定受益计划变动额	—	—
2. 权益法不能损益的其他综合收益	—	—
3. 其他权益工具投资公允价值变动	—	—
4. 企业自身信用风险公允价值变动	—	—
……	—	—
（二）将重分类进损益的其他综合收益	—	—
1. 权益法下可转损益的其他综合收益	—	—
2. 其他债权投资公允价值变动	—	—

续上表

项目	本期金额	上期金额（略）
3. 金融资产重分类为计入其他综合收益的金额	—	—
4. 其他债权投资信用减值准备	—	—
5. 现金流量套期储备	—	—
6. 外币财务报表折算差额	—	—
……	—	—
六、综合收益总额	—	—
七、每股收益	—	—
（一）基本每股收益	—	—
（二）稀释每股收益	—	—

11.4 现金流量表

现金流量表是反映企业在一定会计期间现金和现金等价物流入和流出的报表。

11.4.1 现金流量表结构与项目填列

现金流量是一定会计期间内企业现金和现金等价物的流入和流出。企业从银行提取现金，用现金购买短期到期的国库券等现金和现金等价物之间的转换不属于现金流量。

现金是企业库存现金以及可以随时用于支付的存款，包括库存现金、银行存款和其他货币资金（如外埠存款、银行汇票存款、银行本票存款）等。不能随时用于支付的存款不属于现金。

现金等价物是企业持有的期限短、流动性强、易于转换为已知金额现金、价值变动风险很小的投资。期限短，一般是指从购买日起三个月内到期。现金等价物通常包括三个月内到期的债券投资等。权益性投资变现的金额通常不确定，因而不属于现金等价物。企业应当根据具体情况，确定现金等价物的范围，一经确定不得随意变更。

企业产生的现金流量分为三类，主要内容如下。

1. 经营活动产生的现金流量项目计算

经营活动产生的现金流量净额计算。经营活动产生的现金流量净额的各个子项目计算方法，具体见表11-10。

表11-10 经营活动产生的现金流量净额计算

项目	计算公式
销售商品、提供劳务收到的现金	=利润表“主营业务收入”+“其他业务收入”+按利润表中“主营业务收入”+“其他业务收入”计算的应交税费（应交增值税——销项税额）+资产负债表中（“应收账款”期初数－“应收账款”期末数）+（“应收票据”期初数－“应收票据”期末数）+（“预收账款”期末数－“预收账款”期初数）－当期计提的“坏账准备”
收到的税费返还	=（应收补贴款期初余额－应收补贴款期末余额）+补贴收入+所得税本期贷方发生额累计数
收到的其他与经营活动有关的现金	=“营业外收入”相关明细本期贷方发生额+“其他业务收入”相关明细本期贷方发生额+“其他应收款”相关明细本期贷方发生额+“其他应付款”相关明细本期贷方发生额+银行存款利息收入
购买商品、接受劳务支付的现金	=利润表中“主营业务成本”+“其他业务成本”+资产负债表中（“存货”期末价值－“存货”期初价值）+应交税费（应交增值税——进项税额）+（“应付账款”期初数－“应付账款”期末数）+（“应付票据”期初数－“应付票据”期末数）+（“预付账款”期末数－“预付账款”期初数）
支付给职工以及为职工支付的现金	=资产负债表中“应付职工薪酬”（期末数－期初数）+本期为职工支付的工资和福利总额（包含在销售费用，管理费用里面）。
支付的各项税费（不包括耕地占用税及退回的增值税所得税）	= 利润表中“所得税”+“税金及附加”+“应交税费（应交增值税——已交税金）（本期利润表中营业收入计算的各项税费）”
支付的其他与经营活动有关的现金（剔除各项因素后的费用）	=利润表中“管理费用+销售费用+营业外收入－营业外支出”－资产负债表中“累计折旧”增加额（期末数－期初数）（也就是计入各项费用的折旧，这部分是没有在本期支付现金的）－费用中的工资（已在“为职工支付的现金”中反映）。

（1）销售商品、提供劳务收到的现金。

【例 11-3】 科达建筑工程有限公司 2025 年 1 月 31 日增值税专用发票上注明的不含税金额为 219 849 380 元，租金收入 1 120 000 元，税率均为 9%。应收票据期初余额为 220 000 元，期末余额为 180 000 元；应收账款期初余额为 6 540 000 元，期末余额为 5 700 000 元；预收账款期初余额为 150 000 元，预收账期末余额为 240 000 元，本月核销坏账损失为 132 000 元。

本期销售商品提供劳务收到的现金 240 856 624.2 元［（219 849 380＋1 120 000）×（1＋9%）］

加：本期收到前期的应收票据 40 000 元（220 000－180 000）

本期收到前期的应收账款 708 000 元（6 540 000－5 700 000－132 000）

本期预收账款 90 000 元（240 000－150 000）

合计：本期销售商品、提供劳务收到的现金 241 694 624.20 元

（2）收到的税费返还。

"收到的税费返还"项目，反映企业收到返还的各种税费，如收到的增值税、所得税、消费税、关税和教育费附加返还款等。本项目可以根据有关科目的记录分析填列。

【例 11-4】 2025 年 1 月 31 日，科达建筑工程有限公司预缴所得税 49 761 200 元，本月应交所得税款 48 745 200 元，月末收到所得税返还款 1 016 000 元，已存入银行。

本期收到的税费返还 1 016 000 元

（3）收到的其他与经营有关的现金。

"收到的其他与经营活动有关的现金"项目，反映企业除上述各项目外，收到的其他与经营活动有关的现金，如罚款收入、经营租赁固定资产收到的现金、投资性房地产收到的租金收入、流动资产损失中由个人赔偿的现金收入、除税费返还外的其他政府补助收入等。其他现金流入如价值较大的，应单列项目反映。

本项目可以根据"现金""银行存款""营业外收入""管理费用""销售费用"等科目的记录分析填列。

【例 11-5】 科达建筑工程有限公司收到出租设备收入 134 900 元。

收到的其他与经营活动有关的现金为134 900元。

(4) 购买商品、接受劳务支付的现金。

"购买商品、接受劳务支付的现金"项目，反映企业购买材料、商品、接受劳务实际支付的现金，包括支付的货款以及与货款同时支付的增值税进项税额，具体包括：本期购买商品、接受劳务支付的现金，以及本期支付前期购买商品、接受劳务的未付款项和本期预付款项，减去本期发生的购货退回收到的现金。为购置存货而发生的借款利息资本化部分，应在"分配股利、利润或偿付利息支付的现金"项目中反映。企业购买材料和代购代销业务支付的现金，也在本项目反映。

本项目可以根据"库存现金""银行存款""应付票据""应付账款""预付账款""主营业务成本""其他业务成本"等科目的记录分析填列。

【例11-6】 科达建筑工程有限公司本期购买砂石及水泥，收到的专用发票上注明不含税价款为98 700 000元；租用临时活动房支出765 000元。应付账款月末余额为2 490 000元，月初余额为9 239 000元；应付票据月末余额为2 670 000元，月初余额为6 500 000元；预付账款期初余额为3 316 920元，期末余额为7 239 000元；购买工程用物资4 230 000元，货款已通过银行转账支付。

本期购买商品、接受劳务支付的现金计算如下：

本期购买砂石及水泥支付的价款112 395 450元［(98 700 000＋765 000)×(1＋13%)］

加：本期支付的前期应付账款6 749 000元（9 239 000－2 490 000）

本期支付的前期应付票据3 830 000元（6 500 000－2 670 000）

本期预付货款3 922 080元（7 239 000－3 316 920）

本期购买商品、接受劳务支付的现金126 896 530元

(5) 支付给职工以及为职工支付的现金。

"支付给职工以及为职工支付的现金"项目，反映企业实际支付给职工的现金以及为职工支付的现金，包括企业为获得职工提供的服务，本期实际给予各种形式的报酬以及其他相关支出，如支付给职工的工资、奖金、各种津贴和补贴，为职工支付的医疗、养老、失业、工伤、生育等社会保险基金、补充养老保险、住房公积金，为职工缴纳的商业保险金，因解除与职工劳动关系给予的补偿，现金结算的股份支付，以及支付给职工或为职工支付的其

他福利费用等，不包括支付给在建工程人员的工资。支付的在建工程人员的工资，在“购建固定资产、无形资产和其他长期资产所支付的现金”项目中反映。应根据职工的工作性质和服务对象，分别在“购建固定资产、无形资产和其他长期资产所支付的现金”和“支付给职工以及为职工支付的现金”项目中反映。

本项目可以根据“库存现金”“银行存款”“应付职工薪酬”等科目的记录分析填列。

【例 11-7】 科达建筑工程有限公司本期实际支付工资 3 690 000 元，其中工程施工人员工资 1 350 000 元，管理人员工资 2 340 000 元。

支付给职工的工资 3 690 000 元

(6) 支付的各项税费。

“支付的各项税费”项目，反映企业按规定支付的各项税费，包括本期发生并支付的税费，以及本期支付以前各期发生的税费和预交的税金，如支付的增值税、消费税、企业所得税、教育费附加、印花税、房产税、土地增值税、车船使用税等。不包括本期退回的增值税、所得税。本期退回的增值税、所得税等，在“收到的税费返还”项目中反映。本项目可以根据“应交税费”“库存现金”“银行存款”等科目的记录分析填列。

【例 11-8】 科达建筑工程有限公司本月支付的增值税、城建税、教育费附加、企业所得税、印花税、车船税等税款共计 51 642 350 元。

本期支付的各项税费 51 642 350 元

2. 投资活动产生的现金流量项目计算

投资活动产生的现金流量净额计算。投资活动产生的现金流量净额各个子项目计算方法，具体见表 11-11。

表 11-11　投资活动产生的现金流量净额计算

项目	计算公式
收回投资所收到的现金	＝资产负债表中“债权投资”和各项长期投资科目的变动数
取得投资收益所收到的现金	＝利润表“投资收益－（应收利息期末数－应收利息期初数）－（应收股利期末数－应收股利期初数）”

续上表

项目	计算公式
处置固定资产、无形资产和其他长期资产所收回的现金净额	=资产负债表中“固定资产”+“在建工程”+“无形资产”等其他科目变动额（增加了计入收到的现金流量中，减少了计入支付的现金流量中）
收到的其他与投资活动有关的现金	如收回融资租赁设备本金等
购建固定资产、无形资产和其他长期资产所支付的现金	=（在建工程期末数－在建工程期初数）（剔除利息）+（固定资产期末数－固定资产期初数）+（无形资产期末数－无形资产期初数）+（其他长期资产期末数－其他长期资产期初数）
投资所支付的现金	=（短期投资期末数－短期投资期初数）+（长期股权投资期末数－长期股权投资期初数）（剔除投资收益或损失）+（长期债权投资期末数－长期债权投资期初数）（剔除投资收益或损失）
支付的其他与投资活动有关的现金	如投资未按期到位罚款

（1）“收回投资收到的现金”项目，反映企业出售、转让或到期收回除现金等价物以外的交易性金融资产、债权投资、其他债权投资、长期股权投资等而收到的现金。不包括债权性投资收回的利息、收回的非现金资产，以及处置子公司及其他营业单位收到的现金净额。债权性投资收回的本金，在本项目反映，债权性投资收回的利息，不在本项目中反映，而在“取得投资收益所收到的现金”项目中反映。处置子公司及其他营业单位收到的现金净额单设项目反映。

本项目可以根据“交易性金融资产”“债权投资”“其他债权投资”“长期股权投资”“库存现金”“银行存款”等科目的记录分析填列。

【例 11-9】科达建筑工程有限公司出售招商银行股票，收到的金额为 971 200 元；出售用过的碎石机，收到价款 23 200 元。

本期收回投资所收到的现金 971 200 元

（2）取得投资收益收到的现金。

“取得投资收益收到的现金”项目，反映企业因股权性投资而分得的现金股利，因债权性投资而取得的现金利息收入。

本项目可以根据“其他应收款”科目中“应收股利”“应收利息”以及“投资收益”“库存现金”“银行存款”等科目的记录分析填列。

（3）“处置固定资产、无形资产和其他长期资产收回的现金净额”项目。

本项目反映企业出售固定资产、无形资产和其他长期资产（如投资性房地产）所取得的现金，减去为处置这些资产而支付的有关税费用后的净额。

本项目可以根据“固定资产清理”“库存现金”“银行存款”等科目的记录分析填列。

根据**【例 11-9】**，本期收到出售碎石机 23 200 元

（4）购建固定资产、无形资产和其他长期资产支付的现金。

“购建固定资产、无形资产和其他长期资产支付的现金”项目，反映企业购买、建造固定资产，取得无形资产和其他长期资产（如投资性房地产）支付的现金（含增值税款），以及用现金支付的应由在建工程和无形资产负担的职工薪酬。

本项目可以根据“固定资产”“在建工程”“工程物资”“无形资产”“库存现金”“银行存款”等科目的记录分析填列。

【例 11-10】科达建筑工程有限公司本期购入 3 台推土机，价款共计 3 400 000 元，货款已付。购买工程材料 980 000 元；在建工程工人工资 153 400 元。

本期购建固定资产、无形资产和其他长期资产支付的现金计算如下：

购买挖掘机支付的现金 3 400 000 元

加：在建工程购买材料支付的现金 980 000 元

　　在建工程人员工资及费用 153 400 元

本期购建固定资产、无形资产和其他长期资产支付的现金 4 533 400 元

（5）投资支付的现金。

“投资支付的现金”项目，反映企业进行权益性投资和债权性投资所支付的现金，包括企业取得的除现金等价物以外的交易性金融资产、债权投资、其他债权投资而支付的现金，以及支付的佣金、手续费等交易费用。

本项目可根据“交易性金融资产”“债权投资”“其他债权投资”“投资性房地产”“长期股权投资”“库存现金”“银行存款”等科目的记录分析填列。

（6）支付的其他与投资活动有关的现金。

“支付的其他与投资活动有关的现金”项目，反映企业除上述各项目外，支付的其他与投资活动有关的现金流出。其他与投资活动有关的现金，如果价值较大的，应单列项目反映。

3. 筹资活动产生的现金流量有关项目的计算

融资活动产生的现金流量净额各个子项目计算方法，具体见表11-12。

表11-12 融资活动产生的现金流量净额计算

项目	计算公式
吸收投资所收到的现金	＝（实收资本或股本期末数－实收资本或股本期初数）＋（应付债券期末数－应付债券期初数）
借款收到的现金	＝（短期借款期末数－短期借款期初数）＋（长期借款期末数－长期借款期初数）
收到的其他与融资活动有关的现金	如投资人未按期缴纳股权的罚款现金收入等
偿还债务所支付的现金	＝（短期借款期初数－短期借款期末数）＋（长期借款期初数－长期借款期末数）（剔除利息）＋（应付债券期初数－应付债券期末数）（剔除利息）
分配股利、利润或偿付利息所支付的现金	利润表中“投资收益”本期发生额－资产负债表中“应收股利”（期末数－期初数）－“应收利息”（期末数－期初数）
支付的其他与融资活动有关的现金	如发生融资费用所支付的现金、融资租赁所支付的现金、减少注册资本所支付的现金（收购本公司股票，退还联营单位的联营投资等）、企业以分期付款方式购建固定资产，除首期付款支付的现金以外的其他各期所支付的现金等

（1）“吸收投资收到的现金”项目，反映企业以发行股票、债券等方式筹集资金实际收到的款项净额（发行收入减去支付的佣金等发行费用后的净额）。

本项目可以根据“实收资产（或股本）”“资本公积”“库存现金”“银行存款”等科目的记录分析填列。

（2）借款收到的现金。

“取得借款收到的现金”项目，反映企业举借各种短期、长期借款而收到的现金。

本项目可以根据“短期借款”“长期借款”“交易性金融资产”“应付债券”“库存现金”“银行存款”等科目的记录分析填列。

（3）“收到的其他与筹资活动有关的现金”项目，反映企业除上述各项目外，收到的其他与筹资活动有关的现金流入，如接受现金捐赠等。其他与筹资活动有关的现金，如果价值较大的，应单列项目反映。本项目可以根据有关科目的记录分析填列。

（4）“偿还债务所支付的现金”项目，反映企业以现金偿还债务的本金。本年归还：6 042 311.20 元

本项目可以根据“短期借款”“长期借款”“交易性金融资产”“应付债券”“库存现金”“银行存款”等科目的记录分析填列。

（5）“分配股利、利润或偿付利息所支付的现金”项目，反映企业实际支付的现金股利，支付给其他投资单位的利润或用现金支付的借款利息，债券利息。

本项目可根据“应付股利”“应付利息”“利润分配”“财务费用”“在建工程”“制造费用”“研发支出”“库存现金”“银行存款”等科目的记录分析填列。

【例 11-11】本月向投资者支付利润 29 575 733 元。

本期分配股利、利润或偿付利息所支付的现金计算如下：

分配股利、利润或偿付利息所支付的现金 29 575 733 元

4. 汇率变动对现金及现金等价物的影响

企业外币现金流量折算成记账本位币时，所采用的是现金流量发生日的汇率或即期汇率的近似汇率，而现金流量表“现金及现金等价物净增加额”项目中外币现金净增加额是按资产负债表日的即期汇率折算。这两者的差额即为汇率变动对现金的影响。

5. 现金的计算公式

现金的期末余额＝资产负债表“货币资金”期末余额

现金的期初余额＝资产负债表“货币资金”期初余额

现金及现金等价物的净增加额＝现金的期末余额－现金的期初余额

期初现金余额＝9 129 520 元

期末现金余额＝30 589 120 元

11.4.2 具体示例

根据【例 11-12】【例 11-3】至【例 11-11】，编制科达建筑工程有限公司现金流量表，见表 11-13。

表 11-13 现金流量表

编制单位：科达建筑工程有限公司　　2025 年 1 月 31 日　　金额单位：元

项目	本期金额	上期金额（略）
一、经营活动产生的现金流量		
销售商品、提供劳务收到的现金	241 694 624.20	—
收到的税费返还	1 016 000	—
收到其他与经营活动有关的现金	134 900	—
经营活动现金流入小计	242 845 524.20	—
购买商品、接受劳务支付的现金	126 896 530	—
支付给职工以及为职工支付的现金	3 690 000	—
支付的各项税费	51 642 350	—
支付其他与经营活动有关的现金		—
经营活动现金流出小计	182 228 880	—
经营活动产生的现金流量净额	60 616 644.20	—
二、投资活动产生的现金流量		—
收回投资收到的现金	971 200	—
取得投资收益收到的现金		—
处置固定资产、无形资产和其他长期资产收回的现金净额	23 200	—
处置子公司及其他营业单位收到的现金净额	—	—
收到其他与投资活动有关的现金	—	—

续上表

项目	本期金额	上期金额（略）
投资活动现金流入小计	994 400	—
购建固定资产、无形资产和其他长期资产支付的现金	4 533 400	—
投资支付的现金	—	—
取得子公司及其他营业单位支付的现金净额	—	—
支付其他与投资活动有关的现金	—	—
投资活动现金流出小计	4 533 400	—
投资活动产生的现金流量净额	－3 539 000	
三、筹资活动产生的现金流量		
吸收投资收到的现金	—	—
取得借款收到的现金	—	—
收到其他与筹资活动有关的现金	—	—
筹资活动现金流入小计	0	—
偿还债务支付的现金	6 042 311.20	—
分配股利、利润或偿付利息支付的现金	29 575 733	—
支付其他与筹资活动有关的现金	—	—
筹资活动现金流出小计	35 618 044.20	—
筹资活动产生的现金流量净额	－35 618 044.20	—
四、汇率变动对现金及现金等价物的影响	—	—
五、现金及现金等价物净增加额	21 459 600	—
加：期初现金及现金等价物余额	9 129 520	—
六、期末现金及现金等价物余额	30 589 120	—

11.5 所有者权益变动表

所有者权益变动表是指反映构成所有者权益各组成部分当期增减变动情况的报表。

所有者权益变动表在一定程度上体现企业的综合收益。

综合收益＝净利润＋直接计入当期所有者权益的利得和损失

净利润＝收入－费用＋直接计入当期损益的利得和损失

在所有者权益变动表上，企业至少应当单独列示反映下列信息的项目：①综合收益总额；②会计政策变更和差错更正的累积影响金额；③所有者投入资本和向所有者分配利润等；④提取的盈余公积；⑤实收资本或资本公积、盈余公积、未分配利润的期初和期末余额及其调节情况。

【例 11-12】科达建筑工程有限公司 2025 年 1 月有关所有者权益账户年初余额本年增减变化见表 11-14。根据表 11-14，编制所有者权益（股东权益）变动见表 11-15（上年金额略）。

表 11-14　专项附加扣除项目

金额单位：元

账户	年初余额	本年增加原因	本年减少原因	期末余额
实收资本（或股本）	60 000 000	0	0	60 000 000
资本公积	6 134 987	资产增值 2 316 253 元	—	8 451 240
盈余公积	4 755 047	从净利润中提取 2 005 813 元	—	6 760 860
未分配利润	10 750 066	实现净利润 52 031 480 元	提取盈余公积 2 005 813 元，分配利润 29 575 733 元	31 200 000
所有者权益（或股东权益）合计	81 640 100	56 353 546	31 581 546	106 412 100

我国企业所有者权益变动表的格式见表 11-15。

表 11-15　所有者权益变动表

编制单位：科达建筑工程有限公司　　　　2024 年度　　　　单位：元

项目	本年金额										上年金额（略）									
	实收资本或股本）	其他权益工具			资本公积	减：库存股	其他综合收益	盈余公积	未分配利润	所有者权益合计	实收资本或股本）	其他权益工具			资本公积	减：库存股	其他综合收益	盈余公积	未分配利润	所有者权益合计
		优先股	永续债	其他								优先股	永续债	其他						
一、上年年末余额	60 000 000	—	—	—	6 134 987	—	—	4 755 047	10 750 066	81 640 100	—	—	—	—	—	—	—	—	—	—
加：会计政策变更	—	—	—	—	—	—	—	—	—	—	—	—	—	—	—	—	—	—	—	—
前期差错更正	—	—	—	—	—	—	—	—	—	—	—	—	—	—	—	—	—	—	—	—
其他	—	—	—	—	—	—	—	—	—	—	—	—	—	—	—	—	—	—	—	—
二、本年年初余额	60 000 000	—	—	—	6 134 987	—	—	4 755 047	10 750 066	81 640 100	—	—	—	—	—	—	—	—	—	—
三、本年增减变动金额（减少以“—”号填列）	—	—	—	—	2 316 253	—	—	2 005 813	20 449 934	24 772 000	—	—	—	—	—	—	—	—	—	—
（一）综合收益总额	—	—	—	—	—	—	—	—	—	—	—	—	—	—	—	—	—	—	—	—

续上表

项目	本年金额										上年金额（略）									
	实收资本（或股本）	其他权益工具			资本公积	减：库存股	其他综合收益	盈余公积	未分配利润	所有者权益合计	实收资本（或股本）	其他权益工具			资本公积	减：库存股	其他综合收益	盈余公积	未分配利润	所有者权益合计
		优先股	永续债	其他								优先股	永续债	其他						
（二）所有者投入和减少资本	—	—	—	—	—	—	—	—	—	—	—	—	—	—	—	—	—	—	—	—
1. 所有者投入普通股	—	—	—	—	—	—	—	—	—	—	—	—	—	—	—	—	—	—	—	—
2. 其他权益工具持有者投入资本	—	—	—	—	—	—	—	—	—	—	—	—	—	—	—	—	—	—	—	—
3. 股份支付计入所有者权益金额	—	—	—	—	—	—	—	—	—	—	—	—	—	—	—	—	—	—	—	—
4. 其他	—	—	—	—	2 316 253	—	—	—	—	—	—	—	—	—	—	—	—	—	—	—
（三）利润分配	—	—	—	—	—	—	—	—	—	—	—	—	—	—	—	—	—	—	—	—
1. 提取盈余公积	—	—	—	—	—	—	—	2 005 813	—	—	—	—	—	—	—	—	—	—	—	—
2. 对所有者（或股东）的分配	—	—	—	—	—	—	—	—	−29 575 733	—	—	—	—	—	—	—	—	—	—	—

续上表

项目	本年金额										上年金额（略）									
	实收资本（或股本）	其他权益工具			资本公积	减：库存股	其他综合收益	盈余公积	未分配利润	所有者权益合计	实收资本（或股本）	其他权益工具			资本公积	减：库存股	其他综合收益	盈余公积	未分配利润	所有者权益合计
		优先股	永续债	其他								优先股	永续债	其他						
3. 其他	—	—	—	—	—	—	—	—	—	—	—	—	—	—	—	—	—	—	—	—
（四）所有者权益内部结转	—	—	—	—	—	—	—	—	—	—	—	—	—	—	—	—	—	—	—	—
1. 资本公积转增资本（或股本）	—	—	—	—	—	—	—	—	—	—	—	—	—	—	—	—	—	—	—	—
2. 盈余公积转增资本（或股本）	—	—	—	—	—	—	—	—	—	—	—	—	—	—	—	—	—	—	—	—
3. 盈余公积弥补亏损	—	—	—	—	—	—	—	—	—	—	—	—	—	—	—	—	—	—	—	—
4. 设定受益计划变动额结转留存收益	—	—	—	—	—	—	—	—	—	—	—	—	—	—	—	—	—	—	—	—
5. 其他综合收益结转留存收益	—	—	—	—	—	—	—	—	—	—	—	—	—	—	—	—	—	—	—	—

续上表

项目	本年金额										上年金额（略）									
	实收资本或股本）	其他权益工具			资本公积	减：库存股	其他综合收益	盈余公积	未分配利润	所有者权益合计	实收资本或股本）	其他权益工具			资本公积	减：库存股	其他综合收益	盈余公积	未分配利润	所有者权益合计
		优先股	永续债	其他								优先股	永续债	其他						
6. 其他	—	—	—	—	—	—	—	—	—	—	—	—	—	—	—	—	—	—	—	—
四、本年年末余额	60 000 000	—	—	—	8 451 240	—	—	6 760 860	31 200 000	106 412 100	—	—	—	—	—	—	—	—	—	—

未分配利润本年增减变动额＝52 031 480 — 2 005 813 — 29 575 733＝20 449 934(元)

未分配利润年末余额＝10 750 066＋20 449 934＝31 200 000(元)

参 考 文 献

[1] 企业会计准则编审委员会. 企业会计准则及应用指南实务详解（2025年版）[M]. 北京：人民邮电出版社，2025.

[2] 企业会计准则编审委员会. 企业会计准则详解与实务：条文解读＋实务应用＋案例讲解（2025年版）[M]. 北京：人民邮电出版社，2025.

[3] 中国注册会计师协会. 会计CPA [M]. 北京：中国财政经济出版社，2025.

[4] 李志远，全晶晶. 建筑施工企业税务与会计 [M].4版. 北京：中国市场出版社，2020.

[5] 王宁. 建筑施工企业全税种税务处理与会计核算 [M]. 北京：中国市场出版社，2020.

[6] 栾庆忠. 增值税纳税实务与节税技巧 [M].6版. 北京：中国市场出版社，2020.

[7] 马泽方. 企业所得税实务与风险防控 [M].3版. 北京：中国市场出版社，2020.

[8] 林久时. 建筑企业财税处理与合同涉税管理 [M]. 北京：中国铁道出版社有限公司，2020.

[9] 财政部会计司编写组. 企业会计准则第14号——收入应用指南2018 [M]. 北京：中国财政经济出版社. 2018.

[10] 林佳良. 土地增值税清算指南 [M].5版. 北京：中国市场出版社，2018.

[11] 计敏，王庆，王立新. 全行业增值税操作实务与案例分析 [M]. 北京：中国市场出版社，2018.